Flanerie in der Großstadt

Auf der Suche nach dem Anderen im Alltäglichen:
Surreale Blickweisen in den Fotografien von Helen Levitt

von

Andrea Henkens

Tectum Verlag
Marburg 2005

Henkens, Andrea:
Flanerie in der Großstadt.
Auf der Suche nach dem Anderen im Alltäglichen:
Surreale Blickweisen in den Fotografien von Helen Levitt.
/ von Andrea Henkens
- Marburg : Tectum Verlag, 2005
Zugl.: Leipzig, Univ. Diss. 2004
ISBN 978-3-8288-8905-7

Tectum Verlag
Marburg 2005

Vorwort

An dieser Stelle möchte ich vorweg Helen Levitt danken, die sich die Zeit für ein Interview genommen und mir Einblick in ihr Archiv mit zum Teil unveröffentlichten Fotografien gewährt hat. Ebenso bin ich ihr für die Erlaubnis dankbar, ihre Abbildungen zu veröffentlichen.

Für die Auskünfte und Hilfestellungen bei meinen Recherchen sei an dieser Stelle die Laurence Miller Gallery genannt, wo mein gesonderter Dank an Larry und Vicki geht, die mir für meine Forschungszwecke wiederholt und unermüdlich Fotomaterial von Helen Levitt vorlegten. Des weiteren möchte ich folgenden Mitarbeiterinnen und Mitarbeitern einzelner Institutionen in New York danken, die mit ihren Auskünften, Kopien der Inventarlisten sowie Einblicke ins Archiv zum Entstehen der Arbeit beigetragen haben: Jeff Rosenheim, Mia Fineman und Laura Muir aus dem Department of Photography des Metropolitan Museum of Art sei zusätzlich für die ausführlichen Gespräche gedankt.

Cornelia Knight und Chris Ochs vom Department of Photography sowie John Harris vom Film Study Center des Museum of Modern Art; Sharon Frost aus dem Photography Department der New York Public Library und John McIntyre vom International Center of Photography.

Für die umfangreiche Korrespondenz und den praktischen Tipps möchte ich Joseph R. Struble vom George Eastman House in Rochester danken.

In San Francisco sei für die Einblicke in ihre Archive dem San Francisco Museum of Modern Art, namentlich Sandra S. Phillips sowie Lizanne Suter von der Fraenkel Gallery gedankt.

Ferner sei dem Land Sachsen für die finanzielle Unterstützung im Rahmen eines dreijährigen Stipendiums sowie dem DAAD für die Finanzierung eines dreimonatigen Forschungsaufenthalt in New York und San Francisco gedankt.

Besonderer Dank gilt vor allem Prof. Dr. Barbara Lange (Institut für Kunstgeschichte der Universität Leipzig) für die intensive Betreuung der Dissertation. Dank gebührt auch dem Leipziger Doktoranden-Kolloquium und den dort stattfindenden intensiven Diskussionen. PD Dr. Michael Scholz-Hänsel (Institut für Kunstgeschichte der Universität Leipzig) und Prof. Dr. Lars Olof Larsson (Kunsthistorisches Institut der Universität zu Kiel) danke ich für die Erstellung des Zweit- und Drittgutachtens. Meinen Kollegen Nina Jaenisch und ganz besonders Peter Kruska möchte ich für das Korrekturlesen danken, ebenso für die langen Telefonate und aufmunternden Gespräche. Alle diese Gespräche, Diskussionen sowie

Korrespondenzen mit zahlreichen Personen haben geholfen, das Thema zu bearbeiten, das ansonsten so in der hier vorliegenden Form nicht entstanden wäre.

Für das schnelle Erstellen der Screenshots danke ich Jan Gerold und für das professionelle Anfertigen der Reproduktionen und deren Digitalisierung Lars Gerold – letzterem überhaupt für alles, der mir über all die Zeit immer wieder Geduld entgegengebracht hat. Und all meinen Freunden und meiner Familie.

Hamburg, im Mai 2005

Andrea Henkens

INHALT

Teil III

1. Einleitung

Vor dem Hintergrund der Dokumentarfotografie nimmt die us-amerikanische Fotografin und Filmemacherin Helen Levitt (Abb. 1), 1913 in Brooklyn geboren, mit ihren Straßen-Aufnahmen eine ganz eigenständige Position ein. Als Pionierin der Straßenfotografie, angeregt von Walker Evans (1903–1975) und beeinflusst von dem Franzosen Henri Cartier-Bresson (1908–2004), hat sie das urbane Leben in New York seit dem Ende der 1930er Jahre zu ihrem Thema gemacht. Dabei gilt ihr Interesse nicht der Stadt an sich, sondern der Straße – genauer dem Gehsteig als Ort, wo sich das alltägliche Leben abspielt. Levitt beobachtet die vitale und expressive Alltagskultur, die in den Ritualen und Gesten der Bewohner deutlich zum Ausdruck kommt. Darüber hinaus spielen Kinder, ihr Verhalten und ihre Körpersprache, eine wichtige Rolle. Die Straßen und Hinterhöfe werden zur Bühne ihrer Spiele und somit zu Selbstdarstellungen in einem theatralischen Raum.

Mir geht es bei diesen Bildern darum, eine surreale Transformation in den Fotografien aufzudecken. Eine ausführliche Analyse und Auseinandersetzung unter surrealen Gesichtspunkten ist bisher noch nicht erfolgt, so dass es sich hier um ein wiederholt geäußertes Forschungsdesiderat handelt, dass ich mit meiner Dissertation geschlossen habe. Für das methodische Vorgehen dieser Untersuchung habe ich eine Analyse gewählt, die die Fotografien im Kontext ihrer Entstehungszeit verortet. Hierfür diente mir eine kunstsoziologische und kulturhistorische Perspektive dazu, die fotografische Produktion der 1930er und 1940er Jahre in New York genauer zu erörtern. Mit diesem Ansatz löse ich die Bilder aus einer ausschließlich fotohistorischen Rezeption und deute sie als Ausdruck des Moderneverständnisses ihrer Zeit. Als Material für diese Kontextualisierung dienten mir Zeitungsartikel, Fotobücher sowie Ausstellungsrezensionen als Quellengrundlage. Hieran schließt sich ein kurzer Einschub über eine veränderte Darstellung der Stadt New York am Ende der 1930er Jahre ein, die diese neuen, surrealen Blickweisen, überhaupt erst ermöglichten, die dann auch in den entsprechenden Magazinen publiziert wurden. Dieses werde exemplarisch an ausgesuchten Bildbeispielen vorstellen.

Ihre erste große Einzelausstellung hatte Levitt bereits 1943 im MoMA; doch erst 1990/1991 folgte eine große Retrospektive in San Francisco und weiteren Städten der USA. 1997 die Teilnahme an der von Catherine David organisierten documenta X in Kassel sowie im darauffolgenden Jahr eine Ausstellungstournee durch Deutschland und Österreich. Ein Großteil der Schwarzweissaufnahmen ist zwischen 1938 und 1945 an der Lower

East Side von Manhattan in den Spanisch sprechenden Vierteln und in Harlem entstanden. Dabei gilt das Interesse nicht der Stadt, sondern der Straße, genauer dem Bürgersteig als Ort, wo sich das Leben abspielt, und den mit Graffiti übersäten Mauern und Wänden (Vgl. Abb. 35).

Diese frühen Aufnahmen lassen sich nur schwer dem Einflussbereich einer bestimmten Kunstströmung zuordnen. Sicherlich liegt eine Verbindung zum Surrealismus nahe, zum Teil durch die Umstände bedingt. Levitt gehörte zur New Yorker Boheme, verkehrte mit Luis Buñuel, Henri Cartier-Bresson, Walker Evans sowie mit dem Schriftsteller und Dichter James Agee. Mit ihm und Janice Loeb drehte sie 1944 den Film *In the Street* (1945–46), der auf gewisse Weise eine kinematografische Umsetzung ihrer fotografischen Arbeit darstellt.

Die Bilder illustrieren das alltägliche Umfeld, insbesondere von Kindern, sowie deren Taktiken, sich einen öffentlichen Raum anzueignen. Mit Hilfe von Verkleidungen, Maskierungen, Pantomimen, Paraden, Tänzen, Kämpfen und Graffiti betreten diese Kinder ihre eigene Welt (Vgl. Abb. 38). Dabei schaffen sie neue Zeichen, durch die sie Eingang in eine scheinbar andere Welt finden: nahezu mittig befindet sich auf dem Foto die kreidegeschriebene Aufforderung „BUTTON TO SECRET PASSAGE PRESS“. Hier wird die Vorstellung vermittelt, nur einen gezeichneten Knopf zu drücken, um so der vermeintlich sozialen Gemeinschaft im Viertel zu entfliehen. Die Aufnahme dieser Botschaft, die Levitt zufällig so vorgefunden hat, wird zu einer sichtbar gemachten Reflexion über verschiedene Realitätsebenen. Hier überlagern sich Zeichen unterschiedlicher Qualität: Bild und Text innerhalb einer Fotografie, die damit verschiedene Bedeutungsschichten erhält. Graffiti handeln von den Bewohnern des Viertels, bestehen aus Gerüchten und Klatsch über Nachbarn, und bleiben demnach dem Betrachter der Fotografien immer etwas verschlüsselt. Diese Markierungen an und in (halb)öffentlichen Stätten machen bereits das Spannungsverhältnis von Anonymität und Selbstdarstellung, Intimität und Öffentlichkeit, Verbot und Übertretung deutlich.

Die Arbeiten stellen eine Vision des Straßenlebens in New Yorker Armen- und Arbeitervierteln vor, dass an die urbane Version einer fantastischen Welt, an eine theatralisch aufgeladene Umgebung erinnert (Vgl. Abb. 45). Sozialkritische Intentionen lassen sich aus diesen Fotos nicht ziehen. Im Gegenteil, die Bilder zeigen, welche Ausstrahlung die Bewohner der Viertel besitzen. Besonders wird dies in der Phantasie der Kinder deutlich, die der städtischen Lebenswelt einen Freiraum abringen, in der sie ihr Spiel ausleben können (Vgl. Abb. 41 und Abb. 51). Der enge Raum ist begrenzt von Hausfassaden und durch die Breite des Gehwegs bestimmt. Indem Levitt die Mobilität der Körper und die Sprache der Mauern einfängt, beschreibt sie, wie bereits James Agee betont hat, eine bestimmte regionale amerikanische Kulturform. Im Vorwort zu *A Way of Seeing*, 1965, schreibt er:

> „Die Mitglieder dieser Kultur widmen sich in der Hauptsache nur wenigen Tätigkeiten, und die sind ursprünglich und königlich: Jagd, Krieg, Kunst, Theater und Tanz. Tatsächlich ist das Tanzen fast allem, was sie tun, immanent."

Was die Bilder Levitts mit einer gewissen lyrischen Begeisterung festhalten und vermitteln, ist in der Tat die vitale Energie tänzerischer Figuren. Derartige alltägliche Szenen bilden die Hauptquelle dieser in sich geschlossen Lebensausschnitte, die mit dem Tanz viel gemeinsam haben. Levitts Vorliebe gilt eher dem Zufälligen, jenen Interaktionen, denen außer den unmittelbar daran Beteiligten niemand große Beachtung schenkt (Vgl. Abb. 43). Auf den ersten Blick wirken Levitts Bilder wie Schnappschüsse, die sich aber dadurch auszeichnen, das sie in der Konsequenz nicht Ergebnisse einer zufälligen Gestaltung sein können. Bei genauerer Betrachtung merkt man, dass es sich bei den Fotografien um Produkte einer zunächst leicht zugänglichen Bildsprache handelt. Diese wird gelegentlich um ungewöhnliche Perspektiven erweitert, in der Regel aber wird eine möglichst gewöhnliche Sehweise bevorzugt. Offensichtlich ihrer näheren Umgebung, dem Alltag und seinen Objekten verbunden, merkt man bei sorgfältiger Betrachtung, dass die Fotografien über eine reine Beschreibung hinausgehen. Levitts persönlicher Blick auf ihre Motive offenbart zum Teil Unerwartetes. Merkwürdiges tritt zutage, das alltäglich Erscheinende wandelt sich oftmals ins Ungewöhnliche oder löst Irritationen aus (Vgl. Abb. 60).

Dabei geht es Levitt darum, die Nuancen des öffentlichen Lebens zu beschreiben – auf der Suche nach dem Anderen im Alltäglichen was ich im folgenden als surreale Transformation des Dokumentarischen bezeichnet habe.

Der Begriff des Alltags spielt daher in dieser Untersuchung eine große Rolle. Heute bestimmen nicht mehr so sehr Objekte, wie beispielweise Kleidung, als vielmehr Handlungen den Ort, der Alltagskultur ausmacht, wie etwa das Spielen auf der Straße. Die Lebenswelt der Menschen ist ihre Alltagswelt – eine beschränkte und vorgegebene Erfahrungswelt, die aber nicht naturgegeben vorgefunden wird, sondern eine ‚Kulturwelt' ist, die immer wieder neu angeeignet und stets verändert wird.[1] Einzelne Menschen geben sich in ihrem Alltag vielfältigen Formen und Lebensstilen hin und schaffen sich ihre eigenen Welten.

Um den Blick auf das Alltägliche in Levitts Werk näher zu untersuchen, habe ich mich in meiner Dissertation unter anderem mit dem Surrealismus auseinandergesetzt. Ich schließe dabei an eine aktuelle wissenschaftliche Auseinandersetzung an, die den Diskurs durch psychoanalytische Fragestellungen zur Andersartigkeit hin geöffnet hat. Beispielsweise sei hier die Arbeit von Susanne Klengel genannt, die sich mit den Amerika-Diskursen der Surrealisten beschäftigt hat.[2]

Bereits in der Moderne lässt sich eine kontinuierliche Infragestellung der Identitäten durch Verweis auf unaufhebbare Alteritäten beobachten, generell in der Beschäftigung mit der Kunst der sogenannten Primitiven und der Kinder.[3] Vor allem durch den Surrealismus und der Psychoanalyse erhält der Begriff des Anderen eine Dimension des Unbewussten und verliert dadurch zum Teil seine Bedeutung als anderes Bewusstsein oder andere Subjektivität. Mich interessierten in meiner Untersuchung insbesondere die ethnisch, sozial und auch kulturell Anderen.

Unter surreal verstehe ich vor allem das traumhafte oder auch unwirklich Erscheinende. Nach Rosalind Krauss sind bildliche Klarheit sowie die Einbeziehung des Zufalls ebenso Merkmale der Fotografie, die eine Verbindung zum Surrealismus nahe legen.[4] Nach ihr baue die surrealistische Fotografie die besondere Verbindung zur Realität aus.[5]

Zu den Elementen des Surrealismus gehören neben dem automatischen Schreiben (dabei möchte ich diesen Automatismus mit dem der Kamera als mechanischem Aufzeichnungsinstrument assoziieren) auch der ‚objektive Zufall'. Dieses Verfahren wird in den 1930er Jahren konzeptualisiert. Der objektive Zufall überlässt dem Unbewussten und damit der Imagination die Steuerung des Geschehens: Ein Zeichen, das für den Akteur noch keine signifikante Bedeutung hat, wird mit einem Ereignis zufällig in Beziehung gesetzt, durch das es eine überraschende, surreale Relevanz für den Betrachter erhält. Dabei lassen sich Effekte wie Deplacierung oder

---

1 Ralf Schnell (Hg.), Metzler-Lexikon Kultur der Gegenwart: Themen und Theorien, Formen und Institutionen seit 1945, Stuttgart u.a. 2000, S. 15–16.

2 Susanne Klengel, Amerika-Diskurse der Surrealisten. „Amerika" als Vision und als Feld heterogener Erfahrungen, Diss. Stuttgart 1994.

3 Schnell (Hg.) 2000, S. 16–17.

4 Rosalind Krauss, Die photographischen Bedingungen des Surrealismus, in: Das Photographische: Eine Theorie der Abstände, München 1998, S. 100–123.

5 Ebd., S. 116.

Substitution unterscheiden. Eine besondere Form von Humor kann dabei als weiteres Element gesehen werden. Das Medium der Fotografie mit ihrer scheinbaren Objektivität und der quasi-mechanischen Herstellungsweise entsprach daher unter anderem den Gestaltungsprinzipien des Surrealismus. Die inszenierte oder vorgefundene Kombination unzusammenhängender Bildelemente erzeugt dabei eine Spannung, die beim Betrachter Irritationen auslösen kann. Nach Krauss stehen gerade auch die nicht-manipulierten Bilder dem Kern der surrealistischen Bewegung am nächsten. Innerhalb eines Bildes lässt sich eine Art Verräumlichung „[...] durch die Verwendung vorgefundener Rahmen zur Unterbrechung oder Verschiebung von Realitätssegmenten herstellen.“ Dabei wird ein fotografischer Ausschnitt immer als Bruch innerhalb der Realität gesehen.

Um die surrealen Aspekte der alltäglich wirkenden Straßenaufnahmen Levitts näher zu analysieren, habe ich ihre Definition von Straße als Bild der Großstadt in den Kontext von Darstellungen der Stadt New York der 1930er Jahre gestellt. Als Ergebnis meiner Untersuchung konnte ich nachweisen, dass sich das Porträt der Großstadt gewandelt und sich ein Wechsel zur Ästhetisierung des Alltagslebens im öffentlichen Raum vollzogen hat. Diese Veränderung der Parameter habe ich mit Hilfe ausgesuchter Bildbeispiele verdeutlicht. Dabei habe ich betont, welchen besonderen Anteil die Aufnahmen Helen Levitts an diesem Wandel der Repräsentation des alltäglichen Lebens in der Stadt haben. Als Ergebnis konnte ich eine Entwicklung von einer eher statisch, unbelebten zu einer spontanen, alltäglich, belebten Darstellung feststellen. Denn erst durch eine veränderte Sicht auf die Stadt in den 1930er Jahre entstehen alltägliche Aufnahmen der *Streetphotographers*, die andere Blickweisen überhaupt erst ermöglichen. Dabei habe ich die *Street Photography* als Weiterführung der Gedanken der *Straight Photography* gedeutet. Diese ‚direkte' oder ‚unmittelbare' Fotografie ist in den USA als Gegenbewegung und Nachfolge des Piktorialismus ab 1904 entstanden und lehnte jegliche Manipulation des Bildes nach der Entstehung des Negativs ab. Hintergrund dieser Bewegung ist die Vorstellung der Fotografie als Dokument, der die Idee zugrunde liegt, dass die Fotografie Wahrheit und Authentizität transportieren kann. Fotografischer Realismus sollte sich in klaren Konturen und präzisen Details ausdrücken. Protagonisten dieser *Straight Photography* waren Fotografen wie etwa Alfred Stieglitz und Paul Strand. Die moderne Großstadt selbst dient dabei als Feld, in dem ein gesellschaftlicher Prozess der Transformation von Wahrnehmungsweisen stattfindet.

Der gegen Ende der 1920er Jahre sich durchsetzende Begriff des ‚documentary' entwickelte sich zum Kennzeichen dieser Tendenz. Der Begriff wurde zu einer Art Leitfunktion und bestimmte die realistische Bildsprache der 1930er Jahre in den USA. Dieses lässt sich besonders deutlich an den staatlich initiierten Dokumentationsprojekten der Zeit beobachten. Hierfür beispielhaft kann die Tätigkeit der Farm Security Administration (FSA) gesehen werden, die das Ziel hatte, ein fotografisches Bildarchiv über die Situation der Landbevölkerung zu erstellen. Im Umfeld der dokumentarischen Fotografie wurde auch der Fotojournalismus, der sich insbesondere in den 1920er Jahren entwickelt hatte, aktualisiert. In den USA steht hierfür beispielhaft das Erscheinen der ersten Ausgabe von *Life* 1936 sowie eine damit einhergehende Macht der illustrierten Massenpresse. Das Genre der Straßenfotografie erreichte in den 1930er Jahren mit den Möglichkeiten der schnelleren und kompakteren Kleinbildkameras einen Höhepunkt, der durch das Aufkommen der Illustrierten und dem gesteigerten Interesse am Alltagsleben und dessen Facetten verstärkt wurde.

Die Arbeiten Levitts gehören in diesen Zusammenhang der *Street Photography*, womit allgemein eine Fotografie bezeichnet wird, die im öffentlichen Raum oder auf Straßen entstanden ist, oftmals in Geschäfte oder Cafes hineinblickend, Passantengruppen oder einzelne Personen herausgreifend. Diese Aufnahmen können als Momentaufnahme, aber auch als essayhafte Abfolge oder Milieustudie gelesen werden.

Levitts Arbeiten sind nicht im Atelier, sondern als eine Art Feldforschung auf der Straße entstanden. Zu ihren Strategien gehören möglichst unauffällige Beobachtungen, um das Verhalten von Menschen, die in den meisten Situationen beim Bemerken einer Kamera ihre Präsenz ändern, ungestört wiederzugeben. Dieser stilistische Kunstgriff des Nicht-Eingreifens ist dabei als Illusion zu betrachten, da unabhängig davon, auf wen oder was Helen Levitt ihre Kamera (oftmals mit Winkelsucher ausgestattet) richtete, sie sich als weiße Frau nicht unbemerkt auf den Straßen von Harlem oder anderen Armen- und Arbeitervierteln bewegen konnte.

Levitt nutzt die Großstadt zum Flanieren und wartet auf zufällige Alltagsbegegnungen, die nur hier möglich sind. Auf diesen Exkursionen sind Bilder entstanden, die das spontane Verhalten der Menschen auf die unmittelbare Gegenwart der Fotografin dokumentieren.

Zugleich lässt sich in den Werken eine surreale Blickweise auf die vorgefundenen Motive (Kinderzeichnungen, Graffiti, Maskeraden und Fundstücke) erkennen. Auch durch den Blick auf die kulturell Anderen, etwa in Harlem und Mexiko City, wird dieser surreale Aspekt unterstrichen, den es gilt, in der hier vorliegenden Untersuchung herauszustellen.

Weitere Ziele dieser Arbeit sind die Bestimmung der Positionen Levitts in bezug auf künstlerische und gesellschaftliche Tendenzen des Entstehungskontextes sowie eine Analyse ihrer fotografischen Ästhetik. Dabei geht es immer wieder darum, eine surreale Transformation in den Arbeiten aufzudecken.

Im Laufe ihrer langen Karriere, die Ende der 1930er Jahre in New York begann, konnte Levitt ihr umfangreiches Werk in zahlreichen Ausstellungen in den Vereinigten Staaten und in Europa einer breiteren Öffentlichkeit vorstellen. Zu den frühen Einzelausstellungen zählten 1943 *Helen Levitt: Photographs of Children* im Museum of Modern Art in New York sowie eine Ausstellung im Institute of Design in Illinois. Gruppenausstellungen fanden ebenfalls bereits 1943 im Institute of Technology in Chicago gemeinsam mit Frederick Sommer (1905–1999) statt. 1949 folgten Ausstellungen im Museum of Modern Art (*6 Women Photographers*) und in der *Photo League*, einer Vereinigung von Fotografen und Filmemachern (siehe Kap. 3.3.1), wo die Fotografien von Levitt zusammen mit denen von John Candilario präsentiert wurden. Weitere bedeutende Museen und Galerien lassen sich in den folgenden Jahren ergänzen. So sind die Fotografien Helen Levitts im Fotografiska Museet in Stockholm (1985), in The Photographers' Gallery in London (1988), im San Francisco Museum of Modern Art (1991), im Metropolitan Museum New York (1992), in der Diputación Provincial in Granada (1994), auf der Documenta X in Kassel (1997), im Frankfurter Kunstverein (1998) sowie im Centre National de la Photographie in Paris (2001) zu sehen gewesen, um nur einige Stationen zu nennen.[6]

Auch in vielen institutionellen Sammlungen sind die Arbeiten Helen Levitts vertreten: so unter anderem in der Laurence Miller Gallery in New York, in der New York Public Library, im Art Institute in Chicago, in der Corcoran Gallery of Art in Washington D.C., im J. Paul Getty Museum in Malibu, im International Center of Photography in New York, im International Museum of Photography at George Eastman House in Rochester, New York, im Israel Museum in Jerusalem, im Museum of Fine Arts in Boston und im Tokio Metropolitan Museum of Photography.

---

[6] Siehe auch im Anhang eine Auswahl wichtiger Einzel- und Gruppenausstellungen.

Ungeachtet des internationalen Bekanntheitsgrades von Helen Levitt und der ihr zuteil gewordenen Auszeichnungen und Stipendien[7], hat ihr Werk im wissenschaftlichen Kontext bisher allerdings kaum Beachtung gefunden. Ihr eigenes Werk herunterspielend, aus dem auch eine Skepsis gegenüber dem Wissenschaftsdiskurs besteht, behauptet sie: „Trust the pictures not the words“.[8]

Levitts Bilder stehen in der Tradition der Vertreter der amerikanischen *Streetphotography*, zu denen auch Weegee (1899–1968) und Lisette Model (1901–1983) sowie in der folgenden Generation Diane Arbus (1923–1971), Robert Frank (*1924), William Klein (*1928), Garry Winogrand (*1928) oder Lee Friedlander (*1934) gehören. Mit ihnen verbindet Levitt einen unkonventionellen Motivkanon: Die Straßen der Großstadt sowie das Gemisch unterschiedlicher Menschentypen, für das der *melting pot* in New York als Synonym steht, werden als abbilddungswürdig erachtet.

Obwohl die Arbeiten der *Streetphotography* individuell sehr verschieden sind, ist allen ein spontaner Blick gemein, eine besondere Sicht auf den Menschen, auf das Eigenartige, das Alltägliche, das Andere oder das wertlos Erscheinende.

In dieser Untersuchung steht nicht nur das Einzelbild, sondern auch die Kombination und Abfolge von Aufnahmen als Ausdrucksform in den Fotobüchern zur Diskussion. Das Interesse richtet sich gezielt auf die Präsentation der Fotografien in Sequenzen oder in Buchform als einem weiteren Teilbereich der künstlerischen Tätigkeit Levitts.

Levitts Bildsprache entspricht nicht dem distanzierten Blick einer soziologischen Dokumentaristin, obgleich ihre Aufnahmen präzise menschliche Zustände und alltägliche Situationen beschreiben. Ihr persönlicher Blick auf ihre Motive offenbart zum Teil Widersprüchliches und Unkonventionelles. Merkwürdiges tritt zutage, das alltäglich Erscheinende wandelt sich oftmals ins Groteske und löst Irritationen aus. Bereits 1946 bemerkte der Schriftsteller James Agee heute immer noch Zutreffendes über die Arbeiten von Helen Levitt:

---

7 Stipendien: 1946 Museum of Modern Art; 1959 und 1960 Stipendium der Guggenheim Foundation; 1976 Fotografiestipendium der National Endowment for the Arts. Siehe Maria Morris Hambourg, Helen Levitt: A Life in Part, in Ausstellungskatalog San Francisco, San Francisco Museum of Modern Art u.a. 1991: Helen Levitt. Hg. von Maria Morris Hambourg und Sandra S. Phillips, S. 60.

8 Helen Levitt im Interview mit der Autorin am 15.04.2000 in ihrem Appartement in New York; Vgl. ähnlich bei Hambourg 1991, S. 45.

„Wie die meisten guten Künstler ist Helen Levitt keine Intellektuelle und keine Theoretikerin; sie arbeitet ganz einfach, wo sie sich am meisten zuhause fühlt, und das ist, was wäre natürlicher, wo die Art von Ding, die sie bewegt und interessiert, mit großer Wahrscheinlichkeit am natürlichsten und in größter Vielfalt vorkommt. Folglich gab es nichts im voraus Geplantes in ihrem Blick. Es ist jedoch bemerkenswert, daß gerade in ihrem Gefühl für Straßen, für seltsame Details und für Raum ihr Vokabular oft an das der Surrealisten erinnert und manches Mal mit diesem identisch ist. Mit anderen Worten scheint es vieles an modernen Städten zu geben, das aus sich selbst für die Empfindsamkeit der Künstler anregt, besonders die Empfindsamkeit für die Spannungen und Trostlosigkeiten von Geschöpfen im nackten Raum. Ich glaube aber, daß in Helen Levitts Photographien das allgemeine Gefühl eher das ist, das der Surrealismus eher darin besteht, daß der gewöhnliche großstädtische Boden diese merkwürdigen Nebeneinanderstellungen und Momente hervorbringt und daß das, was wir „Phantasie“ nennen, die Realität in ihrer demaskierten Kraft und Anmut ist. Es ist ebenfalls der Bemerkung wert, daß beinahe alle Menschen in ihren Photographien arm sind; daß die meisten von ihnen zu den Randgruppen der Gesellschaft zählen; daß viele von ihnen Kinder sind. Es ist weiterhin wert, sich darüber im klaren zu sein, daß hierin eine Logik und ein Sinn liegt, insofern es ihr Werk betrifft. In Kindern ebenso wie in Erwachsenen aus dieser pastoralen Herde findet sich mehr Spontaneität, mehr Anmut als unter Menschen jener anderen Sorte; und von allen Straßen der Stadt sind die ihren bei warmen Wetter am dichtesten bevölkert und fließen über von Vielfalt und Schönheit, von Fremdartigkeit und Humor.“[9]

Diese oberflächlichen Beschreibungen lassen sich in den Bildern Levitts wiederentdecken. Levitt stellt dabei oftmals Fremdartiges neben Bekanntes und versucht, das Besondere im Alltäglichen, das Gegensätzliche im Ähnlichen, aufzuzeigen.

Die ersten Fotografien Levitts sind etwa 1936 zu datieren – entstanden mit einer leicht handhabbaren Leica, die sie 1935 gebraucht erworben hatte und mit der fast alle ihre Aufnahmen entstanden sind. Die technischen Vorraussetzungen erlernte sie von 1931 bis 1935 in einem Portraitatelier bei J. Florian Mitchell in der Bronx. In New York besuchte Levitt häufig die Photo League, bei der sie kein Mitglied war sowie die Julien Levy Gallery, eine der wenigen kommerziellen Galerien, die

9 Aus dem Essay *New York City* von James Agee (1946), veröffentlicht in: Helen Levitt, A Way of Seeing, New York 1989, hier nach der deutschen Übersetzung in: Ausstellungskatalog München u.a. 1998: Helen Levitt. Hg. von Peter Weiermair. Mit einem Essay von James Agee, S. 14f.

Fotografien ausstellten. Hier lernte sie um 1935 die Arbeiten von Manuel Álvarez Bravo (*1902), Cartier-Bresson und Evans kennen.

Für Evans machte Levitt 1938 Abzüge von einigen seiner Bilder für dessen Ausstellung *American Photographs* im Museum of Modern Art. Gemeinsam arbeiteten beide Ende der 1930er Jahre an einem Projekt mit versteckter Kamera, bei dem sie heimlich Aufnahmen von New Yorker U-Bahn-Passagieren anfertigten.[10] Levitt diente hierbei auch als Testperson (Abb. 2).[11]

Bis 1938 hatte Levitt auch die Fotoarbeiten von Ben Shahn (1898–1969) kennen gelernt, von dem sie behauptet, dass er einen entscheidenden Einfluss auf ihre Arbeiten gehabt hat.[12] In diese Zeit fällt auch eine kurze, aber anscheinend nachhaltige Begegnung mit Cartier-Bresson, den sie über Willard van Dyke kennen gelernt hatte und in dessen Hinwendung zur Phantasiewelt der Kinder sie scheinbar eine Gleichgestimmtheit erkannte.

Quelle der Sujets von Levitt sind die Straßen New Yorks, besonders die in Manhattans Yorkville, wo sie zu dem Zeitpunkt lebte, und in Harlem. Etwas weniger häufig hat sie die Straßen der Lower East Side und der anderen Viertel abgelichtet. Ihr erstes veröffentlichtes Foto erschien 1939 in der Juli-Ausgabe von *Fortune* in einer Sonderausgabe über New York, die auch weitere Abbildungen von Mitgliedern der Photo League enthielt. Obwohl Levitt die sozialen Inhalte dieser Organisation teilte und an ähnlichen Orten wie deren Mitglieder arbeitete – Sid Grossmann zum Beispiel war zur selben Zeit dabei, sein Harlem-Projekt zu fotografieren – war sie dennoch nicht tiefer eingebunden. Sie nutzte hier die Chance, sich über Fotografie auszutauschen und Kontakte zu knüpfen: etwa zu Sidney Meyers und Ben Maddow. Besonders die Filmvorführungen ausländischer

---

10 Hierzu siehe auch den Artikel von Mia Fineman ‚Notes from Underground: The Subway Portraits' in: Ausstellungskatalog New York, The Metropolitan Museum of Art u.a. 2000: Walker Evans. Hg. von Maria Morris Hambourg u.a., S. 106–119.

11 Evans hatte seine Contax-Kleinbildkamera schwarz gestrichen und um den Hals gehängt. Darüber hatte er seinen Mantel gezogen und zugeknöpft, so dass die Linse zwischen zwei Knöpfen hervorlugte. Mit einem Kabel, dass er in der rechten Hand hielt, löste er die Kamera, ohne hindurch zu sehen, scheinbar unbemerkt aus. „No Viewing [...]. Sort of done from the belly", wie er später in einem Interview erklärte. Zit. nach ebd., S. 107.

12 "I was more influenced by the work of Ben Shahn, even if I just saw some of his pictures and didn't really know him." Levitt in dem Interview vom 15.04.2000 mit der Autorin.

Filme, die in der *New York School for Social Research* gezeigt wurden, haben sie beeindruckt.

Nach Maria Hambourg imponierte ihr besonders Dziga Vertovs *Der Mann mit der Kamera* von 1929.[13] Der Film experimentiert in erster Linie mit Formen und verzichtet auf die ansonsten üblichen Zwischentitel. Gezeigt werden die Straßen russischer und ukrainischer Städte, wobei der Zuschauer nicht nur sieht, was gefilmt ist, sondern auch, wer filmt: „Der Mann mit der Kamera".[14]

> „Levitt was struck by Vertov's close shots of real people moving about the city unaware of him".[15]

Bis Anfang der 1940er Jahre sind Arbeiten von Levitt unter anderem in *PM's Weekly*[16], *U.S. Camera*[17] und *Harper's Bazaar*[18] erschienen. 1943 wurden ihre Aufnahmen in *Minicam*[19] denen Cartier-Bressons gegenüber gestellt und zusammen mit einem Text von James Thrall Soby, dem damaligen Kurator des Museums of Modern Art, publiziert.

In dieser Zeit erhielt Levitt aktive Unterstützung von den Kuratoren des Photography Departments des Museums of Modern Art, Beaumont und Nancy Newhall. Sie nahm an der Eröffnungsausstellung 1940 teil und erhielt ihre erste Einzelausstellung 1943. 1946 ermöglichte ihr das Museum das einzige, je von dieser Institution vergebene Stipendium für

---

13 *Der Mann mit der Kamera* (Chelovek s kinoapparatom) ist in Zusammenarbeit von Dziga Vertov, seinem Bruder, dem Kameramann, Michail Kaufman und der Cutterin Elizaveta Svilova entstanden. Siehe hierzu auch Viktor Listov, Vertov – Einmal und für immer sowie Yuri Tsivian, Einige Überlegungen zur Struktur des Films *Der Mann mit der Kamera*, beide in: Natascha Drubek-Meyer und Jurij Murasov (Hg.), Apparatur und Rhapsodie. Zu den Filmen des Dziga Vertov, Frankfurt am Main u.a. 2000, S. 32, 119. Weiterführend zu diesem Film siehe auch Vlada Petric, Constructivism in film: The Man with the Movie Camera. A Cinematic Analysis, Cambridge 1993 (1987).

14 Listov 2000, S. 32.

15 Hambourg 1991, S. 49.

16 Unbekannt, in: PM's Weekly, New York 11.8.1940 und Ralph Steiner, in: PM's Weekly, New York 2.3.1941, S. 48–49.

17 Edna R. Bennett, Helen Levitt's Photographs: Children of New York and Mexico, in: U.S. Camera Magazine 6:4, Mai 1943, S. 14–17.

18 Harpers Bazaar, September 1943, S. 32.

19 James Thrall Soby, The Art of Poetic Accident: The Photographs of Cartier-Bresson and Helen Levitt, in: Minicam Photography 6:7, März 1943, S. 28–31, 95. Ausführlicher hierzu siehe auch die Auflistung der Zeitungsartikel im Anhang.

Fotografie und bis in die 1950er Jahre hinein war sie dort weiterhin in Gruppenausstellungen vertreten.

Ein anderer Freund und Förderer Levitts in den frühen 1940er Jahren war der Schriftsteller James Agee. Dieser ermutigte Levitt, ihre Fotografien in einem Buch zusammen mit einem Essay von ihm herauszugeben. Das Ergebnis *A Way of Seeing* entstand Mitte der 1940er Jahre, wurde aber erst 1965 – nach Agees Tod – veröffentlicht.

Für kurze Zeit entstanden die Aufnahmen nicht in New York, sondern in Mexiko City, wohin Levitt 1941 mit Alma, der Frau von Agee, reiste.[20] Zu dieser Zeit hatte die Hauptstadt des mittelamerikanischen Landes noch viel von den Charakteristika einer Kleinstadt trotz der bereits etwa 1,6 Millionen Einwohner.[21]

Levitt nutzte den Aufenthalt nicht wie viele andere Künstler und Intellektuelle als Flucht aus der expandierenden Metropole New York. Vielmehr versuchte sie wie schon in New York das Leben auf den Straßen in Mexiko City wiederzugeben.

Hier treten in der Motivauswahl ebenfalls besondere Momente im Alltag sowie eine gewisse Situationskomik deutlich hervor. Dennoch unterscheiden sich die Aufnahmen in der Kultur und Bildsprache sehr von den New Yorker Aufnahmen, so dass ihnen eine eigene Untersuchung gebührt.

1942 machte Levitt eine Ausbildung als Cutterin bei dem Regisseur Luis Buñuel. Sie arbeitete zusammen mit der Niederländerin Helen van Dongen an dem Film *The Spanish Earth* und weiteren Dokumentationen der 1930er Jahre.[22] Von 1944 bis 1945 arbeitete Levitt als Schnittassistentin in der Film Devision of the Office of War Information (OWI) in New York.

---

20 Speziell zu Levitts Aufenthalt dort siehe auch den einleitenden Essay von James Oles in: Helen Levitt (Hg.), Mexico City, New York und London 1997, S. 6–35.

21 Ebd., S. 6.

22 Van Dogen arbeitete für die Motion Picture Division of the Coordinator of Inter-American Affairs (CIAA), die der Filmbibliothek im Museum of Modern Art, New York der Leitung des Präsidenten John Hay Whitney unterlag. Dieser machte zu jener Zeit Filme, die vom Museum of Modern Art in New York gefördert wurden. Die CIAA-Filmsektion wurde im Januar 1941 von Nelson A. Rockefeller aufgebaut, um spanische Dokumentationen Lateinamerikas, die überwiegend kommerziell, nichttheatralisch, dokumentarisch, industriell bzw. medizinisch waren, zu verbreiten. Siehe Jan-Christopher Horak, „Helen Levitt: Seeing with one's own eyes", in: ders., Making images move. Photographers and Avant-Garde Cinema, Washington 1997, S. 141.

1948 drehte Levitt zusammen mit Janice Loeb und Sidney Meyers den Film *The Quiet One*, eine Dokumentation über ein Heim für schwer erziehbare Jugendliche. Dieser Beitrag erhielt im folgenden Jahr, 1949, den ersten Preis auf den Filmfestspielen in Venedig.[23] Da dieser Film mit einem Drehbuch und ‚realen' Schauspielern arbeitet und zudem nicht die Stadt bzw. die Straße thematisiert, werde ich in dieser Untersuchung nicht weiter darauf gehen.

1951 wurde der Film *In the Street* fertiggestellt, ein Projekt, an dem Levitt bereits seit 1944 zusammen mit Agee und Loeb gearbeitet hatte und der versuchte, die Atmosphäre der New York-Fotografien einzufangen. In gewisser Weise stellt dieser 15-minütige Dokumentarfilm eine kinematografische Umsetzung ihrer fotografischen Arbeit dar und gilt als bahnbrechend für eine neue Tendenz des amerikanischen Experimentalkinos, worauf ich in Kapitel 6.3. näher eingehe.[24]

Levitt arbeitete weiter professionell in den 1950er Jahren als Redakteurin für den Film.[25] 1964 erhielt sie ein Stipendium der Ford Foundation im Bereich Film. Nach mehr als einem Jahrzehnt der Filmarbeit kehrte Levitt 1959 zur Fotografie zurück, diesmal in Farbe: 35-mm Dias für ihr übliches Motiv der Straßenszenen in New York. Diese Farbbilder wurden zuerst in einer Diashow im Museum of Modern Art 1963 gezeigt und dann in der Ausstellung *Three Photographers in Color* zusammen mit Roman Vishniac und William Garnett. Levitt machte nicht nur Abzüge ihrer Arbeiten, sondern projizierte die Dias direkt an die Wand.[26] Dieser Art von Vermittlung war auch 1974 die Präsentation ihrer zweiten großen Einzelausstellung, die Teil der *Projects* Serie im Museum of Modern Art war.

Abweichend von den vielen Aufnahmen ihrer dokumentarisch arbeitenden Fotografenkollegen der 1930er und 1940er Jahre, wie etwa Walker Evans, Dorothea Lange (1895–1965), Arthur Rothstein (1915–1985) oder Ben Shahn, die im Auftrag der staatlich geförderten

---

23 Claire Jacquet, Helen Levitt: The impertinent poetry of Harlem, in: Ausstellungskatalog Paris: Centre national de la photographie 2001, S. 55.

24 Vgl. auch Horak 1997, S. 145.

25 Insgesamt ist Levitt in unterschiedlichen Formen an verschiedenen Filmen beteiligt gewesen: *Here is China* (1943), *The Capital Story* (1945), *In the Street* (1946–52), *The Quiet One* (1948), *The Steps of Age* (1950), *Another Light* (1952), *The Savage Eye* (1959), *The Balcony* (1963), *An Affair of the Skin* (1963). Siehe auch Horak 1997, S. 276 sowie die Filmografie im Anhang.

26 Wie Levitt mir in dem Interview vom 15.04.2000 miteilte, sind die Dias dieser Schau nach einem Einbruch in ihrem Appartement gestohlen worden und bis heute verschollen.

Fotografieprogramme in den USA die sozialen Konflikte des Landes und die Veränderungen der sich zur Weltmetropole entwickelnden Stadt fotografierten, geben die Aufnahmen Levitts ein anderes Bild der Gesellschaft wieder.

Levitt ist als Fotografin weder Historikerin noch Soziologin, die gesellschaftliche Verhältnisse dokumentieren oder anklagen will. Mit ihrer Kleinbildkamera fokussiert sie die Menschen auf den Straßen, etwa in Harlem und anderen Randbezirken in New York City, aber auch in Mexiko City. Dabei wird deutlich, dass die Fotografin versucht, das Besondere im Gewöhnlichen und Alltäglichen aufzuspüren und festzuhalten.

Eine ähnliche Auffassung wurde in den folgenden Jahren von Fotografen wie William Eggleston (*1939), Robert Frank, Lee Friedlander, William Klein oder Garry Winogrand weiter ausgeführt, die alle diese Faszination für das alltägliche Theater auf den Straßen teilen.

1.1. Grundlagen der Untersuchung und Fragestellungen

Um den Blick auf das Alltägliche und die kulturell Anderen in Levitts Werk näher zu untersuchen, habe ich mich in dieser Arbeit mit dem Surrealismus und der Primitivismus-Debatte auseinandergesetzt, wobei hier insbesondere die Studien von James Clifford und William Rubin zu nennen sind.[27]

Der Surrealismus selbst stellt bereits seit Jahrzehnten einen wissenschaftlichen Untersuchungsgegenstand dar. In diesem Zeitraum haben sich die Fragestellungen der Surrealismusforschung verändert. Von den zahlreichen historischen Untersuchungen in den 1950er und 1960er Jahren, die den Surrealismus als ein europäisches Phänomen spezifizieren, hat sich die wissenschaftliche Auseinandersetzung mit Fragestellungen zur Andersartigkeit, Theorie und Ästhetik hin geöffnet. Speziell mit den Amerika-Diskursen der Surrealisten sowie deren Begegnung mit ihnen unbekannten geografischen und kulturellen Welten auf dem

---

[27] James Clifford, On Ethnographic Surrealism, in: ders.: The Predicament of Culture. Twentieth-Century Ethnography, Literature, and Art, Cambridge, London 1988, S. 117–151 sowie William Rubin, „Primitivism“ in 20th Century Art. Affinity of the Tribal and the Modern, New York 1988.

amerikanischen Kontinent hat sich Susanne Klengel ausführlich in ihrer Dissertation beschäftigt.[28]

Im Rahmen der hier vorliegenden Untersuchung interessieren vor allem Fragestellungen, die sich mit dem Thema der kulturellen Verschiedenartigkeit beschäftigen. Eine erneute Betrachtung des Surrealismus konzentriert sich daher auf die Begegnung mit den Realitäten der kulturell Anderen, die in der surrealistischen Ästhetik von Beginn an eine wichtige Rolle spielten. In diesem Zusammenhang ist auch das Flanieren in der Großstadt von Interesse, wozu es eine Untersuchung von Rolf J. Goebel gibt.[29]

Um die surrealen Aspekte der alltäglich wirkenden Straßenaufnahmen Levitts näher zu analysieren, erscheint es mir sinnvoll, diese zunächst in einen Kontext von Darstellungen der Straße bzw. der Stadt New York einzubinden. Dabei ist Levitts Definition von der Straße als Raum und somit ihre Beschreibung der Großstadt Grundlage der Überlegungen.

Begrifflichkeiten wie Dokumentation, Realität, Inszenierung und Alltag durchziehen alle Überlegungen und werden immer wieder zur Analyse hinzugezogen.

Darüber hinaus gilt es, alltägliche Besonderheiten in den Fotografien, die sich unter anderem in Form von Spiel, Tanz und Theater in den Arbeiten ausdrücken, näher zu beschreiben, um so das „lyrische Moment", das nach Agee in den Fotografien enthalten ist, näher zu bestimmen.[30]

Die Fotografien Levitts, in denen die Straße häufig einer Arena gleicht, lassen sich auffällig gut mit einer Bühnensprache beschreiben. Daher habe ich ein Begriffssystem verwendet, dass zum Teil der Theaterwelt entlehnt ist. So kommen beispielsweise Darsteller, Zuschauer, Rollen, Dramen, Inszenierungen, Vorstellungen, Bühnenbilder und Hintergrundkulissen vor.[31]

Das Theater im klassischen Sinne ist zwar eine auf reiner Inszenierung basierende Kunstform, aber Aspekte des Theatralischen spielen auch im Alltagsleben (insbesondere in der Wahrnehmung des Alltagslebens) eine

---

28 Susanne Klengel, Amerika-Diskurse der Surrealisten. „Amerika" als Vision und als Feld heterogener Erfahrungen, Diss. Stuttgart 1994.

29 Rolf J. Goebel, Benjamin heute: Großstadtdiskurs, Postkolonialität und Flanerie zwischen den Kulturen, München 2001. Goebel überträgt dabei Benjamins Figur des Flaneurs in die heutige Gesellschaft einer nicht-westlichen Großstadt in Japan, dennoch macht er einige übertragbare Aussagen.

30 Agee 1998, S. 9.

31 Hierzu siehe auch Erving Goffman, Wir alle spielen Theater. Die Selbstdarstellung im Alltag, München 2000.

Rolle. Es geht nicht darum, Aspekte des Theaters, die ins Alltagsleben eindringen, zu untersuchen. Vielmehr geht es um die Strukturen sozialer Begegnungen, die entstehen, wenn Personen auf andere Personen treffen. Es geht um die erfolgreiche Inszenierung, mit der man sich im Alltagsleben in einer realen Situation behauptet.

Ähnlich lassen sich auch Begriffe aus dem Bereich des Spiels finden, etwa bei Huizinga in *Vom Ursprung der Kultur im Spiel.*[32] Dieser beschreibt die formalen Kennzeichen des Spiels und kommt zu folgender Aussage, die ich einleitend auch auf die Arbeiten Levitts beziehen möchte:

> „Wir werden von Wettkampf und Wettlauf, von Schaustellungen und Aufführungen, von Tänzen und Musik, von Maskerade und Turnier zu reden haben."[33]

Dieses sind Merkmale, mit denen sich das Spiel im allgemeinen umschreiben lässt und die ich in leicht abgewandelter Weise für die formale Analyse der Aufnahmen Levitts verwendet habe.

Im weiteren Verlauf der Arbeit wird argumentiert, wie sich aus der tradierten fotografischen Formensprache, der zunächst ein idealisierender Charakter eigen war, ein neuer Darstellungsmodus der Großstadtfotografie entwickelt hat. Schlaglichtartig werden einige Problemstellungen hervorgehoben, um auf diese Weise die besonderen Voraussetzungen neuer ästhetischer Normen der New York-Aufnahmen vorzubereiten.

Es ist Ziel dieser Untersuchung zu zeigen, dass sich das Porträt der Großstadt gewandelt und sich ein Wechsel zur Ästhetisierung des Alltagslebens im öffentlichen Raum vollzogen hat. Diese Veränderung der Parameter wird mit Hilfe ausgesuchter Bildbeispiele verdeutlicht. Dabei wird herausgestellt, welchen besonderen Anteil die Aufnahmen Helen Levitts an diesem Wandel der Repräsentation des alltäglichen Lebens in der Stadt haben. Im Hinblick auf Spontaneität und Anonymität in der Straßenfotografie ist der Aspekt des Zufalls und des Schnappschusscharakters sowie der diesen Elementen innewohnende surreale Charakter von Interesse.

---

32 Johan Huizinga, Homo Ludens: Vom Ursprung der Kultur im Spiel, Reinbek bei Hamburg 2001.

33 Ebd., S. 16.

1.2. Forschungsstand

Generell betrachtet, ist die kunsthistorische Literatur zur Fotografie immer noch sparsam vertreten, besonders im deutschsprachigen Raum. Medientheoretische Grundlagen fanden sich lange Zeit in den Essays von Walter Benjamin, Susan Sontag oder Roland Barthes.[34] Bei entwicklungsgeschichtlichen Fragen dient Beaumont Newhalls „History of Photography" von 1937 als Standardwerk, das in den folgenden Jahren immer wieder ergänzt wurde.[35] Ebenso kann die von Michel Frizot herausgegebene Aufsatzsammlung mit dem Titel „Neue Geschichte der Fotografie" als fotohistorische Grundlage weiterhelfen.

Dennoch gibt es bislang eigentlich keine übergreifende Theoriegeschichte, obwohl die Bände von Wolfgang Kemp und Hubertus von Amelunxen zur „Theorie der Fotografie" Ansätze liefern.[36] Ebenso sind hier mit den beiden von Herta Wolf herausgegebenen Publikationen „Geschichte und Theorie der Fotografie"[37] und „Paradigma Fotografie"[38] wegweisende Anlagen geschaffen worden. Weitere Impulse gibt es aus den Literatur-, Geschichts-, Kultur-, Kunst- und Medienwissenschaften sowie aus der Soziologie, Ethnologie und anderen Bereichen.

Ungeachtet dessen gibt es eine Vielzahl von teilweise wissenschaftlich fragwürdigen Ausstellungskatalogen zur Fotografie. Insgesamt betrachtet scheint daher das Medium der Fotografie innerhalb der deutschsprachigen Kunstgeschichtsschreibung nach wie vor marginal behandelt zu sein.

---

34 Walter Benjamin, Das Kunstwerk im Zeitalter seiner technischen Reproduzierbarkeit. Drei Studien zur Kunstsoziologie, Frankfurt am Main 1996 (1963); Susan Sontag, Über Fotografie, München 1996 (On Photography, New York 1977); Roland Barthes, Die helle Kammer, Frankfurt am Main 1985 (La Chambre claire. Notes sur la photographie, Paris 1980).

35 Beaumont Newhall, Geschichte der Photographie, München 1998 (History of Photography, New York 1937).

36 Wolfgang Kemp (Hg.), Theorie der Fotografie, Bd. I: 1839–1912, München 1980; Ders. (Hg.), Theorie der Fotografie, Bd. II: 1912–1945, München 1999 (1979); Ders. (Hg.), Theorie der Fotografie, Bd. III: 1945–1980, München 1983; Hubertus von Amelunxen (Hg.), Theorie der Fotografie, Bd. IV: 1980–1995, München 2000.

37 Philippe Dubois, Der fotografische Akt: Versuch über ein theoretisches Dispositiv, Schriftenreihe zur Geschichte und Theorie der Fotografie, Bd. 1, Hg. von Herta Wolf, Amsterdam, Dresden 1998.

38 Herta Wolf (Hg.), Paradigma Fotografie. Fotokritik am Ende des fotografischen Zeitalters, Frankfurt am Main 2002.

In der us-amerikanischen Fotografiegeschichte hat die Fotografie insgesamt einen höheren Stellenwert und insbesondere Helen Levitt ist dort bereits seit den 1940er Jahren immer wieder Bestandteil innerhalb des Fotografie-Diskurses.[39]

An dieser Stelle sei jedoch angemerkt, dass es auch viele Überblickswerke gibt, darunter auch Neuerscheinungen, die ihre Arbeiten nicht beachten.[40] Baatz allerdings führt sie unter den 50 Klassikern der Fotografen mit auf.[41]

Levitts Fotografien sowie ihre Filmarbeiten sind bislang in der veröffentlichten Sekundärliteratur weder zusammenhängend besprochen noch ausgewertet worden. Die in der Literatur verstreut zu findenden Angaben zur Biografie sind fragmentarisch und zum Teil in ihrer Zusammenstellung widersprüchlich.

Auch die Standardwerke über die Rolle der Frau in der Fotografie erwähnen Levitt, wenn überhaupt, nur unzureichend und ohne Verortung in einem Kontext.[42] Die Sekundärliteratur ignoriert fast vollständig die surrealen Aspekte in ihrem Werk bzw. vernachlässigt die Elemente anderer Kulturen in den Arbeiten. Besonders die Aufnahmen, die in Mexico City entstanden sind, verlangen eine ausführliche Neubewertung.

Colin Westerbeck und Joel Meyerowitz befassen sich eingehend in ihrem Werk *Bystander: A History of Photography* mit der Geschichte der Straßenfotografie im 19. und 20. Jahrhundert.[43] Straßenfotografie wird hier wie folgt definiert:

---

39 Diese Tatsache hängt sicherlich mit ihrer ersten großen Einzelausstellung im Museum of Modern Art in New York 1943 zusammen. Als Beispiele seien hier erwähnt: Naomi Rosenblum, A World History of Photography, New York 1989, S. 527–528, 593; Keith F. Davis, An American Century of Photography. From Dry-Plate to Digital. The Hallmark Photographic Collection, Kansas City, Missouri 1999, S. 253, 282, 285, 289, 293, 302, 306, 429, 533.

40 Beispielsweise findet Levitt in folgenden Standardwerken zur Fotogeschichte keine Erwähnung: Newhall 1998; Boris von Brauchitsch, Kleine Geschichte der Fotografie, Stuttgart 2002.

41 Willfried Baatz, 50 Klassiker. Photographen: Von Louis Daguerre bis Nobuyoshi Araki, Hildesheim 2003, S. 206–209.

42 Hierzu siehe Naomi Rosenblum, A History of Women Photography, New York 1984, S. 224–227, 311 und Constance Sullivan (Hg.), Women Photographers, mit einem Essay von Eugenia Parry Janis, New York 1990, S. 17–18, S. 122–125.

43 Colin L. Westerbeck und Joel Meyerowitz, *Bystander: A History of Street Photography*, London 1994.

> „[...] the photographers discussed in these pages have tried to work without being noticed by their subjects. They have taken pictures of people who are going about their business unaware of the photographer's presence. They have made candid pictures of everyday life in the street. That, at its core, is what street photography is."[44]

Demnach ist Levitt eine klassische Straßenfotografin, die die Personen, die sie aufnimmt, nicht kennt und auch von den Aufgenommen nicht unbedingt bemerkt wird.

Levitt wird in dem Kapitel über *Walker Evans & America before the War* erwähnt und direkt mit Henri Cartier-Bresson verglichen.[45] Die Gemeinsamkeit besteht allerdings nicht so sehr in den formalen Ähnlichkeiten der Arbeiten als vielmehr in der Schwierigkeit, die beiden Fotografen bestimmten Richtungen zuzuordnen.

Dieses hat Jane Livingston in ihrem Buch *The New York School. Photographs 1936–1963* versucht.[46] Allerdings ist der Begriff der ‚Schule' hier sehr problematisch, da es sich um einen losen Zusammenhalt von 16 Fotografen handelt, darunter Helen Levitt und Richard Avedon (*1923), deren einziger Berührungspunkt die Stadt New York ist, in der sie Ende der späten 1930er Jahre bis in die frühen 1960er Jahre gelebt und gearbeitet haben. Eine formale Analyse sowie ein Vergleich der sehr unterschiedlichen Arbeiten bleibt leider aus.

Dank der großen Einzelausstellung, organisiert durch das San Francisco Museum of Modern Art und das Metropolitan Museum in New York, sind die Fotografien Levitts 1991 in den USA neu gewürdigt worden.[47] Die Autoren des Ausstellungskataloges, Sandra S. Phillips und Maria Morris Hambourg, haben im Bereich der Biografie Levitts Pionierarbeit geleistet und versucht, das Fotowerk in seiner Zeit zu verorten und Einflüsse aufzudecken.[48] Allerdings liegt der Fokus nur auf einem Teil der Fotografien, insbesondere auf den frühen Schwarzweiß-Aufnahmen, während die Filmarbeit fast vollständig außer Acht gelassen wurde.

---

44 Siehe die Einleitung, ebd., S. 34

45 Ebd., S. 264.

46 Jane Livingston, The New York School. Photographs 1936–1963, New York 1992. Der Begriff „New York School" knüpft an die Terminologie in der Malereigeschichte an, wo eine ähnliche Problematik existiert, etwa bei Irving Sandler, The New York School: The painters and sculptors of the fifties, New York 1978 oder Dore Ashton, The New York School: A Cultural Reckoning, New York 1992 (1973).

47 Ausstellungskatalog San Francisco 1991.

48 Besonders der Aufsatz von Hambourg, in: ebd., S. 45–63, ist hier zu erwähnen.

In der Filmgeschichte wird Helen Levitt im Bereich des Dokumentar- und Avantgardefilms, wenn überhaupt, nur am Rande behandelt. Eine interessante Studie bezüglich medialer Abhängigkeiten zwischen Fotografie und Film hat Jan-Christoper Horak mit *Making images move: photographers and avant-garde cinema* vorgelegt.[49] Hier geht es darum, wie der Film Fotografen beeinflusst und diese zwischen den Medien wechseln, die nur auf den ersten Blick unterschiedliche Formen darstellen.

In Ansätzen hat Susan Delson thematisiert, dass sich Levitt von zeitgenössischen, besonders russischen Filmen inspirieren ließ und Alexander Dovzenko und Dziga Vertov, aber auch Filmgrößen wie Jean Cocteau oder Charlie Chaplin zum Vorbild gehabt hat[50].

Levitts Arbeiten lassen sich einer bestimmten Form der Dokumentar-Fotografie zuordnen. In den folgenden Kapiteln beziehe ich mich daher in erster Linie auf die Ausführungen zum Dokumentarischen von Martha Rosler und Abigail Solomon-Godeau.[51]

---

49 Horak 1997. Allgemein zum Dokumentarfilm siehe auch Jean Rouch (Hg.), Die Wirklichkeit des Films: Dokumentarfilm. Ethnographischer Film, Hildesheim 1988.

50 Vgl. hierzu Susan Delson, The Moviegoer, in: Sidney Tillim, Photography and remembrance, in: Artforum, 30, Nr. 4, Dezember 1991, S. 74–79, spez. S. 76–77 sowie Dies., Photo Play – Helen Levitt, in: Janet Abrams (Hg.), If/Then: Play, Netherlands Design Institute Amsterdam 1999, S. 140–151, hier S. 145.

51 Martha Rosler, Drinnen, Drumherum und nachträgliche Gedanken (zur Dokumentarfotografie), in: Ausstellungskatalog Wien, Generali Foundation 1999: Martha Rosler. Positionen in der Lebenswelt. Hg. von Sabine Breitwieser, Köln 1999, S. 105–148. Erstveröffentlichung unter dem Titel: In, Around and Afterthoughts (on Documentary Photography), in: Martha Rosler, 3 Works, Halifax, Novia Scotia 1981. Wiederabgedruckt in: Richard Bolton (Hg.), The Contest of Meaning: Critical Histories of Photography, Massachusetts 1990., S. 303–340; Abigail Solomon-Godeau, Who is speaking thus? Some questions about Documentary Photography, in: dies., Photography at the dock. Essays on Photographic History, Institutions, and Practices, Minneapolis 1997. Mit einem Vorwort von Linda Nochlin, S. 169–183.

Speziell Untersuchungen zum Verhältnis von Fotografie und Surrealismus gibt es von Andy Grundberg und Rosalind E. Krauss.[52]
Mit amerikanischen Großstädten hat sich Jane Jacobs ausführlich beschäftigt und ein Standardwerk geschaffen, das auch gesellschaftliche Funktionen der Straße berücksichtigt, worauf ich immer wieder zurückkommen werde, da die Straße als ein zentrales Motiv in den Arbeiten Levitts gesehen werden kann.[53]
In Europa wurde den Fotografien Levitts erst durch die Teilnahme an der documenta X 1997 in Kassel mit einem kleinen Ausschnitt aus ihrem Werk Beachtung entgegengebracht. 1998/99 ist ihr Oeuvre in einer umfangreichen Retrospektive in Deutschland und Österreich präsentiert worden. In der dazugehörigen Publikation ist ein Überblick über ihr fotografisches Schaffen gegeben, wobei der Schwerpunkt auf den frühen Schwarzweiß-Aufnahmen liegt.[54] Der Haupttext im Katalog ist ein Auszug des 1946 von James Agee verfassten, 1965 erstmals veröffentlichtem Essay, der als fotohistorisches Dokument zwar von Interesse ist, aber keine wissenschaftliche Auseinandersetzung mit der Fotografie Levitts und schon gar nicht mit ihrer Filmarbeit liefert, sondern eher als poetische Verklärung ihrer Fotografien gelesen werden kann.
Abschließend lässt sich festhalten, dass eine ausführliche Analyse und Auseinandersetzung mit dem Werk Helen Levitts, insbesondere ihrer späteren Farbaufnahmen und ihrer Filmarbeit, bisher noch nicht erfolgt ist,

---

52 Andy Grundberg, On the dissection table: The unnatural coupling of Surrealism and Photography, in: Carol Squiers (Hg.), Overexposed – Essays on contemporary photography, New York 1999, S. 123–133; Rosalind E. Krauss, Die fotografischen Bedingungen des Surrealismus, in: dies., Die Originalität der Avantgarde und andere Mythen der Moderne. Schriftenreihe zur Geschichte und Theorie der Fotografie, Bd. 2, Amsterdam, Dresden 2000, hg. von Herta Wolf, S. 129–162. Insgesamt gibt es zu diesem Thema überraschenderweise wenig brauchbares Material, was schon Edouard Jaguer zu Beginn der 1980er Jahre festgestellt hat: „Hingegen wurde noch keine erschöpfende Dokumentation zusammengestellt, welche die Begegnung zwischen Surrealismus und Photographie im vollen Sinne des Wortes illustriert.“ In: ders., Surrealistische Photographie – zwischen Traum und Wirklichkeit, Köln 1984 (Paris 1982), S. 3. Allerdings wird auch Jaguer, außer einer reichen Bebilderung, seinem Anspruch nicht gerecht.

53 Jane Jacobs, Tod und Leben großer amerikanischer Städte, hg. von Ulrich Conrads und Peter Neitzke, Braunschweig, Wiesbaden 1993, S. 44 (zuerst veröffentlicht unter dem Titel: Death and Life of Great American Cities, New York 1961).

54 Ausstellungskatalog München 1998.

so dass es sich hier um ein wiederholt geäußertes Forschungsdesiderat handelt.[55]

Mit meiner Dissertation möchte ich diese Lücke schließen und aus europäischer Sicht die sehr eigene Position Levitts in der amerikanischen Straßenfotografie vorstellen.

1.3. Methodisches Vorgehen

Vorweg möchte ich kurz ein paar Besonderheiten des fotografischen Mediums erläutern, die auch den Aufbau dieser Arbeit mitbestimmen: In der spontanen Fotografie, die den Arbeiten Levitts zugrunde liegt, gibt es kaum die Möglichkeit zu Entwürfen und Vorstudien.[56]

Das fotografische Negativ hat eine ganz andere Funktion im Entwicklungsprozess des Bildes. In ihm ist das Foto bereits bis in alle Details angelegt und kann bei der Entstehung des Positivs nur noch durch Manipulation im Labor verändert werden. Das heißt, es existiert nur ein Endprodukt bzw. eine Reihe davon, aus dem im nachhinein eine Aufnahme ausgewählt wird. Somit kommt der Besonderheit der Momentfotografie sowie des Auswahlverfahrens eine gesonderte Stellung zu. Cartier-Bresson bemerkte hierzu:

> „Bildkomposition und Abdrücken erfolgen beinahe gleichzeitig; jede geometrische Analyse, jede Schematisierung kann selbstverständlich erst hinterher versucht werden und höchstens zum Nachdenken anregen."[57]

Bei dieser nachträglichen Begutachtung scheidet manche Aufnahme als unzureichend aus. In der hier vorliegenden Arbeit konnten daher nur solche Fotografien berücksichtigt werden, die Helen Levitt selbst für ‚gut' befunden hat und die somit der Öffentlichkeit, beispielsweise in Form von Ausstellungen oder Publikationen zugänglich gemacht wurden. Ein weiteres Argument für die Konzentration auf bereits publizierte Arbeiten

---

55 Zur Forschungssituation vergleiche auch Martin Pesch, Helen Levitt, in: Kunstforum international, Bd. 141, Juli/September 1998, S. 394–395; Moortgat 1998, S. 10–11 und Horak 1997, S. 138.

56 Unter Spontan- bzw. Momentfotografie verstehe ich die Fotografie einer flüchtigen Situation, die keine längeren Überlegungen, Planungen und Reflexionen zulässt, im Unterschied zu einer arrangierten oder statischen Aufnahme, die auch Vorentwürfe erlaubt.

57 Henri Cartier-Bresson, Meine Welt, Luzern, Frankfurt am Main 1968, ohne Seitenzahlen.

ist die Unüberschaubarkeit eines unveröffentlichten fotografischen Oeuvres. In einigen Fällen sind verschiedene Abzüge eines Motivs entstanden, die oft auch in verschiedenen Variationen publiziert wurden.

Für eine Analyse der ästhetischen Konzepte Levitts erscheint es mir sinnvoll, mich vor allem mit den durch die Künstlerin autorisierten öffentlich präsentierten Fotografien zu befassen.

Grundlage der Studie sind daher eine Fülle von veröffentlichten Fotografien, Illustrationen, Fotobüchern und Presseberichten. Mein Hauptaugenmerk liegt dabei auf den Abbildungen, die in der Stadt New York, insbesondere auf den Straßen und an öffentlichen Plätzen entstanden sind. Die wenigen Innenraumaufnahmen der Künstlerin finden in dieser Untersuchung keine Beachtung.

Für das methodische Vorgehen dieser Untersuchung bietet sich eine Analyse an, die die Fotografien im Kontext ihrer Entstehungszeit verortet. Dabei gehe ich davon aus, dass Werk und Kontext in einem engen Wechselverhältnis zueinander stehen und sich gegenseitig bedingen.[58] Diese umfassende Betrachtungsweise zieht eine kunstsoziologische und kulturhistorische Perspektive mit ein, welche die Kunstwelt der 1930er und 1940er Jahre in New York genauer analysiert. Dieser Ansatz erlaubt es, die Bilder aus einer ausschließlich fotohistorischen Rezeption zu lösen und als Ausdruck eines bestimmten Moderneverständnisses der Zeit zu deuten.

Hierfür dienen mir Zeitungsartikel, Fotobücher sowie Ausstellungen und die dazu gehörigen Rezensionen als Quellengrundlage, um so die Aufnahmen Levitts in einen Zusammenhang mit den Texten zu stellen, mit denen sie veröffentlicht bzw. ausgestellt wurden.[59]

---

58 Vgl. auch Wolfgang Kemp, Kontexte. Für eine Kunstgeschichte der Komplexität, in: Texte zur Kunst, Nr. 2, 1991, S. 89–101 und Kitty Zijlmans / Marlite Halbertsma, Kunstwerk, Kontext, Zeit, in: dies. (Hg.), Gesichtspunkte: Kunstgeschichte heute, Berlin 1995, S. 17–34 sowie Ton Bevers, Zum Verhältnis von Kunst, Geschichte und Soziologie, in: ebenda, S. 197–218.

59 Beispielsweise in *U.S. Camera*, *VVV* oder *Village Voice*.

1.4. Argumentationsgang

Die hier vorliegende Untersuchung ist dreigeteilt. Der erste Teil umfasst die ersten beiden Kapitel und beinhaltet Einleitung und den Entstehungskontext der Arbeiten.

Der zweite Teil, bestehend aus dem dritten Kapitel, bezieht theoretische Überlegungen zur Fotografie und Wirklichkeit mit ein und der dritte Teil, der die Kapitel vier bis sechs umfasst, wendet die gemachten Aussagen auf ausgesuchte Arbeiten Helen Levitts an. In der Zusammenfassung werden die aufgestellten Thesen noch einmal erfasst.

Zu den einzelnen Kapiteln: Nach der Einleitung erörtert das zweite Kapitel den Entstehungskontext der Arbeiten Levitts, wobei der Schwerpunkt auf die Metropole New York in den 1930er Jahren gelegt ist. Diskurse der Modernität werden an einigen ausgewählten Ausstellungen der Zeit vorgestellt. Besonderes Gewicht wird hierbei auf die Surrealismus-Debatten gelegt. Das Flanieren in der Großstadt und die hiermit einhergehende Suche nach den kulturell Anderen wird hier vorbereitet, um im weiteren Verlauf der Arbeit an den Werken Levitts belegt zu werden.

Ziel ist es, auf der Bildebene einen Paradigmenwechsel von einer idealisierten, abstrakten Großstadt hin zu einer belebten Stadt darzustellen. Erst dieser Wandel in der Bildauffassung erlaubte es Fotografen und Fotografinnen wie Helen Levitt, Menschen und ihren scheinbar banalen Alltag festzuhalten.

Das dritte Kapitel erläutert die unterschiedlichen Konstruktionsweisen von Wirklichkeit. Die Bildwirklichkeit formiert sich dabei mit Hilfe der Fotografie, die versucht, eine vorgegebene Wirklichkeit ‚authentisch' wiederzugeben. Diese dokumentarische Bildsprache, deren Merkmale etwa Klarheit und Präzision sind, stelle ich anhand der Werke von Jacob Rijs (1849–1914), Lewis W. Hine (1874–1940) und einigen ausgewählten Fotografen und Fotografinnen, die für das FSA-Projekt oder die Photo League arbeiteten, vor, um so die Tradition und den Kontext von Levitt deutlich zu machen. Die Schwierigkeit des Dokumentarismus-Begriffs liegt dabei vor allem in seiner vielseitigen Verwendung.[60]

Geprägt wurde der Begriff ‚documentary' in den 1920er Jahren in den USA und ist eng mit der Sozialpolitik des New Deal verknüpft. Ziel ist es, die dokumentarischen Ansätze Levitts vor diesem Hintergrund zu diskutieren, um so ihre Art der Wirklichkeitskonstruktion, die in der

---

60 Vgl. auch Reinhard Matz, Gegen einen naiven Begriff der Dokumentarfotografie, in: Amelunxen 2000, S. 94–105.

einschlägigen Literatur auch mit sozialem Realismus umschrieben wird, zu definieren.[61]

Ich verbinde diesen Überblick über die Fotografiegeschichte mit einer Problematisierung des dokumentarischen Selbstverständnisses. Die Ausführungen dienen mir dazu, eine surreale Transformation des Dokumentarischen in den Arbeiten Levitts aufzudecken.

Das vierte Kapitel stellt einleitend formale Aspekte des fotografischen Werks Levitts anhand ihrer Fotobücher vor. Zunächst geht es allgemein um Techniken und Themengebiete sowie um den Bildaufbau.

Hieran schließt das fünfte Kapitel, welches ausgewählte Werke aus dem Oeuvre Helen Levitts vorstellt und die vorangestellten Untersuchungen berücksichtigt. Hauptaspekt ist dabei die surreale Blickweise Helen Levitts auf den Alltag. Die Arbeiten sind in fünf Gruppen mit jeweils fünf Bildern zusammengestellt und teilen sich, wenn möglich in chronologischer Reihenfolge, wie folgt auf: Graffiti und Kinderzeichnungen; Das Spiel auf der Straße; Maskeraden und Verkleidungen; Spiegelungen und Fundstücke sowie Levitt als Flaneuse zwischen den Kulturen. Ergänzt werden diese Einheiten zusätzlich durch Aufnahmen surrealer Situationskomik, die durch unerwartete Gegenüberstellungen erreicht werden und einem Ausblick ins farbige Spätwerk.

Ziel ist es, in den Arbeiten Levitts ihr Flanieren in der Großstadt und somit ihren Blick auf die kulturell Anderen bzw. auf den Alltag herauszustellen.

Mediale Interdependenzen zwischen Fotografie und Film werden im sechsten Kapitel erörtert. Hierbei spielen die unterschiedlichen medialen Gestaltungen eine wichtige Rolle. Der Kurzfilm *In the Street* dient dabei meines Erachtens als Transformation des Fotobuches *A Way of Seeing*. Das Projekt, das dem Film zugrunde liegt, ist somit eine kinematografische Umsetzung von Levitts Fotografien: Auch hier ist die Suche nach dem Anderen deutlich, wie ich an ausgewählten filmischen und fotografischen Beispielen aufzeige.

In einem abschließenden, siebten Kapitel werden die gemachten Untersuchungen noch einmal zusammengefasst und die Aussagen der einzelnen Kapitel kurz vorgestellt.

---

[61] Beispielsweise wird Helen Levitt bei Reinhold Mißelbeck (Hg.), Prestel-Lexikon der Fotografen. Von den Anfängen 1839 bis zur Gegenwart, München u.a. 2002, S. 151 als „Fotografin und Filmemacherin im Stil des sozialen Realismus" beschrieben.

Im Anhang befinden sich Archivalien, eine Ausstellungsliste der Arbeiten Levitts sowie ihre Vertretung in Galerien, Sammlungen und Institutionen. Des weiteren Angaben zu dem Interview, welches ich mit der Fotografin am 15.04.2000 in ihrem Appartement in Greenich Village in New York geführt habe. Es gibt ein Verzeichnis der benutzten Abkürzungen sowie eine Auflistung chronologisch sortierter Zeitungsartikel, überwiegend Rezensionen, die seit den 1940er Jahren Helen Levitt thematisieren. Die benutzte und zitierte Literatur, darunter Primär- und Sekundärwerke, befinden sich im Literaturverzeichnis. Ein Abbildungsverzeichnis leitet über zum Bildteil.

2. Entstehungskontext: New York als Metropole

Die frühen Arbeiten Helen Levitts sind vor dem Hintergrund einer neuen, direkten Fotografie in den Vereinigten Staaten zu betrachten. Diese entwickelte zwischen 1920 und 1940 – der Zeit der *Great Depression*[62] und des *New Deal*[63] – eine neue ästhetische Formensprache, die *Straight Photography*. In den Vordergrund rückte das Dokumentarische, das Mechanische, das Technologische oder auch das Formale. Ohne Manipulationen im Gegensatz zum Piktorialismus, entstammten die Motive oftmals dem modernen Alltagsleben: Produkte wie Maschinen, Fabriken, Wolkenkratzer oder Automobile, aber auch Naturformen wurden abbildungswürdig.

---

62 Mit dem New Yorker Börsenkrach im Oktober 1929 wird im allgemeinen die Zeit der Depression angesetzt. Auf dem Höhepunkt der Krise zu Beginn der 1930er Jahre stieg die Erwerbslosigkeit auf über 25%. Vgl. auch Thomas Ferguson, Von Versailles zum New Deal: Der Triumph des multinationalen Liberalismus in Amerika, in: Ausstellungskatalog Berlin, Neue Gesellschaft für Bildende Kunst 1980: Amerika: Traum und Depression 1920/1940, S. 436–451, hier S. 436.

63 Als *New Deal* bezeichnete man die von Franklin D. Roosevelt in den 1930er Jahren initiierten staatlichen Reformprogramme (Bauprojekte, Lehrprogramme, etc.), mit der die Rezession und vor allem die Massenarbeitslosigkeit bekämpft werden sollten. Ebd., S. 436. Ausführlicher zur politischen Situation siehe auch: Gert Raeithel, Die Zeit des New Deal, in: ders., Geschichte der nordamerikanischen Kultur, Bd. 3: Vom New Deal bis zur Gegenwart 1930–1995, Frankfurt am Main 1995, S. 5–34 sowie allgemein Douglas Tallack, Kultur, Politik und Gesellschaft im Amerika der Jahrhundertmitte, in: Ausstellungskatalog Berlin, Martin-Gropius-Bau 1993: Amerikanische Kunst im 20. Jahrhundert. Malerei und Plastik 1913–1993. Hg. von Christos M. Joachimides und Norman Rosenthal, S. 33–43.

Zusätzliche Bedeutung erhielt die Fotografie dadurch, das sie scheinbar das Alltägliche unverfälscht abbilden konnte. Sie galt als Medium des Realismus, das nach Busch „der Erkundung der Wahrheit"[64] dient. Dabei wurde besonders der Blick auf die Architektur der Stadt Ausgangspunkt für eine Reihe von Fotografien.

New York hatte sich bereits zu Beginn des 20. Jahrhunderts zu einer Metropole entwickelt.[65] Die Expansion der Stadt erfolgte zwischen 1910 und 1930 – in dieser Zeit verdoppelte sich beispielsweise die Bevölkerung.[66]

Die Großstadt gilt als ein Ort des Umbruchs und der Veränderung und steht für die Entwicklung neuer Medien und Technologien. Diese Urbanität wird gleichermaßen als Befreiung wie als Bedrohung beschrieben, als Einheit von Individuen und Anonymisierung, von Mobilität und Orientierungsverlust, von Gleichgültigkeit und Sensibilisierung.[67]

Kommerz in Form von neuen Produkten wie dem Serienauto prägte das Bild der modernen Stadt entscheidend.[68]

---

64 Bernd Busch, Fotografie/fotografisch, in: Karlheinz Barck (Hg.), Ästhetische Grundbegriffe: historisches Wörterbuch in sieben Bänden, Stuttgart u.a. 2001, Bd. 2, S. 529.

65 Heinrich Klotz, Die Metropole des 20. Jahrhunderts, in: ders., Geschichte der Architektur: Von der Urhütte zum Wolkenkratzer, München 1995, S. 237–249.

66 Noch 1870 war New York von der Bedeutung her gleichgestellt neben Städte wie Philadelphia oder Boston, was sich allerdings im 20. Jahrhundert änderte. „Zwischen 1910 und 1930 wurden die USA als der einzige kriegführende Staat, der durch den Ersten Weltkrieg keinen schweren Schaden erlitten hatte, zum mächtigsten Land der Welt; und New York wurde die mächtigste Stadt der USA." Siehe Robert Hughes, Bilder von Amerika. Die amerikanische Kunst von den Anfängen bis zur Gegenwart, München 1997, S. 337.

67 Zum Begriff der Großstadt siehe auch Ralf Schnell (Hg.), Metzler Lexikon Kultur der Gegenwart. Themen und Theorien, Formen und Institutionen seit 1945, Stuttgart, Weimar 2000, S. 193f.

68 „Bis 1929 hatte sich die Zahl der Personenwagen fast vervierfacht, und auf fünf Personen kam ein Wagen." Vgl. Willi Paul (Hg.), Der Boom der Zwanziger Jahre, in: ders., Die Vereinigten Staaten von Amerika, Frankfurt am Main 1977, S. 290–304, hier S. 292.

Nach Warren Susman bestimmten auch Massenkommunikationsformen wie etwa Radio und Fernsehen diese Zeit.[69] Amerikanische Kultur wurde gleichgesetzt mit Charlie Chaplin, Kino, Jazz und Charleston und repräsentierte dadurch Modernität sowie „[...] das Ideal eines Lebens auf der Höhe der Zeit.“[70] Amerika, und insbesondere New York, stand im Zusammenhang mit Begriffen wie Technik, Maschine, Tempo, Großstadt und Masse.[71] Auch die Debatten um die Modernität von Architektur entwickelten sich am Beginn des 20. Jahrhunderts. So erhielt die Skyline von Manhattan mit den Wolkenkratzern des Empire State und des Chrysler Buildings während des wirtschaftlichen Booms dieser Jahre ihre typische Kontur. Mit dem architektonisch neuen New York entstand gleichermaßen eine neue städtische Gesellschaft der kulturellen und ethnischen Vermischung, die auch als *melting pot* bezeichnet wird und die Helen Levitt in ihren Foto- und Filmarbeiten aufzeigt.

Um die Fotografien von Levitt, die überwiegend den Alltag auf den Straßen in New York wiedergeben, näher zu analysieren, erscheint es mir zunächst sinnvoll, den Begriff der ‚Moderne' zu definieren, um so die Besonderheiten dieser Metropole darzustellen. Als Beispiele hierfür dienen mir ausgewählte Ausstellungen in New York, die die verschiedenen Diskurse in der Zeit verdeutlichen. Darauf aufbauend zeige ich surrealistische Tendenzen der 1940er Jahre in New York auf, um so die Suche nach dem Anderen bzw. dem Alltäglichen in ihren Arbeiten darzulegen. Abschließend dienen mir exemplarisch ausgesuchte Fotografien dazu, ein Bild der Großstadt darzustellen, das im Verlauf der 1930er/1940er Jahre entscheidende Veränderungen erfährt.

---

69 Beispiele für die Konsequenzen dieser neuen Tonära lassen sich an einigen Auswirkungen des nationalen Rundfunks zeigen. Über die Rundfunkgeräte wurde dem amerikanischen Volk ein ganz bestimmtes Weltbild vermittelt. Als charakteristisches Dokument der wissenschaftlichen Auseinandersetzung mit den problematischen Depressionsjahren in Amerika kann der Essay *Die Dreißiger Jahre* von Warren Susman gesehen werden, auszugsweise abgedruckt in: Ausstellungskatalog Berlin 1980, S. 67–70.

70 Anton Kaes, Massenkultur und Modernität. Notizen zu einer Sozialgeschichte des frühen amerikanischen und deutschen Films, in: Frank Trommler (Hg.), Amerika und die Deutschen, Opladen 1986, S. 657.

71 Die Literatur zu New York als Metropole und den Visionen von ihr ist vielfältig und umfangreich und kann hier nur bruchstückhaft wiedergegeben werden. Als Anregung sei auf William Sharpe und Leonard Wallock (Hg.), Visions of the modern City. Essays in History, Art, and Literature, Baltimore, London 1987 sowie auf Peter Conrad, The art of the city. Views and versions of New York, New York 1984 hingewiesen.

Der Terminus ‚Moderne' ist dabei eng mit der Metropole verbunden und kann sich anscheinend nur in dieser entfalten. Wie viele Epochenbegriffe bezeichnet er eine Vielzahl unterschiedlicher, zum Teil verschiedenartiger Theorien und Praktiken, die eine zeitliche Entwicklungslinie sowie eine Gliederung in verschiedene Phasen verwischt.[72] Die terminologische Unschärfe hat auch damit zu tun, dass ‚Moderne' nicht nur als kunst- und kulturhistorischer, sondern auch als literaturhistorischer Begriff verwendet wird.[73] Dies hat zu weiteren Ausdifferenzierungen geführt:

‚Modernisierung' etwa bezeichnet die Prozesse gesellschaftlicher Umstrukturierungen in Folge der industriellen Revolution seit Ende des 18. Jahrhunderts sowie in der zweiten Hälfte des 19. Jahrhunderts.[74]

‚Modernität' bezieht sich dagegen auf die individuelle Erfahrung der Modernisierung und ist konnotiert mit einem kulturellen Bewusstsein des Neuen, das oftmals aus Umbrüchen entsteht.[75]

> „‚Moderne' schließlich verweist auf jene literarische und künstlerische Praxis, die sich ganz der Idee des Neuen verschrieben hat oder die im Versuch, das Bewusstsein von Modernität auszudrücken, mit herrschenden Darstellungskonventionen und Kunstvorstellungen radikal bricht oder im Namen des Neuen vergessene Traditionen wiederentdeckt und zu neuen Ausdrucksformen entwickelt."[76]

Weiterhin ist festzuhalten, dass das Wort ‚modern' eine lange Geschichte hat und sich bis in die Antike zurückverfolgen lässt.[77]

Dabei dreht es sich immer um die Auseinandersetzung zwischen denen, die an den klassischen Idealen festhielten und denen, die den Wert des Zeitgenössischen propagierten. Erst mit Charles Baudelaire erhielt das

---

72 Weiterführend zu den Begrifflichkeiten der Moderne siehe auch: Klaus Herding, Die Moderne: Begriff und Problem, in: Monika Wagner (Hg.), Moderne Kunst 1. Das Funkkolleg zum Verständnis der Gegenwartskunst, Reinbek bei Hamburg 1991, Bd. 1, S. 175–196; Die amerikanische Moderne, in: Hubert Zapf (Hg.), Amerikanische Literaturgeschichte, Stuttgart, Weimar 1996, S. 218–281 sowie Wolfgang Welsch, Unsere postmoderne Moderne, Weinheim 1987.

73 Zapf 1996, S. 218.

74 Ebd.

75 Welsch 1987. Hier sei insbesondere auf das Kapitel *Neuzeit – Moderne – Postmoderne* verwiesen, S. 65–85.

76 Zapf 1996, S. 218.

77 Ebd.

Attribut ‚modern' eine neue Radikalität.[78] Baudelaires Vorstellung des Modernen versteht sich zugleich aus dem Bewusstsein der Modernität seiner Zeit und dem Widerstand gegen sie. Baudelaire setzt sich besonders intensiv mit der Wiedergabe der Grostadt auseinander, wobei es ihm um eine neue Form der Wahrnehmung geht. Dem Thema der Geschwindigkeit, der vorübereilenden Menge, widmet er sich in seinem Aufsatz „Der Maler des modernen Lebens" von 1863.[79] Der moderne Künstler wird hier als Außenseiter beschrieben, als Beobachter dessen, was um ihn her passiert und Modernität als „[...] das Vorübergehende, das Entschwindende, das Zufällige [...]".[80]

Moderne ist gleichzeitig als ein internationales Phänomen zu betrachten, dessen bevorzugtes Umfeld die Metropole war.[81] Dabei bezieht sie ihre Energie aus der Freisetzung „[...] des bis dahin kulturell Unterdrückten – des dunklen, abgründigen, primitiven, identitätsbedrohenden ‚Andern' der westlichen Zivilisation."[82]

Zusätzlich kommt es zu einer Aufwertung des Alltags und des Zufalls.[83] Die Ambivalenz dieser Faszination nach dem ‚Anderen', für Volkskunst und die Kunst der Primitiven, führt zu unterschiedlichen Ausdrucksformen und letztlich zu dem Bemühen, in den USA eine spezifisch amerikanische künstlerische Kultur zu entwickeln.

Dieses wird im folgenden anhand einiger hierfür wichtiger Ausstellungen zu Beginn des 20. Jahrhunderts deutlich.

2.1. Diskurse der Modernität am Beispiel von Ausstellungen

Vor Ausbruch des Ersten Weltkrieges fanden in New York Ausstellungen statt, die in diesem Zusammenhang eine gewisse Bedeutung haben. Die erste wurde 1908 von einer Gruppe von Malern veranstaltet, die als *The Eight* bekannt wurden: Künstler wie John Sloan, George Luks oder

78 Zu Baudelaire siehe auch Chris Rauseo, in: Julian Nida-Rümelin und Monika Betzler (Hg.), Ästhetik und Kunstphilosophie. Von der Antike bis zur Gegenwart in Einzeldarstellungen, Stuttgart 1998, S. 61–65.

79 Charles Baudelaire, Der Maler des modernen Lebens, in: ders., Der Künstler und das moderne Leben. Essays, „Salons", Intime Tagebücher. Hg. von Henry Schumann, Leipzig 1994 (1990), S. 290–320.

80 Ebd., S. 301. Vgl. auch Herding 1991, S. 188.

81 Siehe Zapf 1996, S. 222.

82 Ebd.

83 Herding 1991, S. 179.

William Glackens hatten die Großstadt zum Thema ihrer Malerei gemacht und das Leben auf der Straße sowie in den Arbeiter-Vierteln von New York dargestellt.[84] Die Ausstellung verstand sich als Affront gegen die geltenden ästhetischen Ideale der Kunstakademie.[85]

1913 fand in New York eine Übersichtsausstellung zur zeitgenössischen Kunst, die *International Exhibition of Modern Art* statt, die nach dem Gebäude an der Lexington Avenue *Armory Show* hieß. Hier wurden Werke der europäischen Moderne präsentiert.[86] Zu sehen waren 1600 Arbeiten von Ingres, Delacroix, Cézanne, Matisse, Picasso oder auch Duchamp.[87] Die Schau löste einen Sturm der Entrüstung aus machte einen Umbruch innerhalb der Kunstproduktion deutlich.[88] Trotz der Kritik begannen sich nach dieser Ausstellung New Yorker Galerien mit zeitgenössischer Kunst zu beschäftigen. In der Folge entstanden in den 1930er Jahren die großen Museen für die Kunst der Gegenwart.[89]

Diese Unterschiedlichkeit innerhalb der Diskurse der Modernität lässt sich auch am Beispiel des Kreises um Alfred Stieglitz (1864–1946) verdeutlichen. Stieglitz kann dabei als wichtige Figur sowohl als Fotograf als auch als Vermittler innerhalb des intellektuellen Zentrums der frühen Moderne in New York gesehen werden. Er hatte in Berlin studiert und war schon früh auf die französische Avantgarde aufmerksam geworden. Stieglitz präsentierte Werke von Matisse, Picasso, Braque und anderen sowie von amerikanischen Modernisten, darunter Marsden Hartley und Arthur Dove, in der Galerie *291*, seinem Studio auf der New Yorker Fifth Avenue. Bereits im November 1914 hatte Stieglitz dort afrikanische Skulpturen ausgestellt.[90] *291* bildete somit nicht nur das Forum der Piktorialisten, sondern hatte sich auch zu einem Präsentationsort für zeitgenössische Kunst entwickelt.

---

84 Hierzu siehe auch Hughes 1997, S. 268–269.

85 Ebd., S. 268.

86 Als Vorbild kann die Sonderbund-Ausstellung 1912 in Köln gesehen werden. Vgl. auch ebd., S. 353.

87 Ausführlicher zur *Armory Show* siehe auch ebd., S. 353–362 sowie Abraham A. Davidson, Die *Armory Show* und die frühe Moderne in Amerika, in: Ausstellungskatalog Berlin 1993, S. 45–53.

88 Ebd., S. 356 sowie Zapf 1996, S. 228.

89 Vgl. auch Uwe M. Schneede, Die Geschichte der Kunst im 20. Jahrhundert, Von den Avantgarden bis zur Gegenwart, München 2001, S. 63f.

90 Siehe auch *Camera Work* 48, 1916: Negro Art Exhibition, in: Alfred Stieglitz, Camera Work. The Complete Illustrations 1903–1917, Köln 1997, S. 763.

In seiner Zeitschrift *Camera Work* veröffentlichte Stieglitz Texte von Künstlern und Schriftstellern, zu denen neben Charles Sheeler (1883–1965), Hart Crane, Waldo Frank und anderen auch der Architektur- und Kunstkritiker Lewis Mumford gehörte. Sie alle erhofften sich so etwas wie die Entstehung einer eigenen ‚amerikanischen' Kunst und Kultur im Zeichen der Moderne, die zuvor oftmals durch die Übernahme europäischer Modelle, insbesondere durch das westliche Zentrum Paris, geprägt war. Zu dieser Idee einer ‚nationalen' Kunst analysierten Lynn Ward und Meyer Shapiro 1936:

> „Viele rufen nach einer ‚amerikanischen Kunst', wobei der Begriff von Amerika dabei sehr ungenau bleibt; gemeinhin wird er als ‚unverfälschter amerikanischer Ausdruck' oder als ‚eindeutig einheimische Kunst' definiert [...]. "[91]

Im Oktober 1915 eröffnete der amerikanische Kunstkritiker Marius de Zaya zusammen mit Paul Haviland, Francis Picabia und Agnes Meyer die *Modern Gallery* in New York. Sie zeigten zeitgenössische Arbeiten sowie Fotografien neben Beispielen primitiver Kunst, um deren gegenseitige Beziehung zu illustrieren.[92]

De Zaya war in die Diskussionen des Kreises um Stieglitz und Edward Steichen (1879–1973) in New York eingebunden, wobei sein Interesse der ‚pure photography' galt, wie Stieglitz es umsetzte. Dieses von de Zaya formulierte Verständnis der reinen Fotografie sollte zum Leitgedanken der amerikanischen Fotografie der 1920er und 1930er Jahre werden. Es ging um eine Art von Abstraktion, die sich aus der Form der Dinge selbst erklären sollte, wobei die Fotografie als ein Instrument des Aufzeigens diente. Fotografie als Ausdrucksmittel der Moderne orientierte sich dabei auch an primitiver und archaischer Kunst.[93]

So erhielten Werke der Pueblo-Indianer, amerikanische Volkskunst und naive Malerei eine neue Wertschätzung. Schwarze Amerikaner rückten mit dem Jazz, der im Norden der Vereinigten Staaten schnell populär wurde, ins Blickfeld von Künstlern, die auf der Suche nach den Ursprüngen

---

91 Lynn Ward und Meyer Shapiro, Race, Nationality and art, in: First American Artists' Congress, New York 1936, S. 41, zit. nach Guilbaut 1997, S. 43.

92 Zur Entwicklung von de Zayas Ideen über afrikanische Kunst siehe auch: ders., Modern Art in Connection with Negro Art, in: *Camera Work*, Nr. 48, Oktober 1916, S. 7 sowie Marius de Zayas, *African Negro Art: Its Influence on Modern Art*, New York 1916.

93 Vgl. Kemp 1999, Bd. II, S. 45.

amerikanischer Kultur waren, um so das spezifisch Amerikanische zu entdecken. Es ging darum, eine amerikanische Kunst zu konstituieren. Diese Forderung nach einer ‚einheitlichen' Kunst wurde dabei unterschiedlich erfahren: als zugleich ursprünglich und neu. Die Idee eines Ursprünglichen, das immer wieder verloren geht, fordert „[...] daher auch immer wieder zu neuer Entdeckung und Benennung [...]"[94] heraus. So gesehen „[...] ist die Moderne ein unabschließbarer Prozess."[95] Diese (Wieder-)Entdeckung eines Neuen-Ursprünglichen kann dabei mit der Entdeckung eines scheinbar Wirklich-Alltäglichen gleichgesetzt werden, wie im Verlauf der Arbeit anhand von Bildbeispielen herausgestellt wird.

Diese Auffassungen beeinflussten das amerikanische Selbstverständnis in den 1920er und 1930er Jahren. Die Bildwelten wurden insofern amerikanisch, als das Künstler die Sujets der modernen Großstadt, in der sie lebten, oder aber der amerikanisch ländlichen Tradition entnahmen.

2.2. Begegnung mit dem Surrealismus in New York

Der Surrealismus ist als eine uneinheitliche Bewegung zu sehen, dessen ursprüngliches Zentrum Paris ist. Surrealismus ist dabei als eine geistige Haltung und Lebenseinstellung zu betrachten, die sich auf keine historische Episode beschränken lässt.

Das Wort ‚surrealistisch' wurde erstmals 1917 von dem französischen Schriftsteller Guillaume Apollinaire verwendet, als er das Ballett *Parade* von Erik Satie für den Programmzettel beschrieb.[96] Der Schriftsteller André Breton und Philippe Soupault übernahmen den Begriff zur Beschreibung künstlerischer Verfahrensweisen in der Literatur.[97] Von 1919 bis 1924 gaben Breton, Soupault und Louis Aragon die Zeitschrift *Littérature* heraus, die zum Forum vieler surrealistischer Strömungen

---

94 Vgl. Zapf 1996, S. 230.

95 Ebd.

96 Susanna Partsch, Surrealismus, in: dies., Kunst-Epochen, Bd. 11: 20. Jahrhundert I, Stuttgart 2002, S. 54.

97 Vgl. auch Andreas Vowinckel, Zur Geschichte der surrealistischen Bewegung 1919–1966, in: ders., Surrealismus und Kunst. Studien zu Ideengeschichte und Bedeutungswandel des Surrealismus vor Gründung der surrealistischen Bewegung und zu Begriff, Methode und Ikonographie des Surrealismus in der Kunst 1919 bis 1925, Hildesheim u.a. 1989, S. XXIV–XXXII. Allgemein siehe auch Fiona Bradley, Surrealismus, Ostfildern-Ruit 2001. Eine erste Geschichte des Surrealismus erschien bereits 1945: Maurice Nadeau, Geschichte des Surrealismus, Reinbek bei Hamburg 1997 (Histoire du surréalisme, Paris 1945).

wurde.[98] Diese erste Phase des Surrealismus fand 1924 einen Höhepunkt in der Veröffentlichung von Breton erstem *Manifeste du Surréalisme*:

> „Zu Ehren Guillaume Apollinaires [...] bezeichneten Soupault und ich diese neue Form des reinen Ausdrucks mit dem Namen SURREALISMUS und beeilten uns, was wir an Erkenntnissen gewonnen hatten, unseren Freunden zugänglich zu machen."[99]

Breton forderte er das uneingeschränkte Recht des Menschen auf Selbstverwirklichung und definierte Surrealismus wie folgt:[100]

> „SURREALISMUS, Subt., m. – Reiner psychischer Automatismus, durch den man mündlich oder schriftlich oder auf jede andere Weise den wirklichen Ablauf des Denkens auszudrücken sucht. Denk-Diktat ohne jede Kontrolle durch die Vernunft, jenseits jeder ästhetischen oder ethischen Überlegung. [...] Der Surrealismus beruht auf dem Glauben an die höhere Wirklichkeit gewisser, bis dahin vernachlässigter Assoziationsformen, an die Allmacht des Traumes, an das zweckfreie Spiel des Denkens."[101]

In einer zweiten Phase des Surrealismus wurde seit 1925 versucht, die auf der Ebene der Dichtung ausgearbeiteten philosophischen Überlegungen auch auf andere Bereiche zu übertragen. So lautete der Titel des ersten offiziellen Organs der surrealistischen Bewegung *La Révolution surréaliste*, in der auf bildende Kunst ebensoviel Gewicht wie auf Literatur gelegt wurde und die mit Reproduktionen von Gemälden, Fotografien und Skulpturen illustriert war.[102]

1930 publizierte Breton sein *Zweites Manifest des Surrealismus* und formulierte seine Ideen und Ziele einer surrealistischen Bewegung um. Gleichzeitig gründete er die neue Zeitschrift *Le Surréalisme au service de la révolution*, die nach Vowinckel als Abschluss der zweiten und Auftakt der dritten Phase gesehen wird.[103]

---

98 Bradley 2001, S. 8.

99 André Breton, Die Manifeste des Surrealismus, Deutsch von Ruth Henry, 10. Aufl. Reinbek bei Hamburg 2001, S. 26 (Hervorhebung im Text; Original: Manifestes du surréalisme, Paris 1962), S. 25f..

100 Vgl. Vowinckel 1989, S. XXIV.

101 Ebd., S. 26.

102 Bradley 2001, S. 9; Vowinckel 1989, S. XXV.

103 Vowinckel 1989, S. XXV. Insgesamt teilt Vowinckel die surrealistische Bewegung bis zu dem Tod von Breton 1966 in sieben Phasen ein, auf die ich aber im einzelnen nicht näher eingehen werde. Ebd., S. XXVIII.

Auch Bretons zweites Manifest proklamiert die Besessenheit vom Irrationalen, Spontanen und Unbewussten:

> Die einfachste surrealistische Handlung besteht darin, mit Revolvern in den Fäusten auf die Straße zu gehen und blindlings soviel wie möglich in die Menge zu schießen."[104]

Das zweite Manifest verkündete erneut die alten Ziele der Surrealisten, allerdings weniger eindringlich als das erste. Zudem werden bereits Schwierigkeiten innerhalb der surrealistischen Bewegung spürbar.[105]

Die Zeitschrift *Le Surréalisme au service de la révolution* wurde 1933 eingestellt.[106] Im selben Jahr erschien das von Albert Skira herausgegebene Magazin *Minotaure*, das zu einem Publikationsorgan der Surrealisten wurde.[107]

Der Begriff Surrealismus, der sich ursprünglich auf die Literatur bezog, bezeichnet ein kollektives, alle Kunstformen umfassendes Gebilde, das in Paris der zwanziger Jahre des letzten Jahrhunderts entstand und in Breton eine zentrale Figur fand. Surrealistische Künstler und Schriftsteller verfolgten zwar gemeinsame Ziele und beschäftigten sich mit ähnlichen Fragestellungen, doch die Formen waren so vielfältig, dass Surrealismus nicht als einheitlicher Stil beschrieben werden kann.[108] Daher zeichnet er sich durch Ambivalenz und Mehrdeutigkeit aus. So gruppiert sich ein Schwerpunkt um einen gegenständlichen, veristischen Bereich. Dieser versucht durch eine präzise Wiedergabe des Gegenständlichen, Zufälligkeiten zu provozieren oder ungewöhnliche, absurde Dingkonstellationen nebeneinander zu zeigen, um so eine absolute ‚Über-Wirklichkeit' zu erreichen. Die visuelle Wahrnehmung wird untersucht, nicht nur, um diese aufzudecken, sondern um den zugrundeliegenden Realitätsbegriff zu hinterfragen. Der Surrealismus hat sich entscheidend für die Verbreitung fotografischer Illustrationen eingesetzt. So werden surrealistische Texte mit Fotografien aus anderen Zusammenhängen bebildert.[109] Ein einzelnes Fragment entspricht bereits surrealistischen Zwecken, ob bewusst inszeniert oder aus anderen Zusammenhängen entrissen. Die Fotografie entfaltet sich nach surrealistischem Verständnis

104 Breton 2001, S. 56.
105 Bradley 2001, S. 10f.
106 Ebd.
107 Ebd.; Vowinckel 1989, S. 10.
108 Ebd., S. 6.
109 Vgl. Kemp 1999, S. 33.

dann, „[...] wenn sie einem sekundären Prozess der Lektüre, Interpretation, Beschriftung, des Kontextwechsels und der planmäßigen Veränderung unterworfen wird.“[110]

So stehen oftmals auf den ersten Blick widersprüchlich erscheinende Elemente nebeneinander. Gerade die Fotografie mit ihrer Technik der scheinbaren Objektivität und der quasi-mechanischen Herstellungsweise entspricht somit besonders den Vorraussetzungen des Surrealismus. Durch inszenierte oder vorgefundene Situationen lassen sich unzusammenhängende Bildelemente, oftmals auch Objets trouvés wiedergeben, so dass beim Betrachter eine Irritation erreicht wird. Durch die Gestaltung während der Aufnahme und in der Dunkelkammer wird die abgebildete Wirklichkeit in Frage gestellt.

Die 1930er Jahre erlebten eine Internationalisierung der surrealistischen Bewegung. Bereits während des Zweiten Weltkrieges wanderte ein Großteil der Surrealisten in die USA oder nach Mexiko aus, so dass es seit den frühen 1930er Jahren in New York zahlreiche Ausstellungen mit surrealistischer Kunst gegeben hatte.[111] Zu den im New Yorker Exil lebenden surrealistischen Künstlern gehörten unter anderen Breton, Salvador Dalí, Max Ernst und André Masson. Nach Vowinckel kann diese Phase der Emigration als fünfte Phase der surrealistischen Bewegung betrachtet werden, die im Rahmen meiner Untersuchung für das Umfeld der Entstehung der Arbeiten von Helen Levitt interessant ist.[112]

In New York hatte sich der Surrealismus bereits 1932 mit einer in der Julien Levy Gallery gezeigten Ausstellung präsentiert, die kurz zuvor auch schon im Wadsworth Atheneum in Hartford, Connecticut, zu sehen gewesen war.[113]

Als erster amerikanischer Galerist stellt Levy Werke surrealistischer Künstler aus, beispielsweise 1933 Salvador Dalí und 1936 Max Ernst.

Der New Yorker Händler Pierre Matisse zeigte 1935 Arbeiten von André Masson und Joan Miró. 1936 richtete das Museum of Modern Art in New York eine große internationale Ausstellung mit dem Titel *Fantastic Art, Dada and Surrealism* aus, die surrealistische Arbeiten einem größeren Publikum näherbrachte. Ein weiteres Zentrum war Peggy Guggenheims

---

110 Ebd., S. 34.

111 Zu den im Exil in Amerika lebenden Surrealisten siehe auch William S. Rubin, Surrealism in Exile and After, in: ders., Dada, Surrealism and their Heritage, New York 1968, S. 159–187 sowie Klengel 1994.

112 Vowinckl 1989, S. XXVII.

113 Vgl. Levin 1986, S. 69–79 sowie Rubin 1968b, S. 209. Eine Besprechung dieser Ausstellung findet sich in: Julien Levy, Memoir of an Art Gallery, New York 1977, S. 76–83.

Galerie *Art of this Century*, in der avantgardistische Arbeiten mit dem Schwerpunkt Surrealismus präsentiert wurden.[114] Der Surrealismus übte auch auf New Yorker Künstler in den 1940er Jahren einen umfassenden Einfluss aus und hat im Bereich der Malerei zu der neuen New Yorker Schule des Abstrakten Expressionismus geführt, auf die ich aber an dieser Stelle nicht weiter eingehe. Die Surrealisten veranstalteten während ihres New Yorker Exils eine größere Gruppenausstellung, die 1942 in einem Gebäude an der Madison Avenue stattfand und neben Bildern von europäischen Malern auch Werke von Robert Motherwell zeigte. Die Einrichtung gestaltete Duchamp als einen „[...] Irrgarten verspannter Fäden."[115]

Um 1940 waren New York und seine Umgebung zum Zentrum neuer surrealistischer Aktivitäten geworden. So veröffentlichten die Surrealisten ab 1941 zuerst in *View*, einer der surrealistischen Bewegung positiv gegenüberstehenden Zeitschrift für Avantgardeliteratur, die Henri Ford herausgab.[116] Dieses Heft erschien zunächst ungeheftet als Lose-Blatt-Folge, später in immer größerem Zeitschriftenformat.[117]

Ab Juni 1942 erschien die noch ausgeprägter surrealistisch akzentuierte Zeitschrift *VVV*, die von David Hare herausgegeben wurde.[118] Breton und Ernst, ebenso wie etwas später Duchamp, wirkten als redaktionelle Berater mit. Gewissermaßen diente *VVV* als Nachfolge-Magazin von *Minotaure* und somit als Organ der Surrealisten im Exil. In der Erstausgabe von *VVV* 1942 veröffentlichte Breton sein *Prolegomena zu einem Dritten Manifest des Surrealismus oder nicht*[119], in dem Breton von den „[...] herrlichen Zufällen der Straße, sogar in New York [...]" spricht.[120]

Etwas weiter heißt es „[...] es gibt die Bewohner Neu-Guineas auf ihrem Logenplatz in diesem Krieg – ihre Kunst hat manchen von uns weit

---

114 Rubin 1968a, S. 170.

115 Ebd., S. 172.

116 *View* erschien vom Oktober 1940 bis zum Frühjahr 1947. Im Oktober/November erschien eine den Surrealisten gewidmete Ausgabe, die von Nicolas Calas herausgegeben wurde. Siehe Levin 1986, S. 71 und Rubin 1968b, S. 159, 160.

117 Rubin 1968a, S. 171.

118 Die Nummern 2 und 3 erschienen im März 1943, die letzte Ausgabe, Nummer 4, erschien im Februar 1944. Siehe auch Levin 1986, S. 70 sowie Rubin 1968b, S. 214.

119 André Breton, Prolegomena zu einem Dritten Manifest des Surrealismus oder nicht 1942, in: ders. 2001, S. 112–123.

120 Ebd., S. 116.

mehr fasziniert als die ägyptische oder romanische –, alle betrachten sie das Schauspiel, das ihnen am Himmel geboten wird [...]".[121]

Im ersten Punkt zählt Breton Merkmale des Surrealismus auf, weiterausführend kommt er auf den Primitivismus zu sprechen, dessen Gedanken ich im folgendem kurz meinen Untersuchungen vorweg stelle.

2.2.1. Auf der Suche nach dem Anderen im Alltäglichen

Im Rahmen der hier vorliegenden Untersuchung interessieren vor allem Fragestellungen, die sich mit dem Thema der kulturellen Heterogenität beschäftigen. Eine erneute Betrachtung des Surrealismus konzentriert sich daher auf die Begegnung mit den Realitäten des Anderen bzw. der Anderen, die in der surrealistischen Ästhetik von Beginn an eine wichtige Rolle spielten.

Als kunsthistorischer Terminus bezeichnet Primitivismus die Aufnahme sogenannter primitiver Kulturen in der Moderne.[122] Etymologisch bezeichnet das Wort ‚primitiv' das Erste seiner Art, einen anfänglichen oder ursprünglichen Zustand.[123] Synonyme wie ‚einfach', ‚archaisch', ‚unzivilisiert', ‚unmodern', oder ‚naturnah' ergänzen den Begriff. Ursprünglich wurde ‚primitiv' auch auf die Kunst der Romanik oder Gotik angewendet, da diese im Vergleich zur Renaissance als roh und barbarisch empfunden wurden.[124]

Im Kontext der Avantgarde des frühen 20. Jahrhunderts bezeichnete man mit Primitivismus hauptsächlich Kunst aus Afrika und Ozeanien sowie naive Malerei, Volkskunst, Kinderzeichnungen und Arbeiten psychisch Kranker. Das Primitive ist hier durch einfach, naiv, echt, instinktiv, ursprünglich, spontan etc. ersetzbar. Primitivismus ist ebenfalls keine einheitliche Bewegung, sondern eine Stilbezeichnung für die an außereuropäischer Kunst, Volkskunst, Kinderkunst etc. orientierte Richtung in der europäischen Kunst des frühen 20. Jahrhunderts. Primitivismus beinhaltet die Rezeption und Imitation: Heute wird der Leitbegriff „[...] als der bewusste Zugriff auf Formen, Inhalte, Materialien

---

[121] Ebd., S. 116, 177.

[122] Zum Begriff Primitivismus siehe auch Ulrich Pfisterer (Hg.), Metzler Lexikon Kunstwissenschaft. Ideen, Methoden, Begriffe, Stuttgart, Weimar 2003, S. 287–291.

[123] Vgl. auch Béchié Paul N'guessan, Primitivismus und Afrikanismus. Kunst und Kultur Afrikas in der deutschen Avantgarde, Frankfurt am Main u.a. 2002, S. 22.

[124] Ebd.

und Techniken der Kunst vormoderner Völker in Malerei und Skulptur durch die klassischen Avantgarden zwischen 1890 und 1940 definiert."[125]

Mit Robert Goldwaters Buch „Primitivism in Modern Painting"[126] von 1938 beginnt der Primitivismus-Begriff, der zum ersten Mal in Frankreich im 19. Jahrhundert gebraucht wurde, sich in der Kunstgeschichte durchzusetzen.[127] Goldwaters Definitionsversuche der verschiedenen Primitivismusformen haben in der Forschung allerdings keinen großen Eingang gefunden, da die verschiedenen Konzepte sich nicht eindeutig voneinander abgrenzen lassen.[128] William Rubin bemerkte hierzu:

> „Daß Robert Goldwater in den dreißiger Jahren ein Buch über das heikle Thema des modernen Primitivismus schrieb, zeugt von Weitsicht und Mut. Damals waren Picassos *Demoiselles d'Avignon* praktisch noch unbekannt [...]. Für die offizielle Fachwissenschaft hörte die Kunstgeschichte damals mit Cézanne, wenn nicht sogar schon mit Courbet, auf, und ernsthafte Untersuchungen zur modernen Kunst waren selten. Dessenungeachtet ist Goldwaters Buch, das 1967 als Neuauflage erschien, nach wie vor die unentbehrliche, richtungsweisende Publikation im Bereich primitivistischer Forschung."[129]

Jenes Werk bestimmte die Primitivismusdebatte der 1930er Jahre in New York ebenso wie 1931/32 die Ausstellung indianischer Stammeskunst in den Grand Central Art Galleries sowie 1935 die große Übersichtschau *African Negro Art* im Museum of Modern Art.[130]

---

125 Pfisterer 2003, S. 288.

126 Robert Goldwater, Primitivism in Modern Painting, New York 1938, überarbeitet und erweitert unter dem Titel Primitivism in Modern Art, New York 1967).

127 N'guessan 2002, S. 23.

128 Vgl. ebd.

129 William Rubin (Hg.), Primitivismus in der Kunst des 20. Jahrhunderts, München 1984, Vorwort ohne Seitenangaben (zuerst erschienen: Ders., Primitivism in the 20th Century Art. Affinity of the Tribal and the Modern, New York 1984).

130 Vor Goldwater sind bereits von Franz Boas, Primitive Art, Cambridge, Mass. 1928 und von John Graham, System and Dialectics of Art, New York 1937 erschienen. Vgl. auch Gail Levin, Amerikanische Kunst, in: Rubin 1984, S. 464–485, hier speziell S. 478, 480. Speziell zur Primitivismusdebatte der 1930er Jahre siehe auch vertiefend das zweite Kapitel „New attitudes and awarenesses 1919–1940, in: Jack Flam und Miriam Deutch (Hg.), Primitivism and twentieth-century art. A documentary History, Berkeley u.a 2003, S. 117–256.

Dieser Diskurs wird mit den Globalisierungsprozessen der 1990er Jahre wieder aktualisiert, innerhalb dessen internationale Kunst nicht nur auf Europa und Nordamerika zu beschränken ist.[131] Deutlich wird dies in zahlreichen Ausstellungen und Projekten, die westliche und nichtwestliche Kunst als so genannte ‚Globalkunst' nebeneinander zeigen.[132]

Zwei internationale Kunstausstellungen der 1980er Jahre haben die Diskussionen über diese Themen wie Weltkunst, Globalität, Primitivismus und den interkulturellen Austausch angeheizt. Nicht nur kunstwissenschaftliche, sondern auch kulturtheoretische Debatten machen dieses anders gelagerte Interesse am Surrealismus deutlich.

Die Ausstellungen *„Primitivism" in 20th Century Art. Affinity of the Tribal and the Modern* des New Yorker Museums of Modern Art 1984[133] und *Magiciens de la Terre* im Centre Georges Pompidou 1989 leisten aus unterschiedlicher Perspektive einen Beitrag zur Debatte der kulturell Anderen. Beide Ausstellungskonzeptionen verdeutlichten einen kulturhistorischen Diskurs, der sich um die Postmoderne-Debatte entwickelt hat.[134]

Diesen Attitüdenwandel von der Moderne zur Postmoderne macht Thomas McEvilley im folgenden deutlich:

> „Westliche Kultur zu Beginn der 90er Jahre ist auf der Suche nach einer neuen Definition von Geschichte, die keine Hierarchievorstellungen, keine Idee eines Mainstream und einer Peripherie beinhaltet, und nach einer neuen

---

131 Allgemein zum postkolonialen Diskurs siehe auch Christian Kravagna, Postkoloniale Blicke, in: Hubertus Butin (Hg.), DuMonts Begriffslexikon zur zeitgenössischen Kunst, Köln 2002, S. 250–253.

132 An dieser Stelle sei auch auf die Tagung *Global Players? Kunstgeschichte und die Gegenwartskunst der Welt* am 26.4.2002 des Kunsthistorischen Instituts in Leipzig verwiesen. Eine Besprechung hierzu von Peter Kruska befindet sich in: Frauen Kunst Wissenschaft, Heft 34, Dezember 2002, S. 93–97 sowie von Wiebke von Hinden, Neue Geographien der Kunstgeschichte. Besprechung der wissenschaftlichen Konferenz ‚Global Players?'. Kunstgeschichte und die Gegenwartskunst der Welt, in: Kritische Berichte, Heft 3, 2002, S. 62–64.

133 Rubin 1984.

134 Bis heute gelten beide Ausstellungen, insbesondere die New Yorker, im Rahmen von kulturhistorischen Diskussionen immer wieder als Bezugspunkt für einen Paradigmenwechsel. Vgl. etwa Clifford 1988, S. 189–214 sowie den Band Kunstforum 118: Weltkunst – Globalkultur, 1992, insb. S. 176–207.

> globalen Bedeutung von Zivilisation, die das geradlinige eurozentrische Modell ersetzt, das noch das Herz der Moderne ausmachte.“[135]

Mit dem Modernisierungsprozess geht die Suche nach dem Ursprünglichen und ‚Primitiven' einher.[136] Primitivismus definierte William Rubin, der Organisator der New Yorker Ausstellung, als „[...] Anregung des Denkens und Schaffens moderner Künstler durch Kunst und Kultur der Naturvölker [...]“.[137]

Nach Rubin lässt sich diese Sehnsucht nach ‚ursprünglichen' Kulturen datieren mit einer Ausstellung afrikanischer Plastiken im Pariser Musée d'Ethnographie du Trocadéro, die 1907 stattfand.[138]

Die New Yorker Ausstellung, die Rubin um Picassos *Les Demoiselles d'Avignon* herum aufgebaut hatte, stellte die Kunst der ‚primitiven Völker' neben die kulturellen Leistungen der europäischen Moderne. Rubin fokussierte in dieser Ausstellung das Verhältnis der europäischen Moderne zur ‚tribal art' und hat damit jegliche postkolonialen Aspekte zur Problematik des europäischen Primitivismus ausgeschlossen.

Christian Kravagna geht davon aus, dass die Ausstellung noch 1984 versuchte, „[...] jenes ‚primitivistische' Bild der künstlerischen Produktion ‚anderer Kulturen' ein weiteres Mal zu festigen. Der universelle Charakter modernistischer Formensprache und des darin verkörperten Geistes sollte

---

135 Thomas McEvilley, Weltkunst: Interkulturelle Ausstellungen, in: Kunstforum 118: Weltkunst – Globalkultur, 1992, S. 174. In diesem Essay führt McEvilley Gedanken und Fragestellungen vor, die er an beiden Ausstellungen festmacht.

136 Zur Problematik des Begriffs ‚primitiv' und dessen als ambivalent empfundener Bedeutung, die auch mit ‚wild', ‚exotisch' oder ‚ursprünglich' umschrieben wird, siehe auch die Ausführungen bei Rubin 1984, S. 85. Der Begriff selbst bezieht sich nach Rubin nicht auf eine Stammeskunst selbst, sondern auf das Interesse des Westens und seiner Reaktion auf diese. Ebd., S. 9. Weiterführend siehe auch Colin Rhodes, Primitivism and modern art, London 1994.

137 Ebd., S. 9. Zur Geschichte des Begriffs vgl. ebd., S. 9, 10. Rubin macht hier deutlich, dass er in seinen früheren Ausstellungen und Werken *Dada and Surrealism* und *Dada, Surrealism and their Heritage* (beide 1968) den Aspekt des ‚Primitivismus' nicht beachtet hat und bezeichnet das als seinen „[...] größte[n] Irrtum als Historiker.“ Siehe ebd., Vorwort, ohne Seitenangaben.

138 Picassos *Les Demoiselles d'Avignon* gelten als der Beginn seiner kubistischen Phase und damit als ein wichtiger Umbruch in der europäischen Malerei, der durch die ‚Entdeckung' afrikanischer Kunst ausgelöst wurde. Rubin zufolge hat Picassos nach seinem Besuch dieser Ausstellung 1907 mit den Studien für sein Bild *Les Demoiselles d'Avignon* begonnen, da er angesichts der afrikanischen und ozeanischen Figuren „Schock“ und „Offenbarung“ zugleich erfahren hat. Rubin 1984, S. 263.

durch die transkulturelle und transhistorische ‚Verwandtschaft' mit jenen kulturellen Produktionen bewiesen werden, die als ‚primitiv' und daher als ‚ursprünglich' aufgefasst wurden."[139]

Wie bereits Klengel herausgearbeitet hat, besteht zwischen den Ausstellungen *Primitivism* und *Magiciens de la Terre* ein Unterschied in ihrer Fokussierung auf den künstlerischen Beitrag der kulturell Anderen.[140] Die New Yorker Ausstellung thematisierte vor allem die Gegenstände und Objekte, durch die sich die Avantgardekünstler angeregt fühlten.

In der Ausstellung *Magiciens de la Terre* hingegen wurden die kulturell Anderen selbst als Künstler gesehen und ihre Werke gleichberechtigt neben die der Avantgardekünstler gestellt.[141] Diese Ausstellung gab sowohl den Anstoß zu vielen weiteren Ausstellungen als auch zur kritischen Befragung von deren ideologischen Grundlagen. Doch auch hier wurde kritisiert, dass die angeblich ethnozentristische Perspektive Kunst aus aller Welt ausschließlich nach westlichen Kriterien selektierte.[142]

McEvilley hat durch seine heftige Kritik an der New Yorker Ausstellung für Aufsehen gesorgt.[143] In seinem Essay *Weltkunst: Interkulturelle Ausstellungen* vergleicht er beide Ausstellungen miteinander und kritisiert an der New Yorker-Ausstellung die eurozentristische Blickweise sowie das Festhalten an „[...] der klassischen Moderne."[144] Die Tatsache, dass sogenannte primitive Kunst fortgeschrittener westlicher Kunst ähnelte, wurde nicht darauf zurückgeführt, dass westliche Künstler ‚primitive' Werke imitiert hatten, sondern mit einer grundlegenden

---

139 Kravagna 2002, S. 251.

140 Klengel 1994, S. 3.

141 Zur Kritik der Ausstellung *Magiciens de la Terre* (Paris 1989) siehe Allen S. Weiss, Wer sind die Magier der Erde? in: Kunstforum International, Bd. 118: Weltkunst – Globalkultur, S. 202–207.

142 Vgl. beispielsweise Kravagna 2002, S. 252.

143 Die New Yorker Ausstellung (Mitorganisator war Kirk Varnedoe) hat eine inzwischen in die Kunstkritik eingegangene Polemik zwischen den Organisatoren und dem Kunstkritiker McEvilley hervorgerufen, der den Kuratoren mangelnde Reflexion vorgeworfen hat. Die Diskussion ist in Russell Fergueson u.a. Hg., Discourses: Conversations in Postmodern Art and Culture, Massachusetts 1990, S. 339–405 abgedruckt. Siehe auch die Ausstellungsrezension von Thomas McEvilley, Doctor Lawyer Indian Chief: „'Primitivism' in 20th Century Art" at the Museum of Modern Art in 1984, in: Artforum November 1984, S. 54–60 sowie die deutsche Übersetzung im Kunstforum 1992, S. 176–196. Vgl. auch Klengel 1994, S. 3.

144 McEvilley 1992a, S. 174–175 sowie McEvilley 1992b, S. 187.

Affinität zwischen westlichen Künstlern und ‚Primitiven' begründet.[145] McEvilley führte weiter aus:

> „Die Grundidee dieser Ausstellung ist deshalb nicht im mindesten neu oder überraschend. Aus diesem Grund müssen wir uns fragen, warum das Museum of Modern Art uns den Primitivismus gerade jetzt zeigt."[146]

McEvilley kritisierte, dass kein Versuch gemacht worden sei, „[...] einen inneren, emphatischen Sinn dessen wiederzugeben, was primitive Ästhetik wirklich war oder ist."[147]

Die Pariser Ausstellung hingegen versuchte einen postkolonialen Weg zu finden, der die Arbeiten der Erst- und Dritt-Welt-Künstler gleichberechtigt nebeneinander stellt.[148]

Werke von 50 westlichen und 50 nichtwestlichen Künstlern sollten auf neutrale Weise ohne kulturübergreifendes Werturteil ausgestellt werden. Wo bei der ‚Primitivism'-Ausstellung der Kontext unterdrückt wurde und die ‚primitiven' Werke anonym und undatiert blieben,[149] sollte ‚Magiciens' sie genauso wie westliche Arbeiten behandeln.[150]

In beiden Ausstellungskonzeptionen wurde auf die historischen Avantgardebewegungen und auf den Surrealismus verwiesen.

Insgesamt wird in diesem Zusammenhang deutlich, dass Werke vergangener Jahrhunderte, Arbeiten surrealistischer Künstler, objets trouvés, ready-mades und die Gegenstände anderer Kulturen wie Masken, Figuren und ähnliches einem breiterem Publikum vorgestellt wurden. Der Blick auf diese viel diskutierten Ausstellungen soll verdeutlichen, dass der Surrealismus im Rahmen der kulturtheoretischen und ästhetischen Debatten in einen neuen Kontext gestellt wurde. Diese Neubetrachtung dient mir dazu, auch Helen Levitts Arbeiten in einen surrealen Kontext zu stellen.

Das Interesse der Surrealisten für andere Welten jenseits einer gesellschaftlichen und kulturellen ‚Normalität' konzentriert sich gleichzeitig in der Beschäftigung mit bestimmten Werten außerhalb der eigenen Tradition. Hier werden auch die Bezüge zu Nachbardisziplinen wie der Ethnografie deutlich. Michael Agar definierte diese so:

---

145 Vgl. McEvilley 1992a, S. 175.

146 McEvilley 1992b, S. 178.

147 Ebd., S. 189.

148 McEvilley 1992a, S. 175.

149 „Das Museum datiert die westlichen Arbeiten, belässt aber die primitiven Arbeiten kindlich und paradiesisch in ihrer Geschichtsleere." McEvilley 1992b., S. 192.

150 McEvilley 1992a., S. 175.

> „Ethnographie war ein Ding, ungefähr so lang wie ein Buch. Sie war über die ‚Anderen' geschrieben, wer auch immer ‚die Anderen' gerade waren. Sie war in Kapitel eingeteilt, die sich an angeblich universellen Kategorien des menschlichen Zusammenlebens orientierten: Ökonomie, soziale Organisationsformen, Religion usw. Die Ethnographie versuchte dabei das alltägliche Leben einer sozialen Gemeinschaft zu verfolgen."[151]

Die ersten ethnografischen Schriften, die zwischen dem 16. und 19. Jahrhundert verfasst wurden, sind dabei unsystematische Sammlungen der als seltsam und exotisch betrachteten Praktiken ‚anderer' Völker. Erst im Laufe der 1970er und 1980er Jahre verschob sich der Fokus von einer Präsentation der Fakten zu einer Beschreibung, die auch eine Reflexion der Rolle des Betrachters mit einbezog, wobei auch das Fremde im Eigenen entdeckt wurde.[152]

Der amerikanische Anthropologe James Clifford deckte Parallelen zwischen Ethnografie und dem Surrealismus auf.[153] Während die Ethnografie versuchte, das Unbekannte und Unheimliche verständlich zu machen, probierte der Surrealismus umgekehrt das Gewöhnliche und Verständliche unheimlich erscheinen zu lassen. Surrealismus umschreibt Clifford dabei folgendermaßen:

> „I am using the term *surrealism* in an obviously expanded sense to circumscribe an aesthetic that values fragments, curious collections, unexpected juxtapositions – that works to provoke the manifestation of extraordinary realities drawn from the domains of the erotic, the exotic, and the unconscious."[154]

Das Andere, Exotische, Bizarre dient dabei Clifford zufolge in beiden Fällen als Moment, gegen das Rationale, Schöne und Normale der westlichen Welt.

Die Aufgabe des Surrealismus und der Ethnografie bestünde in der Umcodierung von ‚Kultur' mit dem Ziel der Erweiterung gewohnter Kategorien. Clifford sieht das, was er als surrealistische Ethnografie

---

151 Michael H. Agar, The Professional Stranger: An Informal Introduction to Ethnography, San Diego 1996, S. 4. Siehe auch Claudia Lemke, Stephan Münte-Goussar, Jenseits des Comon Sense. Methodisches Vorgehen an der Schnittstelle Kunst/Wissenschaft/Bildung. http://mms.uni-hamburg.de/s&c/ethnographie.html.

152 Ebd.

153 Clifford 1988, S. 117–151.

154 Ebd., S. 118.

bezeichnet, als Möglichkeit, das Verhältnis von Kunst und Wissenschaft anders zu denken.

Zusammenfassend lässt sich festhalten, dass die wachsende Popularität an ‚primitiver' Kunst sich in Folge auch in der steigenden Veröffentlichung von Material über die ‚Primitiven' in den Kunstzeitschriften der späten 1920er und 1930er Jahre, vor allem in den *Documents, Cahiers d'art, La Révolution surréaliste* und *Minotaure* wiederspiegelt.[155]

Der Primitivismus in der amerikanischen Kunst begann unter dem Einfluss der europäischen Avantgarde, entwickelte aber bald einen ganz eigenen Charakter. US-amerikanische Künstler interessierten sich für verschiedene Richtungen – etwa afrikanische Arbeiten oder Kunst der Indianer – aufgrund neuartiger und symbolischer Anregungen, die sie in den künstlerischen Erzeugnissen exotischer Kulturen entdeckten. Man erhoffte somit einen eigenständigen amerikanischen Stil zu finden.[156]

Ähnlich dem Primitivismus waren auch die Gebiete der Volkskunst, der naiven Kunst und der Kinderzeichnung von Interesse. Diese Formen galten als Äußerung elementarer Gefühle und Ideen. Während der 1920er und 1930er Jahre wurden etwa der amerikanischen Volkskunst von New Yorker Künstlern erstmals größere Aufmerksamkeit entgegengebracht und in Ausstellungen der Öffentlichkeit präsentiert.[157] Das Besondere an diesen Arbeiten bestand darin, dass sie oftmals ihren Ursprung im ländlichen Amerika des 18. und 19. Jahrhunderts hatten. Die Suche nach dem Echten – nach einer panamerikanischen, von Europa unabhängigen Kunst – war nicht durch einen Nationalismus begrenzt. Diese Hoffnung auf die Entfaltung einer amerikanischen Kunst wurde auch angeregt durch die künstlerische Entwicklung in Mexiko. Seit Beginn der 1920er Jahre bildete sich als Folge der Revolution von 1910 bis 1917 das Medium der Wandmalerei eigenständig heraus.[158]

Die neue mexikanische Regierung stellte ihren Künstlern Wände öffentlicher Gebäude zur Verfügung. Die Wandmalerei beinhaltete auch

---

155 Siehe auch Evan Maurer, Dada und Surrealismus, in: Rubin 1984, S. 560.

156 Levin 1981, S. 165.

157 Vgl. beispielsweise Marsden Hartleys Verehrung der Indianerkultur, die auch in seinen Bildern zum Ausdruck kommt, ebd., S. 469–475.

158 In diesem Zusammenhang sei hier nur kurz auf J. C. Orozco, Diego Rivera und David Alfaro Siqueiros verwiesen. Siehe auch Hughes 1997, S. 448–449 sowie Olav Münzberg und Michael Nungesser, Die mexikanischen Wandmaler Orozco, Rivera und Siqueiros in den USA, in: Ausstellungskatalog Berlin 1980, S. 378–404.

einen Bildungsauftrag: in dem Land, in dem die wenigsten Menschen lesen konnten, sollte somit ein Zusammengehörigkeitsgefühl vermittelt und so das Selbstbewusstsein einfacher Menschen unterschiedlicher Herkunft gestärkt werden.[159]

Der Mexikotourismus stieg in den 1920er Jahren extrem an. Künstler und Intellektuelle erforschten die mexikanische Kulturgeschichte. Viele, zumeist jüngere US-Künstler arbeiten auch zeitweise mit mexikanischen Künstlern zusammen wie zum Beispiel Ben Shahn und Diego Riviera.[160] Das mexikanische Vorbild wirkte auf verschiedene Künstler und ihre Arbeiten, dabei waren anscheinend besonders die Hinwendung zum Alltag und zu gesellschaftlichen Gegenwartsproblemen von Interesse.[161]

Für die Aufenthalte in Mexiko lassen sich verschiedene Gründe anführen: man wollte etwa die historischen Monumente der Stadt dokumentieren, die Auswirkungen des Bürgerkrieges von 1910 bis 1920 festhalten, an den revolutionären Ideen einer künstlerisch aktiven linken Gruppe teilhaben, den Zwängen der Großstadt entfliehen oder eine vermeintlich authentisch kommunistische Welt fotografieren bzw. filmisch belegen.[162]

Man versuchte, ein nachweisliches Bild von Mexiko City wiederzugeben. Diese scheinbar pittoreske Darstellung wurde jedoch nicht so sehr in der Stadt gefunden, sondern eher außerhalb in den kleinen Dörfern und Städten, wo die Merkmale einer Modernisierung der Stadt noch nicht so anzutreffen waren.[163]

---

159 Vgl. auch den Abschnitt „Die Suche nach einer amerikanischen Kunst und die revolutionäre mexikanische Wandmalerei“, in: Martin Dumas, Kunst im 20. Jahrhundert. Von der transzendierenden zur affirmativen Moderne, Reinbek bei Hamburg 2000, S. 188–195.

160 Vgl. Münzberg/Nungesser 1980, S. 400.

161 Ebd.

162 Vgl. James Oles, Helen Levitt's other City, in: Levitt 1997, S. 11, 12.

163 Ebd., S. 9.

Helen Levitt bereiste 1941 zusammen mit Agees Frau Alma das Land, wo sie allerdings viel Zeit alleine verbrachte.[164] Zu den ausländischen Fotografen und Filmemachern, die in der ersten Hälfte des 20. Jahrhunderts Mexiko besuchten, gehörten unter anderem Anton Bruehl (1900–1982), Henri Cartier-Bresson, Walker Evans und Luis Buñuel.[165] Auch Edward Weston (1886–1958) verweilte dort, wo er von 1923 bis 1926 zusammen mit seiner Lebensgefährtin und Fotografin Tina Modotti (1896–1942) ein Porträtstudio betrieb.[166]

Während sich in den 1920er Jahren anscheinend das Bedürfnis nach mechanisierten, unpersönlichen und abstrakt urbanen Bildern entwickelte, lässt sich gleichzeitig auch das Gegenstück feststellen: ein Interesse an dem, was ursprünglich, primitiv, mythisch ist und zur ‚natürlichen' Welt gehörte: im Südwesten der USA und besonders in New Mexico, in der Gegend von Albuquerque, Sante Fe und Taos. Die Konstruktion des

---

164 Die Aussagen bezüglich der Mexiko-Reise entstammen dem Interview, welches die Autorin mit Helen Levitt am 15.04.2000 in New York geführt hat. Levitt bemerkte hier, dass ihr das Land nicht gefallen habe und sie froh gewesen sei, als sie wieder in New York war. Alma Agee hatte sich kurz zuvor von ihrem Mann getrennt und ihren einjährigen Sohn Joel mit nach Mexiko genommen. Dort heiratete sie den deutschen Schriftsteller Bodo Uhse. Die Familie übersiedelte nach dem Krieg in den Teil Deutschlands, der später die DDR wurde. Die Ehe von Alma und Bodo Uhse scheiterte 1960. Alma Uhse ging mit Joel und dem jüngeren Bruder Stefan zurück nach New York. Über diese Zeit hat Joel Agee das Buch „Twelve Years: An American Boyhood in East Germany" geschrieben, welches die Grundlage für den Film „Joel Agee – eine amerikanische Jugend in der DDR" (Deutschland 2004) bildet. Dieser Film von Barbara Kasper und Lothar Schuster schildert aus der Sicht des Kindes und Jugendlichen Joel Agee die zwölf Jahre, die er in der DDR verbrachte.

165 Vgl. Oles 1997, S. 9–15.

166 Modotti reiste bereits 1920 nach Mexiko, wo sie Rivera kennen lernte und Kontakte zu mexikanischen Intellektuellen und Künstlern knüpfte. 1929 wurde Modotti aufgrund ihrer Mitgliedschaft in der kommunistischen Partei aus Mexiko ausgewiesen und ist erst 1939 endgültig wieder dorthin zurückgekehrt. In Mexiko begann Modotti zunächst die Wandgemälde Rivieras zu fotografieren. Später dokumentierte sie das Leben der mexikanischen Landbevölkerung, wobei Hände von Arbeitern sowie mexikanische Indigofrauen zu den bevorzugten Motiven gehören, um so eine indianisch-mexikanische Kultur wiederzuentdecken. Modottis Aufnahmen wurden zunehmend kritischer und hatten oftmals einen möglichen politischen Widerstand zum Inhalt. Zu Modotti siehe auch: Letizia Argenteri, Tina Modotti: between art and revolution, New Haven 2003 sowie den Ausstellungskatalog Philadelphia, Museum of Art u.a. 1995: Tina Modotti: photographs. Hg. von Sarah M. Lowe.

Südwestens als Heimat des mythischen amerikanischen Primitivismus hatte bereits um 1900 begonnen. Seitdem waren Künstler dorthin gereist, um die Pueblo-Indianer, die Adobe-Kirchen und die faszinierende Gebirgslandschaft im Bild festzuhalten.

In Europa hingegen vollzog sich die Begegnung mit dem ‚Primitiven' offensichtlich anders als in den USA, nämlich eher als ästhetische Aneignung ‚ursprünglicher' Kunstformen. In Amerika machte dagegen die reale Gegenwart der Afro-Amerikaner die Auseinandersetzung problematischer.[167] Harlem, wo ein Großteil der Fotografien Levitts entstanden sind, beispielsweise war (und ist) sozialer Alltag und Ort, an dem Klischees entstehen und Lebenswirklichkeiten sich aneinander reiben. Hierbei ist zu berücksichtigen, dass Levitt als weiße Flaneuse sich sicherlich nicht unbemerkt mit ihrer Leica auf den Straßen bewegen konnte. So ist das in ihren Bildern dokumentierte Verhalten oftmals auch eine unmittelbare und offensichtliche Reaktion auf ihre Anwesenheit (Vgl. Abb. 57). Die Begegnung mit dem Anderen kann hier auch als Begegnung mit dem eigenen Selbst gesehen werden.

Da der Stadtteil Harlem ein aktives Zentrum für Literatur, Musik und bildender Kunst war, ist diese Richtung heute allgemein als Harlem Renaissance bekannt.[168] Viele amerikanische Künstler suchten im afrikanischen Erbe eine neue Ästhetik. Die (Wieder-)Entdeckung des Primitiven findet in den 1920er Jahren einen vielfältigen Ausdruck

---

167 In den Jahren nach der Jahrhundertwende entstanden im Süden Organisationen wie der Ku Klux Klan und andere selbsternannte Vereinigungen, die für die Anwendung der rassistischen Gesetze sorgten. Rassistische Übergriffe gegen Schwarze und Lynchjustiz standen an der Tagesordnung. Vgl. Zapf 1996, S. 252 und Mary Schmidt Campbell, Die Harlemer Renaissance, in: Kunstforum international: Outside USA II, Bd. 113, Mai/Juni 1991, S. 207.

168 Vgl. Campbell 1991, S. 206. Allgemein zur Harlem Renaissance siehe auch das Kapitel Black Art, in: Kunstforum international: Outside USA II, Bd. 113, Mai/Juni 1991, S. 196–237. Besonders sei hier auf Campbell 1991, S. 206–213 verwiesen. Zur Kunst und Kultur der Harlem Renaissance siehe auch: David Krasner, A Beautiful pageant: African American theatre, drama and performance, New York 2002; Ausstellungskatalog London, Hayward Gallery u.a. 1997: Rhapsodies in Black: Art of the Harlem Renaissance; Steven Watson, The Harlem Renaissance: hub of African-American culture 1920–1930, New York 1995; David Driskell, Harlem Renaissance: art of Black America, New York 1994; David Levering Lewis, When Harlem was in vogue, New York 1989; Houston A. Baker, Jr., Modernism and the Harlem Renaissance, Chicago 1987 sowie den Ausstellungskatalog New York, The Studio Museum Harlem 1987: Harlem Renaissance. Art of Black America.

innerhalb kultureller Bestrebungen. Die afrikanische Kultur wurde – über den Umweg der weißen Anerkennung des Primitivismus – als Ursprung afro-amerikanischer Kultur und Geschichte betrachtet. Dieses Gemisch unterschiedlicher Menschentypen, zu denen neben Afro-Amerikanern auch Lateinamerikaner, Italiener, Polen, Russen und andere Gruppen gehören, ist für typisch für den *melting pot* New York und lässt sich dort auf den Straßen finden. Erst in den 1930er Jahren entstehen Aufnahmen alltäglicher Leute auf der Straße ohne soziale Anklage, aus der sich eine spezifische Ästhetik der Großstadt entwickelte, wobei der Moment des Zufalls eine besondere Rolle spielte. Vorab erschienen die Straßen und der Alltag auf ihnen nicht abbildungswürdig. Die Metropole wurde als ideale Stadtvision am besten ohne Menschen dargestellt.

2.3. Stadtvisionen von New York

Eine langsam einsetzende Veränderung in der Wahrnehmung wird in den 1930er Jahren besonders deutlich in der Auffassung der Stadt: weg von Idealisierung und Abstraktion hin zu einer belebten Stadt mit all ihren Alltagssituationen. Da die Großstadt New York Entstehungsort fast der gesamten Foto- und Filmaufnahmen Levitts ist, gehe ich im folgenden Abschnitt auf Darstellungen der Stadt zu Beginn des vorigen Jahrhunderts ein, um den Wechsel in der Bildauffassung in den 1930er Jahren deutlich zu machen.

Von Anfang an hat die Großstadt an sich eine ambivalente Konnotation: sie steht für Anonymität und Isolation; ihre Dynamik kann überwältigend, entfremdend, zerstörerisch und bedrohend, gleichzeitig aber auch stimulierend und zerstreuend wirken. Ähnlich ambivalent wie die Erfahrung der Stadt und die künstlerische Auseinandersetzung mit ihr kann auch die Rezeption der Maschine gesehen werden, die häufig metaphorisch mit dieser gleichgesetzt wird. Diese Sichtweisen lassen sich auch in den New York-Darstellungen am Beginn des 20. Jahrhunderts wiederfinden. Die Suche nach der ‚modernen' Stadt wird in folgenden Fotografien deutlich. Vorweg möchte ich ein paar Darstellungen anführen, die die Dynamik und den Glanz der Wolkenkratzer wiederspiegeln. Diese Stadtvisionen lassen sich im Bereich der Fotografie als auch im Film finden. Daran anschließend folgen Aufnahmen, unter anderem von Helen Levitt, die eine veränderte Sichtweise auf die Stadt geben. Aus anderer Perspektiven werden Straßen und der Alltag auf diesen dargestellt. Nicht mehr idealtypische Visionen, sondern genreähnliche Szenen der Stadt wurden festgehalten.

Die Vorstellungen von Idealisierung und Abstraktion der Stadt wurden beispielsweise in den Plänen des Architekten Hugh Ferriss (1889–1962) wiedergegeben. Ferriss verlegte sich auf Skizzen und Präsentationsentwürfe und gehörte in den 1920er und 1930er Jahren zu den einflussreichsten Architekturzeichnern. Zu seinen Studien gehören die *zoning envelope studies* von 1922, mit denen er die möglichen Folgen des New Yorker Flächennutzungsplans von 1916 deutlich machte Seine Idealstadt, die er 1929 in seinem Buch *The Metropolis of Tomorrow*[169] beschrieb, zeichnete sich durch 300 Meter hohe Türme aus. Noch in den 1920er Jahren war dieses eine sehr futuristische Vorstellung, da die durchschnittliche Gebäudehöhe in New York sechs Geschosse betrug.[170]

Die neuen Hochhäuser erhoben sich nicht mehr als nadelförmig in den Himmel ragende Türme, sondern vielmehr als rhythmisch abgestufte Gebäudemassive mit Terrassen und Aussichtsplattformen, die den neuen Flächenutzungsplan der New Yorker Staffelbauordnung berücksichtigten.[171] Ende der 1920er Jahre stellt der Typus des Wolkenkratzers die Quintessenz der modernen amerikanischen Architektur dar. Als Produkt verschiedener Entwicklungen, auf dem Gebiet der Bau- und Maschinentechnologie sowie im Bereich urbanistischer Ideen verkörperte er den Fortschritt.[172]

---

169 Hugh Ferriss, The Metropolis of Tomorrow, New York 1998 (Reprint von 1929).

170 Vgl. Heinrich Klotz in: Ausstellungskatalog Frankfurt am Main, Deutsches Architekturmuseum 1989: New York Architektur, 1970–1990, S. 28.

171 Das Barclay-Vesey Building von den Architekten Ralph Walker von McKenzie, Voorhees & Gmelin, das 1926 fertiggestellt wurde, ist das erste Gebäude, welches die New Yorker Bauvorschriften von 1916 erfüllte. Diese verhinderten, dass neue Wolkenkratzer die Stadt verfinsterten und führten zu jener Form der ‚Hochzeitstorte', deren Größe beschränkt und deren Baukörper nach oben hin stufenweise abgetragen wird. So musste beispielsweise das Barclay-Vesey Gebäude nach der zehnten und 17. Etage zurückgestuft werden, die Höhe wurde jedoch nicht beeinträchtigt. Vgl. auch Judith Dupré, Wolkenkratzer. Die Geschichte der berühmtesten und wichtigsten Wolkenkratzer der Welt, New York 1996, S. 35.

172 Der Wolkenkratzer-Boom näherte sich seinem Höhepunkt, als der Aktienmarkt zusammenbrach. Innerhalb weniger Jahre stoppte die Depression fast sämtliche Bauaktivitäten – das Rockefeller Center war der einzige große Hochhauskomplex, der während der 1930er Jahre in New York City entstand. Vgl. auch Donald Albrecht, Architektur im Film. Die Moderne als große Illusion, Basel u.a. 1989, S. 149.

Diese Form des Wohnens in der Höhe hat Lewis Mumford als „[...] not for men, but for angels and aviators [...]“ beschrieben.[173] Ein umfassender Strukturwandel der Metropole brachte weitreichende kulturpolitische, ästhetische und weltanschauliche Veränderungen mit sich, die besonders für Künstler und Intellektuelle im Hinblick auf ein aus Europa importiertes modernes Formenvokabular neu zu durchdenken waren. In diesem Zusammenhang äußerte sich Richard Sennett: „Der Architekt und der Arbeitslose – beide, wenn auch aus unterschiedlichen Gründen, [...] – träumten den gleichen Traum von einer Stadt aus Chrom.“[174]

Diese Art der Idealisierung und Technikbegeisterung wird auch in den Filmen dieser Zeit deutlich. Ich möchte an dieser Stelle kurz auf das Paradigma des Stadtfilms eingehen. 1920 drehten Paul Strand (1890–1976) und Charles Sheeler den sechseinhalb-minütigen Dokumentarfilm *It's Manhatta* (Abb. 3).[175]

Das Porträt der Stadt besteht aus einer Bildserie, die überwiegend in Lower Manhattan entstanden ist – besonders um den Battery Park, den Staten Island Fähren, der Wall Street und Trinity Place herum.[176] Der Titel sowie die Stummfilm-Untertitel stammen von Walt Whitman.[177] Im Film wird das gängige Vokabular der Metropole ausgebreitet: menschenüberfüllte Fähren, der Blick auf Hochbahn und

173 Lewis Mumford, Technics and Civilization, London 1946, S. 22 sowie die deutsche Version seines heute immer noch gültigen Standardwerks: ders., Vom Blockhaus zum Wolkenkratzer. Eine Studie über amerikanische Architektur und Zivilisation. Berlin 1997 (1925). Weiterführend zu den Ideen Mumfords siehe auch Robert Wojtowicz, Lewis Mumford and American Modernism: Eutopian theories for architecture and urban planning, Cambridge 1996.

174 Siehe Richard Sennett, Civitas – Die Großstadt und die Kultur des Unterschieds, Frankfurt am Main 1994, S. 219.

175 Hierzu siehe auch Jan-Christopher Horak, Modernist Perspectives and Romantic Impulses: *Manhatta*, in: Maren Stange (Hg.), Paul Strand. Essays on his Life and Work, New York 1990, S. 55–71 sowie in ähnlicher Form Jan-Christopher Horak, Paul Strand: Romantic Modernist, in: ders. 1997, S. 79–108.

176 *Manhatta* wurde als *New York the Magnificient* am 24. Juli 1921 im Rialto auf dem Broadway gezeigt und offensichtlich wurde die Begeisterung für die Stadt als Metropole und die visuellen Umsetzungsmöglichkeiten lebhaft aufgenommen. In Paris wurde der Film 1922 unter dem Titel *Fumée de New York* (Smoke of New York) gezeigt und erst 1927 in London unter dem Namen *Manhatta*. Vgl. die Anmerkungen bei Horak 1997, S. 253.

177 Zu den Auszügen aus Whitman-Gedichten gehören *Mannahatta* und *City of Ships*, die beide 1865 entstanden sind und in dem Gedichtzyklus *Leaves of Grass* aufgenommen sind. Auf deutsch ist der Band bei Reclam erschienen: Walt Whitman, Grashalme, Stuttgart 2000.

Wolkenkratzer.[178] Doch trotz der Whitman-Zitate kommen die Menschen in ihrem Alltag in New York entweder überhaupt nicht vor oder nur als Moleküle einer Masse, als abstrakte Teile, aber ohne sozialen Zusammenhang.

In den Abbildungen werfen die Geschäftsleute der Wall Street lange dunkle Schatten, während sie an den Fenstern des Morgan Guaranty Trust Building vorbeihasten.[179] Das Manhattan von Strand und Sheeler ist als harter, klarer, abstrakter Ort dargestellt, entvölkert, bei dem die Menschen als Zeichen nur für sich selbst zu stehen scheinen.

Auch andere fotografische Referenzen sind erkennbar, so stehen die Fährsequenzen eher in einer Tradition zu Alfred Stieglitz (Abb. 4).[180]

Die Frage „Wann wird sich der Film auf die Straße hinausbegeben?"[181] stellte Marcel Carné in den frühen 1930er Jahren und forderte damit eine Abkehr von der Künstlichkeit der Studiokulissen und die Hinwendung zur ‚realen' Stadt. Dennoch wurden auch weiterhin Filmbauten im Studio errichtet und den ‚wirklichen' Straßen detailgenau nachempfunden. Als Beispiel einer solchen Inszenierung, zusätzlich durch Bildmontagen und Kamerabewegungen verstärkt, gilt *Metropolis* von Fritz Lang (1890–1976) aus dem Jahr 1926 (Abb. 5). Hierbei handelte es sich um einen in vieler Hinsicht vollkommen bühnenmäßigen Film, der durch die Art und Weise, wie die Massen in Szene gesetzt wurden und durch eine Kombination von Totalaufnahmen und Naheinstellungen die stilisierte architektonische Szenerie unterstrich.[182] Außerdem wurde hier eine Zukunftsvision entworfen, die präzise die Erwiderung der architektonischen und

---

178 Die extremen Perspektiven des Films lassen sich auch in den europäischen Avantgarde-Filmen wiederfinden wie *Berlin, Sinfonie einer Großstadt* (1927); Dziga Vertov: *Der Mann mit der Kamera* (1929) und ebenso in den Fotografien von etwa László Moholy-Nagy oder Alexander Rodtschenko.

179 Vgl. Hughes 1997, S. 383.

180 Diese Aufnahmen wurden zuerst in *Camera Work* (Nr. 36, Oktober 1911) veröffentlicht. Siehe Stieglitz 1997, S. 582, 584.

181 Marcel Carné, Quand le cinéma descendrat-il dans la rue? (1933), engl. Fassung in: Richard Abel, French Film Theory and Criticism: A History / Anthology, Princeton 1988, S. 127–129.

182 Vgl. Anthony Vidler, Die Explosion des Raums: Architektur und das filmische Imaginäre, in: Ausstellungskatalog Frankfurt am Main, Deutsches Architekturmuseum 1996: Filmarchitektur: von Metropolis bis Blade Runner. Hg. von Dietrich Neumann, S. 13–25, hier speziell S. 19.

stadtgestalterischen Debatten der Zeit widerspiegelte.[183] *Metropolis* sprach urbane Probleme an, soziale Unruhe, Generationskonflikte, Vor- und Nachteile von Technologie und vieles mehr. Vor allem aber ging es um die Stadt selbst. Fritz Lang schilderte mehrfach, wie die ursprüngliche Idee durch seine Faszination an den Hochhäusern Manhattans geweckt worden war, die er zum ersten Mal 1924 gesehen hatte.[184] Lang, der an Architektur großes Interesse hatte, war mit den bekannten Zukunftsvisionen seiner Architekturkollegen vertraut, wie zum Beispiel mit den gläsernen Kathedralen und Gartenstädten der deutschen expressionistischen Architekten, darunter Bruno Taut und Hans Scharoun, den Zukunftsvisionen New Yorks von Ferriss oder auch den zeitgenössischen Abbildungen in amerikanischen Magazinen. So reflektierte *Metropolis* die ambivalenten Gefühle gegenüber der Großstadt. Der Film galt als Beispiel des Amerikanismus der Weimarer Zeit sowie als Inspirationsquelle für viele weitere Werke.[185] Einen ähnlichen Fall für die Inszenierung im Film stellt auch Walter Ruttmanns *Berlin, Sinfonie einer Großstadt* von 1927 dar. Dieser dokumentarische Querschnitt durch den Berliner Alltag stellt gleichzeitig Phänomene dar, „[...] die dank gewisser Analogien oder Gegensätze eingängige Formenmuster bilden. Ähnlich wie Dziga Vertow schneidet er [Ruttmann] von Menschenbeinen auf der Straße zu den Beinen einer Kuh oder kontrastiert die üppig gedeckten Tische eines Luxusrestaurants mit den dürftigen Eintopfgerichten der Armen.“[186]

Wie Vidler herausgearbeitet hat, stellte für Kracauer „[...] die filmgerecht aufgenommene Straße einen nahezu unerschöpflichen Gegenstand zur Erfassung des Modernen dar: In ihrer spezifischen Art kultivierte sie nicht nur das Zufällige und Ungeregelte, sondern, was noch wichtiger war, sie begünstigte auch die notwendige Distanz, um nicht zu sagen Entfremdung des Betrachters, für den das Kamera-Auge als ein präziser Perzeptionsersatz fungierte.“[187]

---

183 Siehe hierzu Thomas Elsaesser, Die Stadt-Maschine: Planetarische Fantasien und Designer-Albträume, in: ders., Metropolis. Der Film-Klasssiker von Fritz Lang, Hamburg, Wien 2001, S. 94–99.

184 Vgl. Dietrich Neumann, Vorboten und Folgen von Metropolis: Film und Architektur auf der Suche nach der modernen Stadt, in: Ausstellungskatalog Frankfurt am Main 1996, S.33–38, hier S. 33.

185 Der Einfluss von *Metropolis* ist heute noch in Science-Fictionfilmen wie *Blade Runner* (1982), *Batman* (1988), *Das fünfte Element* (1997) oder *Gattaca* (1998) erkennbar.

186 Siegfried Kracauer, Theorie des Films. Die Errettung der äußeren Wirklichkeit, Frankfurt am Main 1985 (1964), S. 100–101.

187 Vidler 1996, S. 19.

Ähnlich idealisiert sind diese Stadtvisionen auch in den Fotografien jener Zeit wiedergegeben. Diese Art der Fotografie, die in der *Straight Photography* besonders deutlich wird, versuchte unmittelbar und direkt zu sein.[188]

Als Gegenbewegung und Nachfolge der Kunstfotografie und des Piktorialismus der Jahrhundertwende, wurde jegliche Manipulation des Bildes nach der Entstehung des Negativs abgelehnt.[189] Es entwickelten sich rege Diskussionen über Kunst und Fotografie und eine Bewegung, die sich gegen die piktorialistische Richtung und seinen weichkonturierten Salonportraits und Landschaften aussprach. Die Auseinandersetzungen betrafen vor allem Form und Inhalt: Die Befürworter einer dokumentarischen Fotografie behaupteten, Weichzeichnen kompromittiere die charakteristische Klarheit eines Bildes und eine ‚malerische' Motivwahl sei nichts anderes als eine Absage an das moderne Leben.[190] Auch die Debatte über den Kunststatus der Fotografie wurde wieder aufgegriffen.

Der Fotokritiker Sadakichi Hartmann bemerkte über die Fotografie jener Zeit, dass deren Anhänger in zwei Lager geteilt seien. Das eine bevorzuge „[...] malerische Motive und eine malerische Ausführung [...]", während das andere, dem er Stieglitz zurechnete, „[...] sich um die

---

188 Zur *Straight Photography* siehe auch Gilles Mora, PhotoSpeak: A guide to the ideas, movements, and techniques of photography, 1839 to the present, New York 1998, S. 183, 184.

189 Der Piktorialismus gilt als erste künstlerische Bewegung in der Fotografie um 1900. Bedingt durch die technischen Entwicklungen der Fotografie, die diese einem immer größer werdenden Kreis von Autodidakten zugänglich machte, versuchte man die Fotografie zu einem Ausdrucksmittel der Sichtweisen und Gefühle des Fotografen zu machen. Auf Detailtreue wurde verzichtet und man bediente sich zahlreicher Edeldruckverfahren und Manipulationen, um malereiähnlich Strukturen zu erhalten. So wurde weniger Wert auf die dokumentarische Abbildung eines Motivs gelegt, sondern dessen effektvolle, lichtdurchtränkte Darstellung in impressionistischer Manier. Zu den Wegbereitern in den USA gehörte Alfred Stieglitz und der Kreis um *Camera Work*. Vgl. auch Mißelbeck 2002, S. 264; Beaumont Newhall, Geschichte der Photographie, München 1998, S. 166 sowie weiterführend Mike Weaver (Hg.), The Photographic Art: Pictorial traditions in Britain and America, London, New York 1985.

190 Vgl. Bonnie Yochelson in: Berenice Abbott, Changing New York: Photographien aus den 30er Jahren. Das vollständige WPA-Projekt, Hg. vom Museum of the City of New York, München u.a. 1999., S. 9.

Prinzipien spezifisch *photographischer Motive und Strukturen* [...]“ bemühte.[191]

Auf der Suche nach Motiven und Strukturen, die diese neue Ästhetik erfüllten, entstanden reine Fotografien, die auch wie solche aussahen und frei waren von den für das Werk der Piktorialisten so charakteristischen Manipulationen.[192] Diese Bilder wurden als *Straight Photography* bezeichnet und gelangten oftmals zu einer Abstraktion, bei der der Betrachter keinen Zweifel hatte, was abgebildet war. Die Betonung lag auf Form und Gestaltung. Ein Vertreter dieser Richtung war beispielsweise Paul Strand. Dessen Arbeiten wirkten direkt und klar und standen in einem deutlichen Gegensatz zu den Werken der Piktorialisten und kündigten somit eine Neuorientierung der Fotoästhetik an.

Den Fotografien der *Straight Photography* lag scheinbar die Idee des Mediums zugrunde, dass Fotografie Wahrheit und Authentizität transportieren könnte. Diese Art des fotografischen Realismus sollte sich in klaren Konturen und präzisen Details ausdrücken. Abstraktionen und Strukturen traten in den Aufnahmen deutlich hervor.

Straßen wurden meistens in gewisser Entfernung und in der Regel ohne Menschen dargestellt, die scheinbar als Störfaktoren in diesen Idealisierungen empfunden wurden.

---

191 Vgl. Newhall 1998, S. 170.

192 Einen Überblick hierzu gibt Newhall, Reine Photographie, in: ders. 1998, S. 173–203 sowie John Pultz, Strenge und Klarheit. Die Neue Fotografie in den Vereinigten Staaten, 1920–1940, in: Frizot 1998, S. 476–493. Einen umfassenden Beitrag zur amerikanischen Fotografie bietet auch Peter Galassi, Zwei Geschichten, in: Ausstellungskatalog Berlin, Staatliche Museen zu Berlin, Kunstbibliothek Preussischer Kulturbesitz u.a. 1995: Amerikanische Photographie: 1890–1965. Aus der Sammlung des Museum of Modern Art, New York, S. 11–51.

Strenge Formen der Industriearchitektur und Maschinen faszinierten die Protagonisten wie Stieglitz, Strand oder auch Sheeler.[193]

So hat etwa Stieglitz das Bild der Stadt in den 1930er Jahren entscheidend geprägt.[194] Anfänglich von der piktorialistischen Fotografie beeinflusst, fotografierte Stieglitz als einer der ersten mit einer Handkamera und setzte sich mit den unterschiedlichen Fototechniken auseinander. Unter dem Vorsatz, die Fotografie auf breiter Basis in der bildenden Kunst durchzusetzen, wirkte er von 1892 bis 1896 an dem Journal *Camera Notes* mit. Er gilt auch als Gründer der *Photo Secession* und hat 1903 seine eigene Fotozeitschrift *Camera Work* herausgegeben, die bis 1917 als Forum der fotografisch-künstlerischen Avantgarde galt.[195]

Etwa ab 1915 hat Stieglitz zusammen mit seinem jüngeren Kollegen Strand eine neue Richtung innerhalb der Fotografie eingeschlagen: der Piktorialismus galt fortan als veraltet, dafür versuchte man auf Gestaltung sowie auf eine unmittelbare Darstellungsweise zu achten.[196] Dieser

---

193 Zu Stieglitz siehe auch: Ausstellungskatalog Washington, D.C, National Gallery of Art 2002: Alfred Stieglitz: the key set. Hg. von Sarah Greenough. Zu Strand: Ausstellungskatalog New York, Metropolitan Museum of Art u.a. 1998: Paul Strand, circa 1916. Hg. von Maria Morris Hambourg; Ulrike Bischoff (Hg.), Paul Strand, Köln 1997; Ausstellungskatalog Washington, D.C., National Gallery of Art 1990: Paul Strand. An American Vision. Hg. von Sarah Greenough. Zu Sheeler: Karen Lucic, Charles Sheeler and the cult of the machine, London 1991; Ausstellungskatalog Boston, Museum of Fine Arts u.a. 1987: Charles Sheeler: paintings, drawings, photographs, Bd. 2, The Photographs, Hg. von Theodore E. Stebbins u.a.

194 Siehe auch Richard Whelan (Hg.), Stieglitz on photography: his selected essays and notes, New York 2000 sowie Ausstellungskatalog Washington, D.C., National Gallery of Art 1983: Alfred Stieglitz, photographs & writings. Hg. von Sarah Greenough u.a., Boston 1999 (2. Auflage).

195 Den Ausdruck ‚Secession' wählte Stieglitz in Anlehnung an die avantgardistischen Künstlergruppen in Deutschland und Österreich, die sich als „Sezessionisten" bezeichneten und damit ihre Unabhängigkeit gegenüber dem akademischen Establishment unterstrichen.

196 1905 eröffnete Stieglitz in einem Atelier in der Fifth Avenue, Nr. 291, in New York die *Little Galleries of the Photo-Secession*, die fortan neben Ausstellungen europäischer und amerikanischer Kunstfotografen auch avantgardistische Gemälde von Cézanne bis Picasso zeigte. John Pultz führt in dem Artikel The American Interpretation of Cubism, in: Photographies, Nr. 7, Mai 1985, S. 18–20 aus, dass Kontakte sowie Reisen nach Europa zu der Erkenntnis führten, dass die Prinzipien des Piktorialismus akademisch und veraltet waren. Weiterführend hierzu siehe auch John Pultz und Catherine B. Scallen (Hg.), Cubism and American Photography, 1910–1930, Williamstown 1981.

Forderung der *straight photography* kam Stieglitz mit einer Reihe seiner New York-Fotografien nach, die formal streng komponierte, unspektakuläre Motive darstellten. In den 1930er Jahren entstand eine geometrisch aufgebaute Serie, die er aus dem Fenster des Shelton Hotel aufgenommen hat. Wie etwa das folgende Bild, welches durch die vertikalen Linien der gegenüberliegenden Wolkenkratzer bestimmt ist. Straßen, Menschen und Autos verlieren sich im Schatten, so dass die Aufnahme distanziert und abstrakt wirkt (Abb. 6).[197]

Paul Strand begann sich unter dem Einfluss von Lewis Hine – auf den ich in Kapitel 3.2. als Vorläufer einer dokumentarischen Bildsprache noch einmal zurückkommen werde – für Fotografie zu interessieren, der ihn 1907 mit Stieglitz bekannt machte. Durch diesen bekam Strand mit Avantgardekünstlern und Fotografen Kontakt, darunter auch Edward Steichen. In seiner Frühphase experimentierte Strand mit Weichzeichnerlinsen in der Tradition des Piktorialismus. Stieglitz widmete den Arbeiten Strands die letzten beiden Ausgaben von *Camera Work*. In dieser Zeit änderte Strand wie auch Stieglitz seine Aufnahmeart auf der Suche nach einer neuen Objektivität, die immer abstrakter wurde.

Bereits sein Blick auf New York in den 1910er und frühen 1920er Jahren ist von klaren geometrischen Formen und Linien geprägt, die die Aspekte der Hochhäuser betonen. Der Abstraktionsgrad in seinen Ausschnittfotografien wird durch eine extreme Sicht von oben nach unten erreicht (Abb. 7).

Von dieser Form des Sehens ist auch der Maler und Fotograf Charles Sheeler beeinflusst, dessen Arbeiten Parallelen zur kubistischen Malerei aufweisen. Unmanipulierte, klare und detailgenaue Fotoaufnahmen kennzeichnen sein fotografisches Oeuvre ebenso wie Motive von Industriebauten und Fabrikanlagen.

Der Kreis um Stieglitz, Strand und Sheeler sah die Stadt als eine Form von klarer Abstraktion, oftmals versehen mit Maschinen, Türmen und/oder Wolkenkratzern. Wenn Menschen erscheinen, sind sie meistens nicht integriert in die sie umgebenden Strukturen, sondern nur, um beispielsweise Größenverhältnisse anschaulich darzustellen. Das alltägliche, einfache Leben auf der Straße, ohne soziale Anklage, erscheint hier oftmals nicht bildwürdig.

Extreme Perspektiven, Nahaufnahmen von Details, abstrakte Schattenspiele und begrenzte Bildausschnitte verfremdeten oftmals die Motive. Die Anwendung einer geometrisch-kubistischen Formensprache

---

197 Hierzu siehe auch Claudia Bohn-Spector, A Gentleman's View. Das Bild von New York in der Fotografie Alfred Stieglitz', Diss. München 1998.

führte so zu ungewöhnlichen Stadtaufnahmen, denen ein abstrakter, maschinistischer Charakter eigen war. Hier wurden Hoffnungen des Industriezeitalters deutlich, dass durch Maschinen ein besseres Leben zu erreichen sei.[198]

Der idealisierte Blick auf die Architektur der Stadt wurde zur Ausgangsbasis für etliche Fotografen von New Yorker Gebäuden, die überwiegend abstrakte Aufnahmen mit streng komponiertem Bildausschnitt darstellten. Die Auffassung von der Stadt als (Teil einer) Maschine deckt sich mit den Idealvorstellungen der Stadt, die auf den *World Fairs*, präsentiert und von vielen Fotografen in den 1930er Jahren so wiedergegeben wurden, sozusagen als Fortsetzung der ästhetischen Formsprache von Strand, Sheeler und anderen.[199] Die Ideen der Architektur- und Stadtplanung waren von europäischen Idealvisionen, wie sie etwa von Le Corbusier und Mitgliedern des Bauhauses vertreten wurden, beeinflusst und lassen sich in der Fotografie transformiert wiederfinden.[200]

Dieses wird beispielsweise in den Arbeiten von Margaret Bourke-White (18904–1971) deutlich, die auch in vielen Magazinen veröffentlicht wurden.[201] Als Fotografin von Industrieanlagen gelang es ihr, ein Porträt von Stahlwerken als Ausdruck des Zeitgeistes anzufertigen. In diese Reihe passt auch das Bild des Chrysler Buildings, das etwa um 1932 entstanden ist (Abb. 8). Hier ist perspektivisch leicht verzerrt die in den Himmel ragende Spitze des Wolkenkratzers wiedergegeben. Nicht die gesamte

---

198 Siehe auch Richard Guy Wilson u.a. Hg., The Machine Age in America, 1918–1941, New York 2001 (1986).

199 Siehe hier zu auch das Kapitel *New York City: Capital of the Twentieth Century*, in: Leonard Wallock (Hg.), New York: Culture Capital of the World, 1940–1965, New York 1988, S. 17–52 sowie speziell zur Weltausstellung 1939 die Einleitung in: Richard Wurts u.a, New York World's Fair 1939/40 in 155 photographs, New York 1977, S. x–xviii. Zu den Weltausstellungen in Europa und allgemein siehe auch Martin Wörner, Die Welt an einem Ort: illustrierte Geschichte der Weltausstellungen, Berlin 2000 sowie Winfried Kretschmer, Geschichte der Weltausstellungen, Frankfurt am Main 1999.

200 Sandra S. Phillips, Helen Levitt's New York, in: Ausstellungskatalog San Francisco 1991, S. 20.

201 Seit 1929 war Bourke-White fest für die Illustrierte Fortune angestellt und 1935 Gründungsmitglied von Life. Als erste westliche Fotojournalistin reiste sie 1930 in die Sowjetunion mit dem Auftrag, Industrieanlagen aufzunehmen. Vgl. Mißelbeck 2002, S. 29. Siehe auch: Margaret Bourke-White: photographer. Mit einem Text von Sean Callahan, London 1998.

Höhe des Baus ist entscheidend, sondern die glänzenden Materialien aus Chrom und Stahl, die in der Schwarzweiß-Aufnahme zur Wirkung kommen. Somit steht das Medium Fotografie für ein Symbol der zukunftsorientierten Metropole New York.

Diese spezifische Stadt-Ikonografie hat sich auch im Zusammenhang mit der Entfaltung der Massenpresse verbreitet: das Bild von New York als Idealstadt und funktionierender Maschine.[202]

Der Aspekt des kulturellen Selbstentwurfs New Yorks Ende der 1930er Jahre bestimmt die nachstehenden Überlegungen. Ein besonderes Augenmerk im Hinblick auf die eigene Inszenierung einer idealen Stadt gilt dabei der Weltausstellung von 1939/1940. In diesen aus einer Vielzahl von Ausstellungspavillons, weitläufigen Parkanlagen und Wasserspielen komponierten ‚Miniaturstädten' entstand die Vorstellung einer konfliktfreien, geordneten urbanen Welt – zumeist den wirklichen Zuständen in den Metropolen entgegengesetzt. Diese *Great American Fairs* boten dem Betrachter, der gleichzeitig als Zuschauer und als Akteur in diesem Spektakel fungierte, den trügerischen Blick in eine ideale Zukunft. Das allgemeine Bewusstsein ist von einem Bild New Yorks „[...] als prosperierender kommerzieller Idealstadt und funktionierender institutioneller Maschine [...]" geprägt.[203]

Die neue Stadtplanung war dabei Teil einer Idealisierung, die dem amerikanischen demokratischen Leben entsprechen sollte und deren Ziele 1939 auf der Weltausstellung in New York klar artikuliert wurden. Als Symbol für eine *World of Tomorrow*[204] präsentierten diese Ausstellung ideale Visionen der modernen Stadt. Ohne auf eine existierende Stadt Bezug zu nehmen, wurde die abstrakte und autoritäre Idee einer reibungslos funktionierenden Gesellschaft im Jahr 2039 demonstriert. Dieses Modell fungierte als Aushängeschild einer idealen Stadt der Zukunft und war von Le Corbusiers *ville radieuse* und Ebenezer Howards Theorien der Gartenstadt inspiriert.[205]

---

[202] So trägt die erste Ausgabe von Life 1936 ein Coverfoto von Bourke-White. Vgl. Phillips 1991, S. 20.

[203] Vgl. Hubert Beck, Die Ikonographie der Stadt: Das Zögern vor der Stadt-Thematik, in: Thomas W. Gaehtgens (Hg.), Bilder aus der Neuen Welt. Amerikanische Malerei des 18. und 19. Jahrhunderts, München 1988, S. 114.

[204] „Building the World of Tomorrow" war das übergreifende Thema der Ausstellung. Siehe Wurts u.a 1977, S. xii.

[205] Hierzu siehe auch Julius Posener (Hg.), Ebenezer Howard: Gartenstädte von morgen: das Buch und seine Geschichte, Berlin 1968 sowie Ebenezer Howard, Tomorrow: a peaceful path to real reform. Neu hg. und mit Kommentaren von Peter Hall, Dennis Hardy und Colin Ward, London 2003.

Das Idealbild einer Stadt in dieser Zeit lässt sich auch in europäischen und amerikanischen Utopien wiederfinden.[206] In seinem Buch *Quand les cathédrales étaient blanches*, einem Bericht über eine Reise, die ihn 1935 nach New York führte, bezeichnet Le Corbusier die Stadt als „[...] a city in the process of becoming. [...] Without anyone expecting it, it has become the jewel in the crown of universal cities in which there are dead cities whose memories and foundations alone remain [...].“[207]

In diesem Zusammenhang gewinnt auch die Straße und das Leben auf ihr eine neue Bedeutung:

> „City streets became the scene for new modes of publicity, with their billboards, neon signs, cinemas [...], parades like the one that greeted Lindbergh in New York, and military processions."[208]

Zusammenfassend lässt sich festhalten, dass in den 1920er Jahren ein Bedürfnis nach mechanisierten, unpersönlichen und abstrakt urbanen Bildern besteht, die eine idealisierte Stadtvision wiedergeben. Erst in den 1930er Jahren setzt eine Veränderung in der Wahrnehmung ein, die sich auch in den Aufnahmen von Helen Levitt feststellen lässt.

---

206 Architekten von Frank Lloyd Wright bis Le Corbusier planten utopische Idealstädte. In diesem Zusammenhang wird der Effekt der Maschine als Metapher diskutiert in: Ausstellungskatalog New York, The Metropolitan Museum 1989: The New Vision. Photography between the World Wars. Ford Motor Company Collection at The Metropolitan Museum of Art, Hg. von Maria Morris Hambourg und Christopher Phillips sowie im Ausstellungskatalog Montreal, The Montreal Museum of Fine Arts 1991: The 1920s: Age of the Metropolis. Hg. von Jean Clair.

207 Le Corbusier (Charles-Edouard Jeanneret), When the Cathedrals Were White (Originaltitel: Quand les cathédrales étaient blanches, Paris 1937), New York 1947, S. 44. Vgl. hierzu auch die Ausführungen von Robert A. M. Stern, Die Erbauung der Welthauptstadt, in: Ausstellungskatalog Frankfurt am Main 1989, S. 35 sowie ders. u.a. Hg., New York 1930. Architecture and urbanism between the two world wars, New York 1994.

208 Jean-Louis Cohen, Impossible order. Strategies and Shapes of Metropolitan Architecture, in: Ausstellungskatalog Montreal 1991, S. 72, 73.

Wie bereits bei Phillips angedacht, findet dieser Wechsel in der Bildauffassung statt:

> „These changing creates a perceptible shift away from the idealism of the city as a shiny and beautiful abstraction to photographs of people in the streets."[209]

Dieser Wechsel vollzieht sich von Idealisierung und Abstraktion – Elemente, die in dem Verständnis der *Straight Photography* deutlich wurden – hin zu einer belebten Stadt mit alltäglichen Szenen. Gebäude wurden jetzt aus Straßenhöhe aufgenommen (keine extremen Perspektiven mehr) und in einen Kontext mit Menschen gestellt. Somit können die Fotografien Levitts als eine Art Antithese zu den Stadtvisionen der 1920er und 1930er Jahre gelesen werden. Ihr Blick auf die Stadt ist persönlicher und menschlicher. Sie sieht diese als Anordnung bevölkerter Straßen; Architektur und Wolkenkratzer stehen dabei für sie nicht im Vordergrund. Für ihr Verständnis der Stadt benutzt sie abgenutzte Treppen und Gehsteige und keine hochglänzenden Fassaden. Natürlich ist auch diese Auffassung eine ideale: von einem Platz, wo Kinder spielen und Nachbarn sich miteinander unterhalten.

Diese eher poetisch wirkende Version des alltäglichen Straßenlebens ist ähnlich der Auffassung von Jane Jacobs, die in diesem Zusammenhang über System und Sicherheit auf den Straßen zu folgender Aussage kommt:

> „Diese Ordnung setzt sich zusammen aus Bewegung und Wechsel, und obwohl es sich um Leben und nicht um Kunst handelt, könnten wir es als eine städtische Kunstform bezeichnen und einem Tanz vergleichen. Das Ballett eines gut funktionierenden Bürgersteigs ist an jedem Ort ein anderes, es wiederholt sich nie und wird an jedem Ort stets erneut mit Improvisationen angereichert."[210]

An den ausgesuchten Arbeiten lassen sich meines Erachtens nach diese verschiedenen Auffassungen der Großstadt deutlich ablesen: als ideale Abstraktion und als eine intime, menschliche Sicht auf die Stadt und ihre Gesellschaft. Letztere Auffassung wird auch im folgenden Abschnitt deutlich.

---

[209] Phillips 1991, S. 21.

[210] Jane Jacobs, Tod und Leben großer amerikanischer Städte, Hg. von Ulrich Conrads und Peter Neitzke, Braunschweig, Wiesbaden 1993 (Death and Life of Great American Cities, New York 1961), S. 44.

2.3.1. Veränderung der Parameter: Ein anderer Blick auf die Stadt

Geradezu als Gegenstück entstehen in den 1930er Jahren Arbeiten, die all das festhalten, was vorher bewusst ausgelassen wurde:

> „Menschen, Staub und Schmutz, die zufälligen Dinge des Alltags, alles meilenweit von jeglicher Stilisierung, von jeglichem Design [...] entfernt."[211]

Diese veränderte Sicht auf die Stadt ist auch in den sachlichen bzw. sozialdokumentarischen Aufnahmen der US-Amerikanerin Berenice Abbott (1898–1991) ablesbar.[212] Von 1923 bis 1929 war Abbott Assistentin von Man Ray in Paris. In jener Zeit entstanden eine Reihe von Porträts prominenter Persönlichkeiten der Pariser Bohème, etwa von Jean Cocteau. 1925 lernte sie Eugène Atget (1857–1927) kennen und übernahm nach dessen Tod seinen Nachlass. 1929 kehrte Abbott nach New York zurück und begann mit einer Bestandsaufnahme der sich rapide entwickelnden Stadtlandschaft. Abbott erkundete den Wandel New Yorks in der Zeit des Aufschwungs nach der Depression.

In ihrem Fotobuch *Changing New York* von 1939, dokumentierte Abbott Brücken, Wolkenkratzer und Stadtviertel sowie die alten und neuen Formen des Verkehrs in den Straßen.[213] Abbott fotografierte Türme und vertikale Figuren aus verschiedenen Perspektiven, aber auch einfache Läden und Geschäfte in den engen Straßen, beispielsweise das Schaufenster der Anwaltskanzlei *Flam and Flam* von 1938 (Abb. 9).

In dieser Zeit, Ende der 1930er Jahre und während der 1940er Jahre, wurden auch die Arbeiten von Jacob Riis und Lewis Hine wiederentdeckt und ausgestellt.[214] Hines Arbeiten der 1930er Jahre dokumentierten unter anderem den Bau des Empire State Buildings und wurden 1932 in dem Bildband *Men at work* präsentiert.[215] Diese Arbeiten waren auch in der Photo League ausgestellt, wo Levitt sie wahrscheinlich gesehen hat.

---

211 Wieland Schmied, ‚Precisionist View' und ‚American Scene': Die zwanziger Jahre, in: Ausstellungskatalog Berlin 1993, S. 55–68, hier S. 65.

212 Vgl. auch Mißelbeck 2002, S. 7 sowie weiterführend Berenice Abbott, Photographs, Washington 1990.

213 Abbott 1999.

214 Eine Retrospektive von Hine fand 1939 im Riverside Museum in New York statt. Die Arbeiten von Riis wurden 1947 im Museum of the City of New York von Alexander Alland gezeigt, der ebenfalls als Fotograf Kinder und ethnische Minderheiten in der Stadt porträtierte (siehe auch Abb.32).

215 Lewis W. Hine, Men at Work. Photographic Studies of Modern Men and Machine, New York 1977 (1932).

Formal gesehen haben die Aufnahmen von Riis und Hine jedoch keine Ähnlichkeit zu den Aufnahmen Levitts.

Levitt kannte und schätzte hingegen die Fotografien von Weegee, der als Arthur Fellig in Polen geboren wurde. Der Pressefotograf hat alltägliche Szenen und Verbrechenstatorte auf den Straßen New Yorks festgehalten.[216] Als Sensationsjournalist lichtete er unter anderem Verkehrsunfälle, Opfer von Straftaten, Tragödien und Brandkatastrophen ab. Sein enger Kontakt zur Manhattaner Polizei bewirkte, dass er häufig als erster am Tatort sein konnte und als einer der ersten seine Aufnahmen bei den Redaktionen abliefern konnte. In rund 5000 Fotoreportagen gab er die oftmals brutale und deprimierende Kehrseite der Metropole wieder und stellte somit ein anderes Bild des modernen Großstadtlebens dar. Obwohl die Fotografien Weegees mit der Darstellung von Kindern nicht zu seinen typischen Aufnahmen gehören, gibt es dennoch welche, die eine große Ähnlichkeit zu den Arbeiten Levitts aufweisen (Abb. 10). Das Motiv des offenen Wasserhydranten, in dessen Strahl sich Kinder vergnügen, ist auch in Levitts Foto- und Filmaufnahmen ein wiederkehrendes Sujet (Vgl. Abb. 75 und 76). Hier ist das alltägliche Leben auf der Straße so beschrieben wie in dem Moment vorgefunden: unspektakulär und spontan. Somit wird ein anderes Bild der Stadt wiedergegeben als die idealtypischen Großstadtvisionen der vorangegangenen Jahre.

In den 1930er Jahren wurde Fotografie eine Form von Beschreibung und als visuelles Gegenstück zum Text gesehen. Auf diese neue Buchform, dem sogenannten Fotobuch, möchte ich im folgenden näher eingehen. Dabei berücksichtige ich zunächst auch den Zeitschriftenmarkt, der in diesen Jahren ebenfalls explodierte und gehe abschließend auf die fotografische Sammlung des Museum of Modern Art in New York ein, die dem Medium der Fotografie schon früh eine besondere Wertschätzung entgegenbrachte. Bezüge zu den Arbeiten Levitts gibt es in allen drei Bereichen, da sie in einigen Magazinen veröffentlicht wurden, Levitt ihr eigenes Fotobuch herausgegeben hat und ihr 1943 eine erste große Einzelausstellung im Museum of Modern Art ermöglicht wurde.

---

216 Vgl. Mißelbeck 2002, S. 247 sowie auch Weegees New York, Photographien 1935–1960, München 1996 und den Ausstellungskatalog Salzburg, Rupertinum 1999: Weegee's Story. From the Berinson Collection. Hg. von M. Zuckriegl.

2.4. Zeitschriften und Fotobücher

Die Bildberichterstattung über wichtige politische und gesellschaftliche Ereignisse, aber auch über fremde Länder und Kulturen setzte bereits um 1850 ein und breitete sich mehr und mehr aus. 1880 wurde die erste Fotografie auf dem Cover des *New York Daily Graphic* publiziert.[217] Fotografie diente gegen Ende des 19. Jahrhunderts nicht mehr nur der Illustration von Texten, sondern entwickelte sich zu einem eigenständigen Medium, das nur noch von Bildlegenden begleitet wurde. Gleichzeitig gab es immer wieder Bestrebungen, die Verteilung an ein breites Publikum zu vereinfachen. Am Ende des 19. Jahrhunderts erschienen in der Presse zunehmend Fotos anstelle der nach diesen angefertigten Stiche.[218] Anfangs waren die Ergebnisse der Reproduktionen jedoch unzulänglich, so dass erst am Anfang der 1920er Jahre die fotomechanische Reproduktion überwog.[219] Das Massenpublikum war damit erreicht und viele Fotografen begannen nun, ihre Arbeiten fast nur noch für gedruckte Seiten zu machen, womit sich der Fotojournalismus etablierte.

In den USA entwickelte 1936 die Zeitschrift *Life* einen bestimmten Typus der Illustrierten, die Wert auf spontane Berichterstattung legte. Auch die Leser des ebenfalls wöchentlich erscheinenden Magazins *Look* fühlten sich vor allem von der neuen Präsentationsform für Nachrichten angesprochen, bei der die Fotografien mehr Platz als der Text einnahmen.[220] Parallel dazu stieg die Zahl der Nachrichtenmagazine seit Mitte der 1920er Jahre sprunghaft an.[221]

Ermöglicht wurde diese journalistische Arbeit durch schnellere, handliche Kameramodelle mit lichtstarken Objektiven, wie Ermanox, Rolleiflex und vor allem Leica. Auf diese technischen Möglichkeiten, die auch eine schnellere, schnappschussartige Fotografie ermöglichten, komme ich in Kapitel 3.1. noch einmal ausführlich zurück.

Der Fotojournalismus und somit das Pressewesen entwickelte sich parallel mit dem Aufschwung der Werbung. Beide Branchen expandierten unter denselben wirtschaftlichen Rahmenbedingungen und entzogen sich

217 Mißelbeck 2002, S. 260.

218 Vgl. auch Sylvie Aubenas, Fotografie und Druckgrafik. Vervielfältigung und Beständigkeit des Bildes, in: Frizot 1998, S. 225–231, hier spez. S. 231.

219 Vgl. auch Phillips 1991, S. 23–25 sowie Thomas Michael Gunther, Die Verbreitung der Fotografie. Presse, Werbung und Verlagswesen, in: Frizot 1998, S. 555–580.

220 Gunther 1998, S. 567–570.

221 Ebd., S. 567.

allmählich der bis dahin vorherrschenden Dominanz des Textes. Die Fotografie avancierte somit zum entscheidenden Medium und gleichzeitig erfolgte ihre Anerkennung als künstlerisches Ausdrucksmittel.

Beschreibende Literatur in Verbindung mit Illustrationen (Malerei und Fotografie) ist auch ein Hauptmerkmal des Magazins *Fortune*, das in den frühen 1930er Jahren visuell sehr einflussreich und sozial sowie politisch informativ war. Gegründet 1930 von Henry Luce als erstes seiner Bildmagazine, zählten zu den frühen Autoren unter anderen die Schriftsteller Archibald McLeish, Robert Fitzgerald, James Agee und Hart Crane und zu den Fotografen Charles Sheeler, Magaret Bourke-White, Ralph Steiner (1899–1986) und Walker Evans.[222]

Das Magazin *Fortune* hat eine Fotografie von Helen Levitt in der Ausgabe über die Stadt New York von 1939 abgebildet (Abb. 11). Weitere Aufnahmen wurden danach in *Cue* und *Time* veröffentlicht.[223]

Levitts Arbeiten wurden auch in Fotomagazinen wie *U.S. Camera* und *Minicam* präsentiert, beides Publikationen, die eher an ein fotografie-interessiertes Fachpublikum adressiert waren. *U.S. Camera*, 1936 gegründet, erschien einmal jährlich und baute auf die europäischen Versionen *Photographie* und *Das Deutsche Lichtbild* auf.[224] 1943 wurde eine Aufnahme Levitts in *U.S. Camera* reproduziert und ausführlich von Edna R. Bennett diskutiert.[225] In *Minicam* wurden auch Fotoarbeiten von Lisette Model, László Moholy-Nagy (1895–1946) und Brassaï (1899–1984) abgedruckt. Von Levitt wurden mehrere Sequenzen sowie ein Artikel von James Thrall Soby publiziert, der einen Vergleich zu den Arbeiten von Henri Cartier-Bresson herstellt (Abb. 12).[226]

Auch Modemagazine wie *Harper's Bazaar* bildeten Fotografien von Levitt ab ebenso wie *PM's Weekly*, das Sonntagsmagazin der täglich erscheinenden *PM* Zeitung (Abb. 13).[227]

---

222 Phillips 1991, S. 23.

223 Vgl. auch Baatz 2003, S. 209.

224 Phillips 1991, S. 24.

225 Edna R. Bennett, Helen Levitt's Photographs: Children of New York and Mexico, in: U.S. Camera Magazine 6:4, Mai 1943, S. 14–17.

226 James Thrall Soby, The Art of Poetic Accident: The Photographs of Cartier-Bresson and Helen Levitt, in: Minicam Photography 6:7, März 1943, S. 28–31, 95. In diesem Zusammenhang siehe auch den Artikel von Nancy Newhall, Helen Levitt's Photographs of Children, in: The Bulletin of the Museum of Modern Art 10:7, April 1943, S. 8.

227 Siehe *PM's Weekly*, 11.8.1940, S. 40 und *Harper's Bazaar*, September 1943, S. 32.

Nicht nur Fotografien und Zeitschriften stehen in einer engen medialen Verbindung miteinander, auch die Abbildung in Büchern erlebte in den 1930er Jahren einen Aufschwung. Das zunächst immer kleinformatige fotografische Bild eignete sich dabei besonders für die Betrachtung in einem Buch, das man mit sich tragen und worin man ungestört blättern kann.[228]

In den Fotobildbänden lässt sich feststellen, dass die Abbildung für sich alleine steht und der Text nur noch erläuternd eingesetzt wird.[229]

Bereits in den 1920er Jahren entstand mit dem Fotobuch eine neue Präsentationsform, durch die sich auch die Arbeitsweise der Fotografen veränderte. Es ging nicht mehr um eine motivische Zusammenstellung von einzelnen Bildern verschiedener Fotografen in Verbindung mit einem Text, sondern um die rein fotografische Erschließung eines Themas. Der Fotograf wird somit zum Autor eines Buches. Die Gestaltung dessen setzt dabei immer eine konzeptuelle Orientierung voraus. Eingebrachte Bildserien und Sequenzen wurden über die Seitenfolgen gedruckt. Erreicht wurde eine Einbeziehung des Betrachters in das Geschehen, wodurch seine visuelle Wahrnehmung geschärft wurde. Detailgenauigkeit und technische Präzision der fotografischen Aufnahme traten als Merkmale deutlich hervor.

In den 1930er Jahren wurde Fotografie somit eine Form von Beschreibung, die als visuelles Gegenstück zur geschriebenen Information gesehen werden kann. Eine Fotoserie, die in einer bestimmten Reihenfolge auf den Seiten eines Buches präsentiert wird, kann auf diese Weise mehr vermitteln als die einzelne Fotografie an sich.

---

228 Hierzu siehe auch das Kapitel von Almut Klingbeil, Vom illustrierten Buch zum Fotobuch: Bildserie und -sequenz an Stelle von Einzelbild und Text, in: dies., Die Bilder wechseln. Meereslandschaften in deutschen Fotobüchern der 20er bis 40er Jahre, Diss. Hamburg 2000, S. 13–82.

229 Zum Fotobuch allgemein siehe auch Andrew Roth (Hg.), The Book of 101 Books. Seminal Photographic Books of the Twentieth Century, New York 2001 mit einer repräsentativen Auswahl von Fotobüchern und deren Abbildungen. Russische und amerikanische Fotobücher hat auch Leah Bendavid-Val gegenübergestellt, in: dies., Photographie und Propaganda. Die 1930er Jahre in den USA und der UdSSR, Washington D.C. 1999.

Das fotografisch illustrierte Buch kann dabei populär und kommerziell erfolgreich sein wie *You Have Seen Their Faces*[230] 1937 von Margaret Bourke-White und Erskine Caldwell, ihrem Ehemann (Abb. 14a+b).

Wie in den meisten Fotobüchern aus dieser Periode ist der Schwerpunkt nicht auf städtische Szenen, sondern auf das ländliche Amerika gelegt. So etwa auch in *American Photographs*[231], das 1938 anlässlich einer Ausstellung von Walker Evans vom Museum of Modern Art herausgegeben wurde (Abb. 15).

In *Let Us Now Praise Famous Men*[232], einem Fotobuch über drei Südstaaten-Familien (Abb. 16a+b), das Evans 1941 zusammen mit James Agee publiziert hat, fehlen erklärenden Bildunterschriften ganz. Foto und Text sind gleichrangig nebeneinander angeordnet und nicht aufeinander angewiesen. Hierfür reisten Evans und Agee 1936 nach Hale County, um für *Fortune* einen Bericht über weiße Farmpächter zu verfassen. Nachdem Agee und Evans ihr Projekt abgeschlossen hatten, verweigerte *Fortune* jedoch die Veröffentlichung. Zu Lebzeiten Agees fand das Buch kaum Resonanz, da nur etwa 600 Stück verkauft wurden.[233] Heute jedoch wird es als ein wichtiges Fotobuch seiner Zeit beurteilt.[234]

---

230 Margaret Bourke-White und Erskine Caldwell, You have seen their faces, Reprint Athen 1995 (New York 1937). Mit einem Vorwort von Alan Trachtenberg. Siehe auch Roth (Hg.) 2001, S. 94–95.

231 Ausstellungskatalog New York, Museum of Modern Art 1975 (1938): Walker Evans – American Photographs. Mit einem Essay von Lincoln Kirstein.

232 Walker Evans und James Agee, Let Us Now Praise Famous Men. Three tenant families, Boston 1941. Siehe auch Roth (Hg.) 2001, S. 108, 109 sowie allgemein zu den typischen amerikanischen Fotobüchern Phillips 1991, S. 22.

233 Siehe Phillips 1991, S. 22. Inzwischen weisen die vielen Ausgaben, in denen das Buch erschienen ist, neben dem Text zwischen 16 und 62 Fotos von Evans auf. Vgl. auch Rosler 1999, S. 146.

234 Mittlerweile gibt es auch negative Kritik an diesem Buch, beispielsweise von Howell Raines, Let Us Now Praise Famous Folk, in: New York Times Magazine, 25. Mai 1980, S. 31–46. Raines geht davon aus, dass Evans und Agees Unternehmung vollkommen sinnlos war, und bezichtigt sie der Taktlosigkeit, sich in die Angelegenheiten fremder Leute zu mischen. Ähnlich kritisch sind auch Scott Osbournes Artikel A Walker Evans Heroine Remembers, in: American Photographer, September 1979, S. 70–73 sowie die Sensationsgeschichten zu Florence Thompson, bekannt geworden als Migrant Mother von Dorothea Lange (siehe Kapitel 3.2.). Siehe hierzu auch Rosler 1999, S. 146.

Im Gegensatz zu dieser strengen Buchgestaltung stellt Dorothea Lange mit ihrem Ehemann Paul Schuster Taylor 1939 in *An American Exodus: A Record of Human Erosion*[235] eine enge Beziehung zwischen Bild und Wort her (Abb. 17a+b). Die Fotografien sind zusammen mit Auszügen aus Gesprächen abgedruckt.

Wie bereits erwähnt stellen die meisten Fotobücher einen Ausschnitt der ländlichen amerikanischen Bevölkerung dar. Helen Levitts Fotobuch *A Way of Seeing*, dessen Publikation ursprünglich für die 1940er Jahre vorgesehen war, fokussiert dagegen den Alltag in der Stadt. In Helen Levitts Umkreis war Bildberichtserstattung nicht nur in den bereits erwähnten Magazinen populär, sondern auch in den Ausgaben der *Work Projects Administration* (WPA). Diverse städtische Aspekte, einschließlich des verschiedenen Lebens auf den Straßen, wurden auch in den WPA-Führern berücksichtigt, von denen die Stadt New York zwei produzierte.[236] Viele dieser Aufnahmen thematisieren ähnlich wie Levitt die urbane Gesellschaft, beispielsweise das Spiel der Kinder auf den Straßen wie etwa Clifford Sutcliffe (Abb. 18).

In all diesen und ähnlichen Veröffentlichungen fällt auf, wie Fotografien immer unabhängiger werden. Aber nicht nur Magazine und Fotobildbände, auch Institutionen und Sammlungen erfahren eine Förderung des Mediums Fotografie.

2.4.1. Fotografiesammlungen

In den 1920er und 1930er Jahren entdeckten zahlreiche Institutionen, besonders in und um New York, einen neuen Fotografiemarkt.[237] So erwarb beispielweise die Eastman Kodak Company 1938 die Kollektion von Gabriel Cromer, dem bis dahin größten privaten Sammler historischer Fotografien. Diese Errungenschaft bildete den Grundstein für das George Eastman House, welches 1947 in Rochester, New York gegründet und zwei Jahre später der Öffentlichkeit zugänglich gemacht wurde.[238]

---

235 Dorothea Lange und Paul Schuster Taylor, An American Exodus – A Record of Human Erosion, New York 1975 (1939). Siehe auch Roth (Hg.) 2001, S. 102–103.

236 Phillips 1991, S. 22.

237 Allgemein hierzu siehe auch Gail Stavitsky, Museen und Sammler, in: Ausstellungskatalog Berlin 1993, S. 163–170 sowie Mary Lublin, Amerikanische Galerien im 20. Jahrhundert: Von Stieglitz bis Castelli, in: ebd., S. 171–178.

238 Siehe auch: Marianne Fulton, Die Sammlungen im George Eastman House, in: Therese Mulligan und David Wooters (Hg.), Geschichte der Photographie 1839 bis heute, George Eastman House, Rochester/New York, Köln 2000, S. 8–10.

Auch das Brooklyn Museum in New York verpflichtete sich, Fotografien zu erwerben und besaß 1940 innerhalb von zwei Jahren über 400 Abzüge. Das Museum of the City of New York zeigte ebenfalls Fotografien und sogar das Museum of Natural History in New York präsentierte Foto-Ausstellungen.[239]

Das Metropolitan Museum of Art in New York baute die Fotografiesammlung in den 1940er Jahren weiter aus und konnte durch Schenkungen zeitgenössische Arbeiten von Paul Strand, Georges Platt Lynes, und Clarence John Laughlin neben Fotografien aus dem 19. Jahrhundert von David Octavius Hill, Robert Adamson, Julia Margaret Cameron, Peter Henry Emerson und Thomas Eakins erwerben.[240] Das Archiv war Teil der Grafischen Abteilung, die in diesen Jahren von William M. Ivins, Jr. und A. Hyatt Mayor geführt wurde.[241]

Ebenso verlegten sich Galerien zunehmend auf Fotografie. Die wichtigste Galerie, die sich ausschließlich der Fotografie widmete, war die Julien Levy Galerie in New York, die 1931 gegründet wurde.[242] Hier wurden frühe amerikanische Daguerreotypien neben zeitgenössischen Arbeiten aus Europa und Amerika ausgestellt. Auch an anderen Orten wurden Fotografien gezeigt, hier sei nur am Rande auf die New York Public Library verwiesen, die eine eigene Fotografiesammlung besitzt.[243]

In dieser Ära einer neuen Wertschätzung erhielt die Fotografie auch eine besondere Unterstützung durch die John Simon Guggenheim Memorial Foundation. 1937 wurde das erste Stipendium in Höhe von 2,500 US-Dollar im Bereich der Fotografie an Edward Weston für sein Projekt *California and the West* vergeben. Walker Evans war der zweite Fotograf, dem diese Ehre zuteil wurde. Zur ersten Dekade von Guggenheim Stipendiaten gehörten vor Helen Levitt (1959 und 1960) Dorothea Lange (1941), Eliot Porter (1941), Wright Morris (1942), Jack Delano (1945), Brett Weston (1945), Ansel Adams (1946), G. E. Kidder

239 Siehe auch Phillips 1991, S. 27.

240 Siehe Malcolm Daniel, Photography at the Metropolitan: William M. Ivins und A. Hyatt Mayor, in: History of Photography 21, 1997, S. 114–115.

241 Das Whitney Museum of American Art in New York wurde zwar bereits ebenfalls 1931 gegründet, hat allerdings erst spät, in den 1970er Jahren, Fotografien gesammelt und präsentiert. Vgl. Sylvia Wolf in ihrer Einleitung zu: Ausstellungskatalog New York, Whitney Museum of American Art 2002: Visions from America. Photographs from the Whitney Museum of American Art 1940–2001, München u.a., S. 15. Mit einem Essay von Andy Grundberg.

242 Levy 1977.

243 Zu dem Bestand gehören auch 21 Fotografien von Helen Levitt, die im Bestand der Photography Collection der New York Public Library einsehbar sind.

Smith (1946), Wayne Miller (1946) und Beaumont Newhall (1947).[244] Diese Preise waren hoch angesehen und auch bei späteren Generationen sehr begehrt.

Eine besonders frühe Wertschätzung hat jedoch das Department of Photography des Museums of Modern Art in New York dem Medium der Fotografie entgegengebracht, auf das ich an dieser Stelle ausführlicher eingehen möchte.

2.4.1.1. Das Department of Photography des MoMA

Schon vor der Eröffnung des MoMA 1929 fand die Fotografie in den USA eine breite Anerkennung. Die ersten Fotografieausstellungen des Museums gingen auf die Initiative von Lincoln Kirstein zurück.[245] Dieser hatte zusammen mit Julien Levy 1932 mit *Murals by American Painters and Photographers* die erste Ausstellung arrangiert, bei der Fotografien im Mittelpunkt standen.

Beaumont Newhalls Ausstellung *Photography 1839–1937* im Jahr 1937 wird gewöhnlich als entscheidender Schritt auf dem Weg zur Anerkennung der Fotografie im Museum gesehen.[246]

Das MoMA gehörte zu den ersten großen Institutionen, die ein Department of Photography einrichteten, an dem Newhall 1940 zum Fotografiekurator ernannt wurde (der ersten derartigen Museumsstelle überhaupt).[247] Newhall erstellte einen Kanon von ausgesuchten Fotografen und schrieb die Fotografie in das traditionelle Vokabular der bildenden Künste ein.[248] Mit Hilfe seines Fotografen-Freundes Ansel Adams

---

244 Siehe auch den Artikel von Arthur J. Busch, Fellowships for Photographers, in: Popular Photography 12, Februar 1943, S. 22–23, 82–83.

245 Einen ausführlichen Überblick der einzelnen Kuratoren und ihrer Leistungen findet sich bei Christopher Phillips, The Judgement Seat of Photography, in: Richard Bolton (Hg.), The Contest of Meaning: Critical Histories of Photography, Massachusetts 1990, S. 15–47, ursprünglich abgedruckt in: October, Nr. 22, Herbst 1982, S. 27–63; auf deutsch erschienen als: Der Richterstuhl der Fotografie, in: Wolf 2002, S. 291–333, hier speziell S. 295.

246 Ebd., S. 297, 298

247 Ebd., S. 301, 302.

248 Dieses wird auch an Newhalls Essay *Photography. A short critical history* deutlich, der 1949 die Grundlage für seine *History of Photography* bildet, die seit der 5. Auflage in der Übersetzung von Reinhard Kaiser auch auf deutsch vorliegt: siehe Newhall 1998. Newhalls narrative Strategie innerhalb der Geschichtsschreibung wird allerdings immer wieder problematisiert.

organisierte Newhall zur Eröffnung der neuen Abteilung die Ausstellung *60 Photographs. A survey of Camera Esthetics*.[249]

Die Fotografieabteilung des MoMA hat zwischen 1940 und 1947 nahezu 30 Ausstellungen organisiert.[250] Dazu gehören historische Bestandsaufnahmen wie *French Photographs – Daguerre to Atget*, 1945, Retrospektiven einzelner Fotografen wie *Paul Strand*, 1945 oder *Edward Weston*, 1946 sowie die Förderung jüngerer Fotografen. Hierzu zählten 1943 die Ausstellungen *Helen Levitt* (Abb. 19) und *Eliott Porter* sowie 1947 *Henri Cartier-Bresson*.[251]

Die Fotografien wurden auf dieselbe Art und Weise präsentiert wie Druckgrafiken und Zeichnungen: mit Passepartouts versehen, hinter Glas gerahmt und in Augenhöhe an die Wand gehängt, womit sie genau die gleiche Wertschätzung erhalten haben wie die Objekte, die man bewundern und an denen man sich erbauen sollte.

Trotz dieser kuratorischen Neuerungen, die inzwischen zum Museumsstandard geworden sind, darunter auch die Einrichtung einer permanenten Sammlung von Originalabzügen oder die einer Bibliothek, und der Einschätzung der Fotografie als integralem Bestandteil innerhalb der Kunstgeschichte, wurde 1947 Edward Steichen als Leiter der Fotografieabteilung ernannt.[252] Scheinbar hatte es Newhalls Ausstellungsprogramm nicht geschafft, die Fotografie aus ihrer marginalen Rolle herauszuholen und ein breites Publikum anzuziehen. Mit den groß angelegten Installationsausstellungen von Steichen hoffte man, dieses zu ändern.[253]

---

249 Die nötige finanzielle Unterstützung geht auch auf David Hunter McAlpin zurück, einem mit der Rockefeller-Familie verwandten vermögenden Börsenmakler und Fotografiesammler. Vgl. auch Phillips 2002, S. 303.

250 Ebd., S. 306.

251 Ebd.

252 Steichen war bis 1962 Leiter, danach folgte bis 1991 John Szarkowski. Hierzu siehe auch Abigail Solomon-Godeau, Tunnelblick, in: Wolf 2002, S. 334–345.

253 Zu diesen Ausstellungen gehört beispielsweise auch *The Family of Men* von 1955, der man etwa durch frei stehende Vergrößerungen von Dokumentarfotos, Änderung der Bildausschnitte und -unterschriften Manipulation vorgeworfen hat. Vgl. auch Phillips 2002, S. 311–317.

3. Konstruktion von Wirklichkeit: Dokumentarismus, Sozialer Realismus oder eine surreale Transformation des Dokumentarischen?

Nachdem das 2. Kapitel den Entstehungskontext für die Bilder Levitts rekonstruiert und die Fotodiskurse sowie die Darstellungen der Stadt New York zu Beginn des 20. Jahrhunderts thematisiert hat, gehe ich im folgenden näher darauf ein, wie Wirklichkeiten in Fotografien konstruiert werden. Dabei geht es darum, die Arbeiten Levitts einem dokumentarischen Stil zu zuordnen und der Frage nachzugehen, inwieweit dieser eine surreale Transformation des Dokumentarischen darstellt.

Im folgenden beziehe ich mich in erster Linie auf die Ausführungen zur Dokumenta-Fotografie von Martha Rosler und Abigail Solomon-Godeau sowie auf die Untersuchungen des Verhältnisses von Fotografie und Surrealismus von Andy Grundberg und Rosalind E. Krauss.[254]

Die Fotografien Helen Levitts zeichnen sich durch eine Art des Dokumentarismus aus, dessen Kennzeichen eine genaue Beobachtung sowie eine scheinbar detailgetreue Wiedergabe der vorgefunden Situation sind. Zusätzlich enthält jedes Motiv Aspekte des Alltäglichen, da diese nicht vollständig aus ihrem Kontext herausgelöst sind.[255] Dabei ist für Levitt nicht das Dokument im wissenschaftlichen Sinn von Interesse, sondern wie sich ihre subjektive Sicht im Dokumentarischen ausdrückt. Der Betrachter hat einen Anteil an der Analyse der Wirklichkeit und wird zu einer individuellen Deutung herausgefordert.

Levitts Bilder stellen oftmals einen Ausschnitt us-amerikanischer Randgesellschaften dar, indem die Modelle in ihrer sozialen und privaten Sphäre beobachtet sind: in der U-Bahn und vor allem auf der Straße. Dabei geht es nicht um die Weckung eines sozialen Gewissens wie bei vielen FSA-Fotografen, worauf ich in Kapitel 3.3. noch ausführlicher eingehen werde, und die in Abgrenzung zu den Arbeiten Levitts als sozialkritisch bezeichnet werden können.

Der dokumentarischer Wert von Fotografien zeichnet sich zunächst durch einen nicht-manipulierten Zugriff auf die ungestellte Realität aus. Helen Levitt benutzt dafür eine Kleinbildkamera, die ihr erlaubt, auf vorgefundene Situationen schnell und spontan zu reagieren. Mit Hilfe einer Leica, an der ein Rechtwinkelprisma montiert ist, entstehen

---

254 Rosler 1999, S. 105–148; Solomon-Godeau 1997, S. 169–183; Grundberg, 1999b, S. 123–133; Krauss, 2000, S. 129–162.

255 Vgl. Walter Grasskamp, Ohne Worte. Zur Ästhetik der Dokumentarfotografie, in: Kunstforum International, Bd. 41, 1980, S. 14–31, hier S. 23.

unvermittelte, auf der Straße komponierte Situationen. Dieses Verfahren ähnelt der fotografischen Schnappschuss-Ästhetik. In seltenen Fällen sind die Abzüge später angeschnitten, um so die beabsichtigte Aussage zu unterstützen. Darüber hinaus schaffen die Wahl des Motivs und des Standortes sowie weitere entscheidende Faktoren eine individuelle Erkennbarkeit des künstlerischen Vorgehens.

Die Bilder wirken auf den Betrachter scheinbar vertraut, obwohl ihm die vorgestellten Personen fremd sind. Levitt betont in ihren Arbeiten eine fotografische Realität, die zwar authentisch erscheint, da sie sich an dokumentarische Prinzipien der Fotografie hält, die aber von einem individuellen Bewusstsein erarbeitet wurden. Diese persönliche Sichtweise ist dabei von surrealen Momenten geprägt, wie später im einzelnen dargelegt wird. Dabei konturiert die Subjektivität die Wirklichkeit und führt im Idealfall zu einer nachhaltigen Wirklichkeitsvision.

Die so entstandenen Einzelbilder wirken wie Abbilder der sichtbaren Welt. Dass das fotografische Abbild Wirklichkeit reproduziere, ist mittlerweile eine überholte Auffassung. Heute stellt das fotografische Bild eine Ansammlung von Zeichen dar, die über sich selbst hinausweisen.[256] Die Wiedererkennbarkeit durch Klarheit, Präzision und Lesbarkeit garantiert scheinbar Erfolg. So kristallisiert sich ein eigener Stil in den Fotografien heraus, den Walker Evans bereits 1971 als ‚dokumentarischen Stil' umschrieben hat.[257]

Der Authentizitätscharakter, der scheinbar jeder Fotografie eigen ist, verleiht ihr einen vermeintlichen Wert als Urkunde oder Beweisstück.[258] Somit wird der Fotografie immer wieder eine Verbindung zur Realität unterstellt, die auf dem technischen Charakter ihrer Herstellung gründet.[259] Im Gegensatz zu Pinsel, Farbe und Leinwand garantiert das optisch-chemische Zusammenspiel von Kamera, Licht und Film eine

---

256 Klaus Honnef, Das subjektive Moment in der Dokumentar-Fotografie. Materialien und Gedanken zu einer neuen Ansicht über Fotografie, in: Kunstforum International, Bd. 41, 1980, S. 210–229, hier S. 214.

257 Siehe auch Ausstellungskatalog Hannover, Sprengel Museum 2000: How you look at it. Fotografien des 20. Jahrhunderts. Hg. von Thomas Weski und Heinz Liesbrock, Köln 2000, S. 29.

258 Im Rahmen von Kontrolltechniken, polizeilicher Aufzeichnung oder Überwachung kann die Dokumentarfotografie als Beweisstück gesehen werden. Siehe hierzu auch Allan Sekula, The Body in the Archive, in: October, Nr. 39, Winter 1987, S. 3–64.

259 Zum Verhältnis von Wirklichkeit und Realität in der Fotografie siehe auch Andreas Haus, Fotografie und Wirklichkeit (1982), in: Hubertus von Amelunxen (Hg.), Theorie der Fotografie IV 1980–1995, München 2000, S. 89–93.

vermeintlich objektive Darstellung der gezeigten Gegenstände. Grundsätzlich definiert sich ‚Dokument' folgendermaßen:

> „Originales oder amtliches Schriftstück, das als Grundlage, Beweis oder Beleg dient – im weitesten Sinne auch alles Schriftliche, etwa Bücher und sonstige Informationsträger."[260]

So lässt sich jede Fotografie, sofern sie zu einem bestimmten Thema Informationen enthält, als Dokument betrachten.[261] Solomon-Godeau stellt den Dokumentarfotografen folgendermaßen dar:

> „What is a documentary photograph? With equal justice one might respond by saying 'just about everything' or alternatively, 'just about nothing'."[262]

Martha Rosler zufolge beinhaltet Dokumentarfotografie zwei Momente:

> „[...] zum einen ein ‚unmittelbares', instrumentelles Moment, welches das Bild aus dem aktuellen Zeitstrom heraus trennt und als Zeugnis oder Beweis, durchaus im juristischen Sinn des Wortes, lesbar werden läßt. Und zum anderen das konventionelle ‚ästhetisch-historische' Moment dessen Grenzen weniger greifbar scheinen."[263]

Auch Timm Starl entdeckt im Dokumentarischen ein historisches Moment darin, „[...] dass sie auf etwas verweist, das gewesen ist."[264] Mit diesem Bezug zur Vergangenheit erhält das Foto wie auch das schriftliche Dokument, den Charakter einer Urkunde. Der Terminus ‚dokumentarische Fotografie' ist daher eigentlich doppelt benutzt und eher ungenau, da die Fotografie an sich bereits als Dokument gewertet werden kann. Allerdings hat sich dieser Begriff in Deutschland – von den USA ausgehend – seit den

---

260 Der Duden, Fremdwörterbuch, Bd. 5, hg. vom Wissenschaftlichen Rat der Dudenredaktion, Mannheim u.a. 1997, S. 202.

261 Allgemein hierzu siehe auch Andy Grundberg, The Machine and the Garden. Photography, Technology, and the end of innocent space, in: ders., Crisis of the real. Writings on Photography since 1974, New York 1999, S. 50–65 und Rosler 1999, S. 105–148.

262 Solomon-Godeau 1997, S. 169.

263 Rosler 1999, S. 121.

264 Timm Starl, Dokumentarische Fotografie, in: Butin 2002, S. 73–77, hier S. 73.

1960er Jahren immer mehr durchgesetzt, wobei die Verwendung und der Gebrauch des Attributs ‚dokumentarisch' immer wieder wechselten.[265]
Bis zum Ende des 19. Jahrhunderts wurde – allerdings ohne den Begriff dafür als Stil zu verwenden – jede Fotografie als dokumentarische angesehen. Als unverfälschtes Beweisstück hat sie bereits Fotografen des 19. Jahrhunderts beschäftigt und ist nach Erika Billeter mindestens seit 1890 als „[...] authentischer Beleg von Armut und Elend [...]" verstanden worden.[266] Um die Jahrhundertwende hatte Dokumentarfotografie einen sozialen Aspekt, wollte um Mitgefühl für die unteren Schichten werben und sich somit engagieren. Wie Billeter feststellt, ist innerhalb der dokumentarischen Fotografie der „[...] Mensch [...] wesentlicher Bestandteil ihrer Aussage."[267]

Erste Ansätze zu einer Differenzierung traten erst auf, als Vertreter der piktorialistischen Fotografie diese als Kunstrichtung propagierten.[268] Verwendet wurde der Begriff ‚documentary' erst in den 1920er Jahren.[269] Auf die Fotografie bezogen wurden damit in den 1930er Jahren allgemein die Arbeiten der FSA umschrieben.[270]

Das Realismusproblem, das die fotografischen Diskurse der 1930er und 1940er Jahre beherrschte, wurde in den folgenden Jahren immer wieder reformuliert. Der Aspekt der Wirklichkeitshaltigkeit der Fotografie ist somit ständig erneut ins Zentrum der Aufmerksamkeit gerückt worden. Der Schwerpunkt innerhalb dieser Realismusdebatte hat sich allerdings verschoben. Ging es anfänglich um die Ähnlichkeit und Genauigkeit der

---

265 Vgl. Starl in: ebd., S. 73. Weiterführend zur Dokumentarfotografie siehe auch: Matz 2000, S. 94–105; Allan Sekula, Den Modernismus abbauen, die Dokumentarfotografie neu bestimmen. Bemerkungen zur Politik der Darstellung (1979), in: Fotokritik, Nr. 9, März 1984 sowie Rosler 1999.

266 Erika Billeter, in: Ausstellungskatalog Hannover 1980, Kestner-Gesellschaft: 1920 – Amerika Fotografie – 1940. Zwischen Hollywood und Harlem, S. 137.

267 Ebd.

268 Zum Piktorialismus vgl. auch Kap. 2.3., S. 64ff.

269 Bereits 1926 hat John Grierson das Wort ‚documentary' in einer Beschreibung des Films *Moana* von Robert Flaherty benutzt: „[...] being a visual account of events in the daily life of a Polynesian youth, has documentary value." Zit. nach William Stott, Documentary Expression and Thirties America, Chicago und London 1986 (New York 1973), S. 9; Vgl. auch Solomon-Godeau 1997, S. 169 sowie Starl 2002, S. 74.

270 Siehe auch Robert J. Doherty, der behauptet, das das Wort ‚dokumentarisch' in der Fotografie seit der Mitte der 1930er Jahre und damals ausschließlich auf die Arbeiten der Farm Security Administration angewendet wurde. In: Ders., Sozialdokumentarische Photographie in den USA, Luzern 1974, S. 9.

Abbildung, wurde später die Referenz diskutiert. Der Begriff des Zeichens bzw. der Spur etwa bestimmt in der zweiten Hälfte des 20. Jahrhunderts den fotografischen Diskurs.[271]

Roland Barthes hat in seinen semiotischen Schriften darauf hingewiesen, dass die Fotografie sich durch eine doppelte Botschaft auszeichne: eine denotierte und eine konnotierte, die von der Gesellschaft einer Zeit bestimmt werden.

Barthes unterscheidet zwei Elemente, die eine Fotografie strukturieren: das Feld des ‚studium', eine Art allgemeiner Beteiligung und kulturellen Interesses sowie die Ebene des ‚punctum', die im codierten Bereich des fotografischen Wissens angeordnet ist und als eine Art Stigma, das tief berührt, betrachtet werden kann.[272]

Dieser Diskurs der Referenz, der sich mit dem Realismus des Mediums auseinandersetzt, wird bei Philippe Dubois fortgeführt.[273] Bei Dubois und anderen neueren Positionen tritt immer wieder das Verhältnis zwischen Realismus und künstlerischer Gestaltung auf. Die Beziehung des Mediums zur Wirklichkeit ebenso wie seine raum-zeitliche Struktur werden in eine Theorie des fotografischen Akts überführt. Dieser schließt nicht nur die Geste des Auslösens sondern auch den Akt der Rezeption mit ein.[274]

Ähnlich wie bereits in den Arbeiten Levitts eine persönliche, subjektivierte Sicht erkennbar ist, gibt es in den 1960er Jahren eine Art des ‚privaten Dokumentarismus'. Die persönliche Sicht auf die Welt wird durch eine subjektive Haltung betont. Bevorzugt sind immer noch Mittelformat- und vor allem die Kleinbildkamera, um spontan reagieren zu können. Die Authentizität der Fotografie wurde dabei als ein Konstrukt begriffen und in scheinbaren Schnappschüssen das direkte Umfeld der Fotografen abgebildet. Die Bildsprache der Aufnahmen, die eindeutig keine Schnappschüsse sind, liegt nach Thomas Weski „[...] in der Konstruktion von Vertrautheit mit den Mitteln der Erinnerungsfotografie [...]."[275]

Die Farbe und die scheinbar banalen Motive betonen die sozialen Situationen, die etwa William Eggleston mit seinen Aufnahmen analysiert. Die Umsetzung des Alltags der amerikanischen Mittelschicht macht die Bilder zu visuellen Metaphern für die Entfremdung der Welt. Die

---

271 Busch 2001, S. 519.

272 Barthes 1985, spez. S. 33–37; Vgl. auch Busch 2001, S. 532, 533.

273 Dubois 1998.

274 Busch 2001, S. 534.

275 Thomas Weski, Gegen Kratzen und Kritzeln auf der Platte, in: Ausstellungskatalog Hannover 2000, S. 32.

Hinwendung zum Alltag, zum vermeintlich Banalen sowie zu den gesellschaftlichen Außenseitern sind dabei dominante Themen im Bereich der Fotografie, die die Subjektivierung des Autors fordern. Diese Motive lassen sich am ehesten auf der Straße finden. Dabei sind die Aufnahmen zum Teil von der spontanen Situation bestimmt, zum Teil aber auch inszeniert und komplett ausgeleuchtet.

So sind Bilder von Straßen in Großstädten aber auch von ländlichen Gegenden der USA entstanden, die als ‚social landscapes' bezeichnet werden – sozusagen eine reformierte Weiterführung der sozialen Dokumentation von Hine bzw. auch der FSA-Fotografen. Grundberg stellt die Arbeiten Levitts in eine Linie mit denen von Louis Faurer, Sid Grossman oder auch Saul Leiter. Alles Fotografen, die noch vor Robert Frank ihre Motive auf der Straße gefunden haben und als Vorläufer der folgenden Generation gesehen werden können.[276] Ende der 1960er Jahre hatten Diane Arbus, Lee Friedlander und Garry Winogrand einen Stil gefunden, der ihnen den Zugang zu dem alltäglichen Theater auf der Straße verschaffte. 1967 versammelte John Szarkowski Fotografien dieser drei Künstler unter dem Titel *New Documents* in einer Ausstellung im New Yorker Museum of Modern Art.[277] In dem begleitenden Essay fasst Szarkowski den Begriff des Dokumentarischen so weit, dass eine fotografisch erkennbare Aufmerksamkeit gegenüber dem Gegenstand genüge.[278]

Elizabeth McCausland, Kunst- und Fotografiekritikerin, analysierte 1938 in ihrem Essay *Documentary Photography* folgendes:

> „After the eccentricities of „art for art's sake", art returned to its historical roots, as the spokesman of human experience and life. After a decade or so, when subject-matter was declassé, suddenly subject-matter became the ultimate criterion of art. A painting, a sculpture, a print, a photograph MUST have *content*, and not merely content of a personal or romantic character, but *social* content... Precisely because it will be incredible to future ages that human beings lived in squalor and filth, congested quarters, under-fed, illiterate, sickly with anemia and venereal disease, do we need today to record these facts. They are truth. But facing the truth, we summon up forces to change the facts and make them consonant with the dignity of

---

276 Grundberg 2002, S. 33, 34.

277 Vgl. Starl 2002, S. 74.

278 Zit. nach ebd.

> human life. Refusing to face the truth, we become responsible for the ugly facts and perpetuate them in a dangerous locus of infection."[279]

In der Folge sind Arbeiten ganz unterschiedlicher Richtungen entstanden, die als dokumentarische Fotografie charakterisiert wurden. Allerdings fehlt immer noch eine abgrenzende Bestimmung, die sich durchgesetzt hat. Als enge Definition ist der Begriff scheinbar nicht zu fassen.[280] Dennoch gibt es unterschiedliche Ansätze für eine nähere Eingrenzung, von denen ich hier einige kurz vorstellen möchte:

Nach Olaf Hansen bietet sich das Genre des Dokumentarismus – die vermeintlich objektive Wiedergabe – als Darstellungsmittel an, wobei ein Anspruch auf Gleichzeitigkeit erhoben wird und im Idealfall eine Interpretation überflüssig wird: „Was es zeigt, müssen alle sehen, weil das, was es zeigt, unverstellte Wirklichkeit ist."[281]

Hansen charakterisiert demnach zwei Formen des Dokumentarismus: den *poetisch-transparenten* und den *dramaturgisch-symbolischen*, die beide eine Skepsis gegenüber dem eigentlichen Anspruch des Genres – also auf eine unverstellt wirklichkeitsadäquate Abbildung – beinhalten. Aus dieser Skepsis lassen sich die unterschiedlichen dokumentarischen Stilformen ableiten. Das Dokument ist dabei nicht planes Abbild der empirischen Wirklichkeit, sondern erweist sich als Spiegel eines Versuchs, die Realität zu verstehen; Abbild und Reflexion verschmelzen unter dem eigenen Eindruck.

Bereits für das 19. Jahrhundert hat Thilo Koenig drei verschiedene Ausprägungen in der Dokumentarfotografie herausgearbeitet: Zum einen unterscheidet er *systematisch-angelegte Dokumentationen*, die oftmals aus anthropologischen oder regionalgeschichtlichen Interessen entstanden waren, und soziale Verhältnisse vor ihrem endgültigen Untergang im Bild festhalten sollten. Diese oft nicht politisch motivierte Fotografie wurde mit der Großformatkamera und dem Nassplattenverfahren ausgeführt und konnte somit nicht spontan und schnell auf Situationen reagieren.[282]

Des weiteren gibt es nach Koenig die sogenannte *Candid*-Fotografie mit ihren unbemerkt und ungestellt aufgenommenen Bildern, die mittels

---

279 Siehe Elizabeth McCausland Lesung ‚Documentary Photography', wiederabgedruckt in: Susan Dodge Peters, Elizabeth McCausland on Photography, in: Afterimage, Mai 1985, S. 10–15.

280 Ebd., S. 75.

281 Vgl. Olaf Hansen, Erinnerung als Utopie. Zur Kunst und Kultur der Dreißiger Jahre, in: Ausstellungskatalog Berlin 1980, S. 21–66.

282 Vgl. Thilo Koenig, Die andere Seite der Gesellschaft. Die Erforschung des Sozialen, in: Frizot 1998, S. 347–357.

kleinformatiger Hand- oder Detektiv-Kameras entstanden waren.[283] Diese waren nicht nur das Ergebnis von technischen Weiterentwicklungen; auch das bereits vor 1900 erwachte Interesse an ungestellten Szenen des Alltags spielte dabei eine Rolle.[284]

Als *sozialkritisch* hingegen bezeichnet Koenig diejenige Kamerapraxis, mit der man gesellschaftliche Missstände anklagt oder Reformen fordert. Allerdings gibt es auch hier Fotografen, die ihre Motive arrangieren oder mit Hilfe von Blickwinkel und Ausschnitt ihre Bildaussage verstärken, um so eine Anklage zu erreichen.

Ähnlich teilt auch Starl Dokumentarfotografie im 20. Jahrhundert in drei Gruppen ein, die er als *archivalische*, *dokumentarische* und *konzeptuelle* Variante beschreibt.[285] Bei der ersten Form überwiegt die Absicht, einen mehr oder weniger repräsentativen Überblick zu schaffen, bei der Gegenstände und Vorgänge möglichst genau und umfassend, geradezu enzyklopädisch, aufgezeichnet werden.[286] Diese Version entspricht in etwa der Gruppe der systematisch-angelegten Dokumentationen, die Koenig bereits für das 19. Jahrhundert aufgestellt hat.

Die dokumentarische Variante versucht nach Starl Erscheinungen aus einer subjektiven Sicht zu beschreiben, wobei „[...] individuelle Erfahrungen und das aktuelle Empfinden maßgebend die Wahl der Motive und die kompositorischen Elemente bestimmen."[287]

Meiner Ansicht nach ist Starl mit dem Begriff *dokumentarische Variante* innerhalb der Dokumentarfotografie keine erkennende Definition gelungen. Er schafft damit keinen klaren Terminus und widerspricht sich selbst, indem er dieses der dokumentarischen Fotografie vorwirft:

> „Indem das Dokumentarische wie das Fotografische ausschließlich einer im Verhältnis zur Wirklichkeit existiert, die Beziehungen zu dieser aber unterschiedliche sind, ergibt eine Kombination der Begriffe keine Klarheit."[288]

Die dritte, konzeptuelle Variante, bedient sich nach Starl eines dokumentarischen Stils als Geste.[289] Hier wird eine „[...] Vorgehens- oder

283 Ebd., S. 347.
284 Ebd.
285 Starl 2002, S. 75.
286 Ebd.
287 Ebd.
288 Ebd., S. 73.
289 Ebd., S. 75.

Betrachtungsweise gewählt, ohne auf die Funktion des Gegenstands, das Verhalten von Personen oder das jeweilige Erscheinungsbild der Motive Rücksicht zu nehmen."[290]

Hier wird die Darstellung bestimmt durch die Sicht auf eine durchgängige Erscheinung, wobei Objekte und Geschehnisse auf immer dieselbe Weise betrachtet werden und nach einem einheitlichen Muster fotografisch arrangiert werden.

Es existieren allerdings auch zahlreiche Werke, die sich nicht eindeutig in eine der drei Rubriken einteilen lassen, sondern Merkmale der einen als auch der anderen Variante aufweisen. So ist den Arbeiten Levitts ein dokumentarischer Charakter eigen, wobei die Sichtweise eine durchaus subjektive ist. Zudem lassen sich in den Aufnahmen surreale Elemente erkennen, so dass ich von einer surrealen Transformation des Dokumentarischen sprechen möchte.

Doch bevor ich näher hierauf eingehe, stelle ich kurz bestimmte technische Neuerungen vor, mit deren Hilfe erst die vermeintliche Realität festgehalten werden konnte. Hierfür sind etwa Kleinbildkameras notwenig, die spontan und leicht handhabbar, die Möglichkeit zu Schnappschüssen geben.

3.1. Der Schnappschusscharakter der Fotografie

Mit dem Aufkommen der Handkameras und der Vervollkommnung der Geräte gegen Ende des 19. Jahrhunderts[291], wurde es auch zur gängigen Praxis, den Ausschnitt für den endgültigen Abzug erst nachträglich zu bestimmen. Anleitungsbücher und Fotozeitschriften waren mit Ratschlägen gefüllt, wie Bilder durch Beschneiden der Ränder und der Wahl des Ausschnitts verbessert werden konnten.

Vorher hatte man das von der Kamera festgehaltene Bild als Einheit so streng respektiert, dass alle Daguerreotypien, Ferrotypien, Carte-de-visite-

---

290 Ebd.

291 Nähere Ausführungen zur Entwicklung der einzelnen handlicheren Kameramodelle wie der Plattenkamera Ermanox enthält auch der Abschnitt von Wilfried Baatz über den Beginn des modernen Fotojournalismus, in: ders., Geschichte der Fotografie, Köln 1997, S. 108–109. Hier wird besonders die Entwicklungsarbeit Oskar Barnacks betont, der in den optischen Betrieben von E. Leitz in Wetzlar arbeitete und die Leica [**Lei**(tz) **Ca**(mera)] ab 1913 in zwei Prototypen fertiggestellt hat. Die Arbeit wurde durch den Krieg unterbrochen und erst 1923 wurde eine Kleinserie von 31 Kameras fertiggestellt, die ab 1924 vertrieben wurde.

Aufnahmen und ähnliche Verfahrenweisen in Standardformaten hergestellt wurden.

Die tragbare Kamera führte auf diese Weise zu einem Wandel der Arbeitsmethoden. Oftmals war das von der Kamera festgehaltene Bild Ausgangspunkt für die endgültige Komposition. Die Handkamera vergrößerte auch die Einsatzmöglichkeiten der Fotografie und eröffnete neue Gegenstandsbereiche, wie etwa die spontane Momentaufnahme.

Durch eine Reihe von technischen Innovationen um die Jahrhundertwende wurde das Wirkungsfeld der Kamera noch mehr ausgeweitet. Obwohl man in dieser Zeit mit Hilfe besonders lichtempfindlicher Emulsionen gelegentlich Schnappschüsse bei Tageslicht gemacht hatte, zeigten sich erst um 1924 ganz andere Möglichkeiten, mit vorhandenem Licht zu arbeiten.

In Deutschland wurden zwei Kameramodelle entwickelt: die Ernox, später umbenannt in Ermanox der Ernemann-Werke A. G. und die Lunar von Hugo Meyer. Beide erlaubten Belichtungszeiten bis 1/1000 Sekunde und verfügten über extrem lichtstarke Objektive, so dass auch bei geringer Helligkeit Schnappschüsse gemacht werden konnten. So wurden bis dahin schwer zugängliche Bereiche erreichbar gemacht: Nachtaufnahmen, Innenaufnahmen bei Kunstlicht, Theateraufnahmen während der Vorstellung, wissenschaftliche Dokumentaraufnahmen und ähnliches.

Die Ermanox wurde bald von der flexibleren Kleinbildkamera für 35-mm-Film verdrängt, die kleiner war und mit der auf preiswertem Material 36 Aufnahmen in rascher Folge hintereinander gemacht werden konnten. Die erste Kamera dieses Typs war die Leica, die bei Amateuren als auch Berufsfotografen große Verbreitung fand. Mit der Erfindung der Leica in Deutschland kam 1924 eine Kamera auf den Markt, deren Vorzüge die leicht auswechselbaren Objektive, die flexible Handhabung und die Verwendung eines Kleinbild-Rollfilms waren. 1930 wurde diese mit Wechselobjektiven ausgestattet und erlaubten Schnappschüsse auch bei schlechten Lichtverhältnissen. Somit wurde die Bezeichnung Leica-Fotografie bald zum Synonym für eine bestimmte Art der spontanen, lebendigen Fotografie, die heute noch aktuell ist.

Der Dokumentarfotografie eröffneten sich somit neue Horizonte. Obwohl allgemein bekannt war, dass die Kamera die dargestellte Wirklichkeit ‚modulieren' konnte, begrüßte man die mechanischen Daten der Kamera als reine Wahrheit. Die Fotografen trafen schließlich wichtige Vorentscheidungen – Objekte, Portraiteinstellungen, Szenen, Winkel, Standorte und Perspektiven. Die Wahl der Motive und die Art der Abbildung gehörten genauso dazu wie die eigene veränderte Position oder einfach den richtigen Augenblick abzuwarten. Aus unzähligen Bildern konnten subjektiv diejenigen, die eine bestimmte Aussage am stärksten transportierten, ausgewählt und der Rest aussortiert werden. Die beliebten Kommunikationsmittel berichteten angeblich aus erster Hand. Die Apparate popularisierten gefilmte, geschriebene und fotografierte Dokumentationen: das Hauptthema war die scheinbare Realität und nicht die Fiktion.[292]

Nicht nur für den Fotojournalismus erwiesen sich die kleinen Kameramodelle als äußerst nützlich, sie eröffneten auch neue ästhetische Möglichkeiten. Die leichte Handhabung erlaubte es, ungewöhnliche Blickwinkel einzunehmen und so einzelne Ausschnitte aus dem Leben herauszugreifen und festzuhalten.

Als neue Herausforderung galt es, spontane Situationen präzise zu bannen. Ein persönlicher Stil war kennzeichnend für diese Fotografen, die sich einer einfachen Kameratechnik bedienten, die leicht erlernt bzw. nachgemacht werden konnte. Zu ihnen gehörten neben Helen Levitt auch Shahn und Evans, die ebenfalls der Kleinbildkamera den Vorzug gegeben haben.[293] In ähnlicher Technik sind auch die Aufnahmen Cartier-Bressons entstanden. Seine Bilder erwecken den Eindruck, als ob sie spontan aufgenommen worden sind und ihren Ausdruck dem Zufall verdanken. Diese Aufnahmen wurden als "[...] mehrdeutig, ambivalent, anti-plastisch, zufällig [...]"[294] bezeichnet und führten zu einer Philosophie des "entscheidenden Augenblicks"[295]. Die Kleinbildkamera diente als Arbeitsinstrument, das als eine "[...] Erweiterung des Auges [...]"[296] betrachtet wurde.

Auf den ersten Blick wirken die Fotografien nicht komponiert, was aber meistens der Fall war. Auch Helen Levitt hat sich nicht auf den Zufall verlassen und komponierte das Bild durch den Sucher. So sind die Arbeiten davon geprägt, formalen Fragen nachzugehen und Alltägliches bzw. Anderes wiederzugeben, was vom Betrachter oftmals nicht wahrgenommen wird.

Im Zusammenhang mit der wachsenden Menge an fotografischen Reproduktionen ergab sich eine andere Einschätzung der Fotografie; sie wurde zunehmend als Ausdrucksform gesehen, bei der es auf die Wahrnehmung und nicht so sehr auf das Material ankam.

---

292 Vgl. hierzu auch Stott 1986.

293 Siehe auch Sontag 1996, S. 34.

294 Vgl. Beaumont Newhall, Momentaufnahmen, in: ders. 1998, S. 232.

295 Nachwort von Peter Weiermair in: Ausstellungskatalog München 1998, S. 103.

296 Newhall 1998, S. 232.

Inwieweit solche Situationen inszeniert wurden, soll im Folgenden diskutiert werden. Doch zuvor möchte ich auf die Vorläufer eingehen: Befürworter einer dokumentarischen Richtung fanden ihre Vorbilder bereits in dem voran gegangenen Jahrhundert – etwa in den Arbeiten von Riis und Atget, die in den 1930er Jahren eine Wiederentdeckung erlebten.

3.2. Vorläufer einer dokumentarischen Bildsprache

Die vermeintlich objektive Wiedergabe während der wirtschaftlichen Depressionszeit der 1930er Jahre der USA machte die Fotografie zu einem Zeugen der Ereignisse. Solomon-Godeau begründet diese Tatsache folgendermaßen:

> „The 1930s, a period in which (at least in America) documentary forms in film, photography, and letters were most privileged, both liberals *and* radicals conceived of the form as adequate to explicitly defined political ends."[297]

Jacob A. Riis, ein aus Dänemark in die USA eingewanderter Journalist und Polizeireporter, benutzte die Fotografie in erster Linie nicht aus ästhetischem Interesse, sondern als Hilfsmittel für sein Projekt von Sozialreformen (Abb. 20). Er versuchte, die Öffentlichkeit gegen die unmenschlichen Lebensbedingungen in den Slums von New York zu mobilisieren und nutzte die als authentisch angesehene Fotografie, um seinen Worten Nachdruck zu verleihen. 1890 veröffentlichte er sein Buch *How the Other Half Lives*, um das Elend der Einwanderer aufzudecken.[298] In dem Band *The Making of an American* heißt es bei Riis:

> „Früh am Morgen pflegten wir in die völlig heruntergekommenen Mietskasernen zu gehen... und der Anblick, der sich uns hier bot, brach mir regelmäßig das Herz. Mir wurde klar, daß ich darüber Zeugnis ablegen, es

---

297 Solomon-Godeau 1997, S. 176 (Hervorhebung im Text).

298 Jacob A. Riis, How the Other Half Lives. Studies among the tenements of New York, New York 1971 (1890). Die Reproduktionen waren in der Erstauflage von 1890 allerdings von schlechter Qualität, so dass sein Werk fast in Vergessenheit geriet, bis es 1947 eine Neuauflage erreichte. Zu den sozialdokumentarischen Aufnahmen von Jacob Riis, auf die aufgrund ihrer Komplexität und verschiedenen Inhalte im Rahmen dieser Studie nicht noch näher eingegangen werden kann, siehe auch Alexander Alland, Jacob A. Riis: Photographer and Citizen. Mit einem Vorwort von Ansel Adams, New York 1993 (1974).

> herausschreien muß oder zum Anarchisten werden, nur irgend etwas tun... Ich begann zu schreiben, doch das zeigte keine Wirkung. Eines Morgens, beim Überfliegen der Zeitung, entfuhr mir ein Aufschrei, der meine Frau, die mir gegenübersaß, gewaltig erschreckte. Das war es, wonach ich all die Jahre gesucht hatte! Ein vierzeiliger Bericht aus Deutschland, wenn ich mich richtig erinnere. Und da stand es. Man hatte die Möglichkeit entdeckt, mit Blitzlicht zu fotografieren. Auf diese Weise konnte man in die finstersten Winkel vordringen."[299]

Diese Art sozialer Dokumentation wurde in gewisser Weise von Lewis W. Hine fortgeführt.[300]

Als Soziologe und Pädagoge erkannte Hine in der Kamera ein hilfreiches Instrument bei seinen Untersuchungen. Seine Bilder von Emigranten und arbeitenden Kindern, die er um die Jahrhundertwende machte, bezeichnete er selbst als „Photo-Interpretationen", die unter dem Stichwort „menschliche Dokumente" veröffentlicht wurden (Abb. 21).[301] Die Aufnahmen fanden weite Verbreitung und waren nicht nur Illustration, sondern besaßen ebensoviel Gewicht wie der Text eines Autors. Hine beteiligte sich direkt bei den Auseinandersetzungen um eine Verbesserung der Arbeitszeit, der Löhne, der Kinderarbeit, der Wohnmöglichkeiten und ähnlichem.

Hine beschränkte sich dabei nicht nur auf negative Gesellschaftskritik, sondern würdigte auch menschliche Leistungen. In späteren Jahren konzentrierte er sich auf amerikanische Arbeiter. Eine Sammlung mit Fotografien aus diesem Projekt erschien 1932 unter dem Titel *Men at Work*.[302]

Thema dieser Fotografen waren oftmals die Erschließung unbekannter Regionen des Alltags sowie tabuisierte Themen wie Obdachlosigkeit und

---

299 Jacob A. Riis, The Making of An American, New York 1966 (1901), zitiert nach Rosler 1999, S. 106. Indem ich hier Riis zitiere, möchte ich ihn nicht höher bewerten als andere Dokumentarfotografen. Seine Arbeiten sind inzwischen Teil einer akzeptierten Fotografiegeschichte geworden, wo sie sich neben klassischen Dokumentarfotografien von Lewis Hine, Weegee, Danny Lyon und anderen behaupten.

300 Zu Hine siehe auch: Mary Panzer, Lewis Hine, Berlin 2002; Vicki Goldberg, Lewis Hine: Children at Work, München u.a. 1999 sowie Karl Steinorth (Hg.), Lewis Hine: die Kamera als Zeuge. Fotografien 1905–1937, Kilchberg 1996.

301 Siehe Newhall 1998, S. 243.

302 Lewis W. Hine, Men at Work. Photographic Studies of Modern Men and Machine, New York 1977 (1932). Zu den Aufnahmen für dieses Buchprojekt gehören beispielsweise auch die vom Bau des Empire State Building in New York.

Verelendung. Dabei muss allerdings berücksichtigt werden, dass Riis und Hine ihre Bilder vor der Aufnahme stellten, da das technische Vermögen ihrer Kameras ihnen keine spontanen, unbeobachteten Abbilder ermöglichten.[303] Hierzu bemerkte Riis:

> „While I was getting the camera ready, I threw out a vague suggestion of cigarette pictures, and I took root at once. Nothing would do then but that I must take the boldest spirits of the company 'in Character'. One of them tumbled over against a shed, as if asleep, while two of the others bent over him searching his pockets with a deftness that was highly suggestive. This, they explained for my benefit, was to show how they 'did the trick'."[304]

Das sozialkritische Engagement von Riis, Hine und anderen war von dem Wunsch geprägt, zur Verbesserung der Verhältnisse beizutragen und durch die Präsentation ihres Bildmaterials Missstände zu beseitigen. Solche moralistischen Betrachtungsweisen sind typische Ansätze innerhalb der Dokumentarfotografie, die auch auf einen Großteil der Fotos zutreffen, die während der Depressionsjahre im Rahmes des FSA-Projekts entstanden bzw. aus der Photo League hervorgegangen sind. Innerhalb dieses gesellschaftlichen Diskurses haben sich allerdings auf Dauer keine Möglichkeiten ergeben, Probleme zu beseitigen.

In Anlehnung an einen dokumentarischen Stil – und teilweise auch in Abgrenzung dazu – wird die Straße zum Ort vieler Fotografen und Filmemacher, die eine neue Version des Alltäglichen im Bild festzuhalten versuchen. Die Mittelklasse und das Arbeitermilieu werden bildwürdig, die sozialen Aspekte der Zeit interessant. So entstehen Studien über Menschen und deren Umgebung, wobei die angebliche Augenblickssituation entscheidend wird.

Das Attribut 'sozialdokumentarisch' als Bezeichnung für einen bestimmten Stil der Fotografie trifft im Allgemeinen am ehesten auf die Arbeit der FSA-Fotografen zu, auf die ich im Folgenden näher eingehe.[305]

---

303 Vgl. auch Honnef 1980, S. 216, 217.

304 Riis zitiert nach Alland 1974, S. 150.

305 Zu den weiteren Projekten zur Förderung der bildenden Künstler in dieser Zeit siehe auch Francis O'Connor, Entwicklungsgeschichte der Projekte zur bildenden Kunst im New Deal 1933–1943, in: Ausstellungskatalog Berlin 1980, S. 452–462.

3.3. Sozialdokumentation am Beispiel der *Farm Security Administration* (FSA)

Speziell die dokumentarische Ausdrucksform wird in den USA als direktes Resultat der Wirtschaftskrise der 1930er Jahre gesehen. Wie insbesondere die Arbeiten der *Farm Security Administration* (FSA) belegen, war sie eng verknüpft mit den Bemühungen und den Sozialprogrammen des *New Deal*.[306]

Diese durch den nordamerikanischen Präsidenten Roosevelt eingerichteten Organisationen sollten insbesondere die Landwirtschaft in den Südstaaten fördern. Aufgabe der FSA-Fotografen war es, die Öffentlichkeit auf diese Zustände aufmerksam zu machen, letztlich mit dem Ziel, für das Regierungsprogramm Unterstützung zu erhalten.

Zahlreiche sozial engagierte Fotografen nahmen an diesem Renommierprogramm der Regierung teil, unter anderem Walker Evans, Dorothea Lange, Arthur Rothstein und Ben Shahn. Das Programm war immer wieder mit Problemen konfrontiert. Teils bedingt durch die Großgrundbesitzer, teils verursacht durch die Diskussion, ob das Bild, das die Fotografen von der angeblichen Wirklichkeit wiedergaben, überhaupt authentisch war. Dennoch galt es unter den Fotografen als erstrebenswert, berufen zu werden, da das fotografische Projekt der FSA zu den bedeutendsten gehörte, das im Auftrag von einer Regierung vergeben wurde.

Dabei ging es weniger um die musealinformative Abbildung als um die Organisation sozialproduktiver Effekte. Nach Reinhard Matz erklärt sich hieraus die „[...] angloamerikanische Unterscheidung von historischem und humanem Dokument [...]“, wobei sozialdokumentarische Fotografien letzterem zuzuordnen seien, eine Aussage, die sich in ähnlicher Form in den 1980er Jahren bereits bei Billeter finden lässt.[307]

Spätestens seit Beginn der wirtschaftlichen Depression und den ökonomischen, sozialen, rassischen und regionalen Unterschieden, war das Land zersplittert, so dass man sich von der fotografischen Fixierung eine Stärkung der Nation erhoffte. Auf der Suche nach der eigenen Identität hatte ein Großteil der Nation vor der Kamera zu posieren, besonders jener Teil im Süden des Landes, denn die dortige Krise der Landwirtschaft hatte mehrere Millionen Landarbeiter und Pachtbauern arbeitslos gemacht.

---

306 Vgl. auch Francis V. O'Connor, Der Übergang vom Sozialen zum Individuellen in der Kunst der Depressionszeit: Die dreißiger Jahre, in: Ausstellungskatalog Berlin 1993, S. 69–78.

307 Vgl. die obigen Ausführungen auf Seite 100 und bei Matz 2000, S. 99.

Bereits Ende der 1920er Jahre waren mehr als 8 Millionen Landbewohner in den Südstaaten betroffen.[308] Auf dem Höhepunkt der Krise zu Beginn der 1930er Jahre stieg die Erwerbslosigkeit auf über 25%.[309] Durch die einsetzende Mechanisierung in der Landwirtschaft verloren viele Bauern ihre Arbeitsplätze bzw. wurden von den Banken von ihrem Pachtland vertrieben. Die seit langer Zeit betriebene intensive und einseitige Bodennutzung führte zu Naturkatastrophen wie etwa Sandstürmen und Überschwemmungen in den 1930er Jahren.[310]

Seit 1935 versuchte die neugegründete *Resettlement Administration* (RA) und seit 1937 ihre Nachfolgeorganisation, die FSA, die Krise durch finanzielle Unterstützungsmaßnahmen in den Griff zu bekommen. Von Anfang an wurden diese Versuche als sozialstaatliche Maßnahme mit kommunistischer Tendenz und als Verschwendung von Staatsgeldern kritisiert.[311] Durch eine fotografische Dokumentation der Misere und der getroffenen Gegenmaßnahmen erhoffte sich Rex Tugwell, ein Berater Roosevelts und Direktor der RA, eine vermeintlich objektive Aufklärung der Öffentlichkeit in den Städten und somit eine finanzielle und politische Unterstützung.[312] Um diese Krise und die Schritte der Regierung zur Behebung zu dokumentieren, waren seit 1935 bei der RA und später FSA in acht Jahren 13 Fotografen eingestellt, allerdings nicht alle gleichzeitig.[313] In dieser Zeit ist ein Korpus von etwa 270.000 Fotografien entstanden, deren Negative heute in der Library of Congress in Washington archiviert sind.

---

308 Siehe Hubertus Gaßner, Die Reise ins Innere. „Amerika den Amerikanern vorstellen". Die Fotografen der Farm Security Administration, in: Ausstellungskatalog Berlin 1980, S. 313–352, hier S. 314.

309 Ferguson 1980, S. 436.

310 Speziell zu Landwirtschaft, Naturschutz und Energiewirtschaft siehe auch das Kapitel *Die Zeit des New Deal*, in: Raeithel 1995, S. 20–25.

311 Leah Bendavid-Val stellt dabei die These auf, dass die Fotografie des Sozialistischen Realismus in der Sowjetunion große Ähnlichkeit mit den Aufnahmen der Farm Security Administration in den USA aufweist. Die Fotografien definieren auf der einen Seite den amerikanischen Traum während der Großen Depression neu, andererseits sollten sie die politische Utopie der Sowjetuinion voranbringen. Vgl. Bendavid-Val 1999.

312 Ebd., S. 45, 46.

313 Zu denen für dieses Projekt gewonnenen Fotografen zählten: Paul Carter, John Collier Jr., Jack Delano, Walker Evans, Theodor Jung, Dorothea Lange, Russell Lee, Carl Mydans, Gordon Parks, Arthur Rothstein, Ben Shahn, John Vachon und Marion Post Walcott. Helen Levitt kannte die Tätigkeiten der FSA, hat allerdings nie für diese Organisation gearbeitet.

Was, wie und wozu zu dokumentieren war, darüber bestand zu Beginn des Unterfangens weder bei dem Organisator des Teams, Roy Stryker, noch bei den zumeist jungen Fotografen keine genaue einheitliche Vorstellung. Allerdings listete Stryker auf, was seiner Meinung nach motivwürdig sei. So instruierte er etwa Arthur Rothstein 1939, was dieser in Iowa fotografieren sollte:

> „Ich schlage vor, folgende Motive zu suchen: [...] leere Maisfelder (sehr wichtig). Gute Aufnahmen von Maisfeldern vor der Ernte (sehr wichtig). Diese Photos sollen den Eindruck vermitteln, dass Mais ein saftiges Getreide ist [...], und von dem guten Leben erzählen, das dieses fruchtbare Land ermöglicht.
> Bilder der Kleinstädte am Samstagnachmittag (sehr wichtig). Farmer beim Einkaufen, Farmer auf der Bank, Farmer bei der Wartung ihrer Maschinen. Versuchen Sie, den sonntäglichen Kirchgang festzuhalten."[314]

Die FSA-Fotografen haben gezielt auf eine visuelle Dokumentation hingearbeitet. Die Fotos zeichneten Geschichte auf, die vorher schon – in Form von Instruktionen zur Motivsuche – festgelegt wurde. Trotz des Willens zur Dokumentation wurden ästhetische Prinzipen wie Perfektion und Komposition verfolgt. Susan Sontag hat in diesem Zusammenhang folgendes bemerkt:

> „Die hochbegabten Mitglieder des Ende der dreißiger Jahre durchgeführten Projekts der *Farm Security Administration* (darunter Walker Evans, Dorothea Lange, Ben Shahn, Russel Lee) machten Dutzende von Portraitaufnahmen eines Kleinpächters, bevor sie überzeugt waren, genau das getroffen zu haben, was sie auf dem Film festhalten wollten – jenen Gesichtsausdruck, der ihren eigenen Vorstellungen von Armut, Würde und Ausbeutung, von Licht, Struktur und geometrischem Maß entsprach."[315]

Auf den ersten Blick erscheinen viele der FSA-Aufnahmen wie Schnappschüsse und wirken ‚authentisch', sind aber oftmals angeordnet und in Szene gestellt. Die Frage nach dem Authentizitätsgehalt einer dokumentarischen Fotografie stellt sich hierbei immer wieder.[316]

---

[314] Roy Stryker Papers 1912–1972, LOC Mikrofilm Spule 6, Film Nr. 8521, The Library of Congress, Washington, DC., zit. nach Bendavid-Val 1999, S. 53 (Hervorhebung im Text).

[315] Sontag 1996, S. 12 (Hervorhebung im Text).

[316] Speziell zu gestellten oder inszenierten Aufnahmen (Fotografie und Manipulation) siehe auch Martha Rosler, Bildsimulationen, Computermanipulationen: Einige Überlegungen (1988, 1995), in: Amelunxen 2000, S. 129–169.

Beispielsweise bei den häufig zitierten politischen Aufregungen, die der Fotojournalist Arthur Rothstein ausgelöst hatte, als er einen Kuhschädel an verschiedenen Plätzen in South Dakota ablichtete, das gerade von einer großen Dürreperiode geprägt wurde, um das ‚beste' Dokumentarfoto zu erhalten (Abb. 22).[317] Einige Monate später erschien in der republikanischen Zeitung *Fargo Forum* auf der Titelseite eines dieser Fotos von Rothstein als „offensichtliche Fälschung".[318] Damit sollte impliziert werden, dass der ganze New Deal ein einziges Täuschungsmanöver sei. Die Republikaner versuchten, mit dieser Kampagne die demokratische Regierungspartei zu unterminieren und beschuldigten Rothstein eines unlauteren Vorgehens, da er das Objekt durch die Gegend getragen und an verschiedenen Stellen aufgenommen habe. Außerdem sei der Schädel Jahre alt und deshalb nicht als Folge der Dürreperiode anzusehen.[319]

Diese Aktion schadete eher dem Ruf und der Glaubwürdigkeit der dokumentarischen Sektion als der Fotografie von Rothstein, die dadurch erst ihre Bekanntheit erlangte und im darauffolgenden Jahr von *U.S. Camera* zu den besten Bildern des Jahres 1937 gezählt wurde.[320]

Auch ein anderes Foto von Rothstein machte in ähnlicher Form auf sich aufmerksam: die Aufnahme des Farmers mit seinen beiden Jungen im Sandsturm (Abb. 23). Zur Entstehung des Sandsturm-Bildes ist von Rothstein selbst in *The Complete Photographer* 1942 folgendes zu lesen:

> „Die Wiederholung der Szene vor einem anderen Hintergrund mit einigen Veränderungen in der Gestik oder die Bewegungsrichtung wird manchmal wirkungsvollere Bilder zur Folge haben. Das Bild des Farmers mit seinen Söhnen im Sandsturm wurde auf diese Weise gesteuert. Der kleine Junge wurde gebeten, sich im Gehen nach vorne zu beugen. Schließlich ließ man die ganze Szene vor dem Schuppen stattfinden. Er zeigte die Wirkung des Sandsturmes und die Armut des Farmers klarer als die anderen Gebäude."[321]

In dieser Aufnahme ist alles gestellt, inszeniert zur Erzeugung dramatischer Effekte, die den Betrachter zum Mitfühlen und Mitleiden einstimmen sollen. Im Hinblick auf so etwas wie einen Wahrheitsbegriff bildeten Rothstein und Evans zwei Pole innerhalb der

317 Vgl. hierzu auch Bendavid-Val 1999, S. 52.

318 Siehe Gaßner 1980, S. 347 oder auch Rosler 1999, S. 146.

319 Gaßner 1980, S. 347, 348.

320 Ebd.

321 Arthur Rothstein, Direction in the Picturestory, in: The Complete Photographer, Nr. 21, April 1942, S. 1360, zit. nach ebd.

Dokumentarfotografie. Jener arbeitete mit allen Mitteln der Inszenierung zur Erreichung eines dramatisch-effektvollen Fotos, der andere versuchte größtmögliche Zurückhaltung auszuüben, damit die Menschen und Dinge vor der Kamera sich möglichst unverstellt präsentierten.

Zu den Fotografen der FSA-Gruppe gehörte auch Dorothea Lange, auf die ich an dieser Stelle kurz eingehe. Lange erhielt eine Ausbildung zur Fotografin bei Clarence White an der Columbia University in New York. Neben engagierten Sozialfotos zur Arbeitslosigkeit in den 1920er Jahren entstanden Bildserien zum Elend der Wanderarbeiter. Stryker wurde auf sie aufmerksam, als er Fotos von ihr in den *San Francisco News* sah, die durch eine gewisse Sensibilität auffielen. Für die FSA arbeitete sie von 1935 bis 1943.

Ihr berühmtestes und in über 10.000 Publikationen verwendetes Foto *Migrant Mother* (Abb. 24) hat mehrere Stadien.[322] Es ist kein Zufallsprodukt, sondern bis das wesentliche Bild entstanden war, wurden viele andere Versionen ausprobiert.[323] Die Auswahl der FSA-Fotografien, die an die Öffentlichkeit gelangten, formten das Bild der USA entscheidend mit. Hinzu kommt, dass von den unzähligen Aufnahmen, die am Ende der 1930er Jahre zur Verfügung standen, für Veröffentlichungen in Zeitschriften und für Regierungsmaterial etwa nur 30 Bilder benutzt wurden. Die über diese Publikationswege zum bekanntesten Bild gewordene Fotografie von Lange, die auch als Briefmarke publiziert wurde, liefert hierfür ein anschauliches Beispiel.

Zwischen diesen unterschiedlichen Auffassungen entfaltet sich eine umfangreiche Palette der Dokumentarfotografie. Es gibt allerdings auch noch andere Arten der Inszenierung, die weniger auffällig sind und

---

322 1978 erschien eine kleine Nachrichtenmeldung über die wirkliche Person, die Lange 1936 für das angeblich am häufigsten reproduzierte Foto der Welt aufgenommen hatte. Florence Thompson, eine 75 Jahre alte sozialhilfeempfangende Cherokee, die in Modesto, Kalifornien, in einem Wohnwagen lebt, wurde von Associated Press folgendermaßen zitiert: „Das ist mein Bild, das überall auf der Welt hängt, und ich habe nicht einen Penny aus all dem gezogen." Sie hatte ohne Erfolg versucht, dass Foto verbieten zu lassen. Siehe Rosler 1999, S. 119.
Ähnliches trifft auch auf die Frau in der Abbildung 22b von Walker Evans in *Let Us Now Praise Famous Men* zu, die anfangs ohne Beschriftung erschienen ist, dann jedoch Annie Mae Woods Gudger genannt und in späteren Versionen Allie Mae Burroughs und ähnlich bezeichnet wurde. In den 1980er Jahren gibt es scheinbar ein Bestreben, diese Farmpächter bzw. ihre Kinder ausfindig zu machen, um mögliche Rechte an den Bildern zu klären. Ebd., S. 124, 125.

323 Vgl. auch Bendavid-Val 1999, S. 49–51.

dennoch eine starke Wirkung haben und in Gruppierungen wie der WPA oder der Photo League ihren Ausdruck fanden.

3.3.1. Weitere dokumentarisch ausgerichtete Organisationen: *WPA* und *Photo League*

Der Anspruch zur Dokumentation und die damit einhergehende Ästhetik der FSA versuchte insbesondere, die Effekte der Depression auf dem Land festzuhalten. Einige Mitglieder der FSA fotografierten allerdings auch in den Städten, so entstanden etwa Fotos von Russell Lee (1903–1986), Dorothea Lange und Arthur Rothstein auf den Straßen von New York, die eine große Ähnlichkeit zu den Aufnahmen Levitts aufweisen. Generell wurde die Fotografie dabei als ein Hilfsmittel gesehen, bestimmte Zustände wiederzugeben:

> „Because of the great social crisis of the 1930s. photography was seen as a tool to reveal and correct social problems."[324]

Die *Work Progress Administration* (WPA) in New York kann als Ergänzung zur FSA betrachtet werden. Die WPA-Fotografen dokumentierten die Stadt und das alltägliche Leben in dieser.

Einer von ihnen war Arnold Eagle (1909–1992), der zusammen mit David Robbins in ähnlichen Gegenden wie Levitt fotografierte, aber in seinen Bildern zu ganz anderen Aussagen kommt.[325]

Eagle und Robbins waren daran interessiert, die Bedingungen und sozialen Umstände zu beschreiben, in denen Kinder lebten und spielten.

Das Foto (Abb. 25) ist 1938 als Teil der Serie *One Third of a Nation* für das WPA-Projekt entstanden. Durch seinen Aufbau und den Blick zwischen die Hausfassaden weist es große Ähnlichkeit zu den Aufnahmen von Riis auf, obwohl es etwa 50 Jahre später entstanden ist (Vgl. Abb. 20).

---

324 Phillips 1991, S. 33.

325 Die im folgenden erwähnten Fotografen Arnold Eagle und David Robbins, sowie Alexander Alland und Arthur Leipzig, finden in der bisherigen Fotogeschichtsschreibung so gut wie keine Beachtung und verdienen eigene, tiefer gehende Untersuchungen. Ich bin in dem Ausstellungskatalog San Francisco 1991 aufgrund der ähnlichen Motivauswahl auf diese Fotografen gestoßen. Siehe Phillips 1991, S. 33, 34, 35 sowie Hambourg 1991, S. 54. In den 1930er Jahren jedoch waren die Arbeiten von Eagle bekannt und wurden in New York ausgestellt. Vgl. Phillips 1991, S. 33.

Der Blick führt in einen Hinterhof, dessen Boden mit Müll und Abbruchschotter bedeckt ist. An der linken Häuserwand klettern und spielen Kinder auf der Feuerleiter. Im Hintergrund ist Wäsche von einer Wand zur nächsten über den Hof gespannt. Eine besondere Ästhetik der Häuserwände, des Schmutzes und der leeren Höfe wird hier deutlich, die die Umgebung darstellen, in denen Kinder leben und spielen.

Ganz ähnlich war auch Alexander Alland (1902–1989) fasziniert von den ethnischen und kulturellen Vielfältigkeiten New Yorks, die auch auf seinen Fotos zum Ausdruck kommen.[326] Das Bild *Home of the Gypsies on Hester Street* ist 1940 in New York entstanden und stellt mehrere Personen, darunter auch Kinder in verschiedenen Altersgruppen, auf den Treppenstufen eines Hauseinganges vor (Abb. 26).[327] Durch diese Art der Zurschaustellung erhält die Aufnahme einen sozialen Charakter.

Besonders die Fotografen, die die Interessen der Photo League teilten, haben die Straßen der Stadt zu ihrem fotografischen Thema gemacht. Die Photo League organisierte Workshops, Symposien, Lesungen und Ausstellungen – unter anderem mit Helen Levitt, Henri Cartier-Bresson, Lisette Model und Manuel Alvarez Bravo – und brachte regelmäßig das Mitteilungsblatt *Photo Notes* heraus.[328] Dieses diente gleichzeitig als Forum für theoretische Diskussionen über Dokumentarfotografie.[329] Die Photo League finanzierte auch Fotoprojekte, so etwa das Dreijahresprogramm *Harlem Documents* von Aaron Siskind (1903–1991).

In den folgenden Jahren gehörten zu den Mitgliedern der Photo League Walter Rosenblum, Lisette Model, Aaron Siskind, Morris Engel, Ruth Orkin, Louis Stettner, Jerome Liebling, Dan Weiner, Consuelo Kanaga und Max Yavno. Die Ansätze der Photo League waren gemäßigter als die

---

326 Die Fotografien von Alland wurden 1941 und 1943 im Museum of the City of New York ausgestellt. Alland ist heute hauptsächlich für seine Wiederentdeckung der Arbeiten von Riis bekannt. Vgl. Phillips 1991, S. 33 und Alland 1993 (1973).

327 Zu Alexander Alland siehe auch den Ausstellungskatalog Tucson, Center for Creative Photography 1995: Reframing America: Alexander Alland, Otto Hagel & Hansel Mieth, John Gutmann, Lisette Modell, Marion Palfi, Robert Frank. Mit Essays von Andrei Cordrescu und Terence Pitts.

328 Helen Levitt hatte im Juni 1943 eine Ausstellung unter dem Titel *Pictures of Children* und im November 1949 zusammen eine mit John Candelario, die von der *Photo League* organisiert wurden. Eine Liste mit Ausstellungen dieser Organisation wurde von Anne Tucker zusammengestellt. Siehe Anne Tucker, The Photo League, in: Creative Camera, London Juli/August 1983, Heft 223–224, S. 1016–17.

329 Nach dem Tod von Lewis Hine 1940 war die Photo League auch für dessen Print- und Negativarchiv verantwortlich.

der ursprünglichen Gruppe, der Film and Photo League, dessen Mitglieder progressiv links waren.

Hierzu zählt auch Arthur Leipzig (*1918), der wie Levitt ähnlich an der Darstellung der Kultur der Kinder interessiert war und diese beim Spielen auf der Straße abgelichtet hat. Motivisch weisen diese Aufnahmen eine sehr große Ähnlichkeit zu den Bildern Levitts auf, wenn auch der surreal wirkende Aspekt in den Arbeiten fehlt (Abb. 27).

In diesem Zusammenhang sind auch die Arbeiten von Ben Shahn von Interesse, der zu Beginn der 1930er Jahre die Lower East Side mit einer Leica erkundete und dafür ähnlich wie Levitt einen Winkelsucher benutzte.[330] Dieser garantierte eine Form der unbemerkten Beobachtung und dokumentierte somit ungestellte Szenen aus dem alltäglichen Leben. Die Arbeiten scheinen nur auf den ersten Blick nicht genau durchkomponiert zu sein.

Shahn war als Maler und Fotograf an der Situation der Menschen interessiert. Dabei standen für ihn nicht eine perfekte Technik im Vordergrund, sondern die schnelle Erfassung eines Augenblicks. Die Personen auf seinen Fotografien sind meist in Aktion abgelichtet. Gruppen scheinen besondere Aufmerksamkeit auf sich zu ziehen, wobei Dreierportraits zu den bevorzugten Motiven zählen. Aber auch Aufnahmen von Straßen, Autos und Hütten gehören zu seinem Oeuvre. Seine scheinbar spontanen Bilder sprengen oftmals den Bildrahmen, so extrem sind die Motive angeschnitten.

Levitt waren die Arbeiten von Shahn bekannt, die einen großen Einfluss auf sie ausgeübt hatten.[331]

Kennen gelernt hatte sie diese durch Walker Evans und durch die FSA. Wahrscheinlich kannte sie auch das Magazin *New Theatre*, welches häufig Aufnahmen von Shahn reproduzierte, beispielsweise *Scenes from the Living Theatre – Sidewalks of New York* in der November-Ausgabe von 1934 (Abb. 28).

Dieses politisch eher links gerichtete Heft war eng mit den Ideen der Photo League verbunden und diskutierte Film und Theater aus deren Perspektive.

Soziale Gerechtigkeit und eine Würdigung des menschlichen Lebens lagen in den Bestrebungen der Photo League, die bis zu ihrer Auflösung

---

330 Zu Shahn siehe auch: Ben Shahn's New York: the photography of modern times, Cambridge, Massachusetts 2000 sowie Bendavid-Val 1999, S. 49 und Phillips 1991, S. 36.

331 Helen Levitt im Interview mit der Autorin am 15.04.2000 in New York. Ähnliche Bemerkungen finden sich auch bei Sandra S. Phillips: „[...] Shahn was in a circle common to Levitt, although she met him only once or twice." Phillips 1991, S. 35.

1951 regelmäßig Treffen abhielt und dazu beitrug, eine bestimmte metaphorische Tendenz der Fotografie zu fördern.

3.4. Eine surreale Transformation des Dokumentarischen?

Auch die surrealistische Fotografie baut die besondere Verbindung zur Realität aus, eine Grundlage, die diesem Medium eigen ist, wie bereits Sontag festgestellt hat:

> „Surrealismus liegt bereits in der Natur des fotografischen Unterfangens, in der Erzeugung eines Duplikats der Welt, einer Wirklichkeit, zweiten Grades, die zwar enger begrenzt, aber dramatischer ist als jene, die wir mit eigenen Augen sehen.“[332]

Diese Aussage lässt sich beispielsweise in den Aufnahmen Atgets wiederfinden, der bereits im ersten Viertel des 19. Jahrhunderts Paris und seine Umgebung, darunter Schaufenster in den Straßen, abgelichtet hat (Abb. 29). Nach seinem Tod erwarb Berenice Abbott 1927 einen Großteil seines Nachlasses, der in Europa und Amerika wiederentdeckt und 1929 auf der „Film und Foto“ in Stuttgart sowie 1930 in der Weyhe Gallery in New York ausgestellt wurde. Abbott war von Atgets Arbeiten stark beeindruckt und bemerkte dazu folgendes:

> „Ihre Wirkung war unmittelbar und überwältigend. Mich durchfuhr ein plötzlicher Wiedererkennungseffekt – der Schock von Realismus pur. Die Motive waren unspektakulär, doch gerade in ihrer Vertrautheit schockierend. Die reale Welt, mit Staunen und Verwunderung betrachtet, spiegelte sich in jedem Bild. Welche Mittel Atget auch einsetzte, sie drängten sich nie zwischen Motiv und Betrachter.“[333]

Bildliche Klarheit sowie die Einbeziehung des Zufalls sind Merkmale der Fotografie, die eine Verbindung zum Surrealismus nahe legen.[334]

---

332 Sontag 1996, S. 54.

333 Berenice Abbott, The World of Atget, New York 1964, S. x, viii, zit. nach Abbott 1999, S. 10.

334 Siehe auch Rosalind H. Krauss, The photographic condition of Surrealism, in: October, 19, 1981, S. 3–34.

Man Ray beispielsweise sammelte die Aufnahmen von Atget und publizierte diese 1927 in der Zeitschrift *La Révolution surréaliste*.[335] Atgets Blick für Straßenszenen und die Arrangements des Zufalls begeisterten die Surrealisten. Walter Benjamin bemerkte zu den Aufnahmen Atgets:

> „Atgets Pariser Photos sind die Vorläufer der surrealistischen Photographie; [...] er leitet die Befreiung des Objekts von der Aura ein, die das unbezweifelbarste Verdienst der jüngsten Photographenschule ist."[336]

Die surrealistische Fotografie mit ihrer scheinbaren Objektivität und der quasi-mechanischen Herstellungsweise entsprach unter anderem den Gestaltungsprinzipien des Surrealismus. Die inszenierte oder vorgefundene Kombination unzusammenhängender Bildelemente erzeugt dabei eine Spannung, die beim Betrachter Irritationen auslösen kann. Als Vertreter dieser Richtung werden generell Fotografen wie Manuel Alvarez Bravo, Herbert Bayer, Brassaï, Lee Miller oder auch Man Ray angeführt.[337]

Nach Rosalind Krauss ist „[...] die Fotografie [...] ein Abdruck oder ein Transfer des Realen; sie ist eine fotochemisch hergestellte Spur, die ursächlich mit dem Ding in der Welt verbunden ist, auf das sie wie Finger- oder Fußabdrücke oder wie die Wasserringe, die kalte Gläser auf Tischen hinterlassen, verweist."[338]

Diese Wahrnehmung der Realität als Repräsentation liegt nach Krauss dem surrealistischen Denken zugrunde und konstruiert dessen Schlüsselbegriffe des „Wunderbaren"[339] oder den der „konvulsivischen Schönheit".[340] Nach Krauss hat bereits Rubin auf das Problem eines surrealistischen Stils hingewiesen (vgl. auch das 2. Kapitel), der erklärt, „[...] daß wir keine Definition der surrealistischen Malerei formulieren

---

335 Man Ray gilt als einer der Hauptvertreter der surrealistischen Fotografie. Siehe auch Ausstellungskatalog Washington D.C., National Museum of American Art 1988: Man Ray 1890–1976. Sein Gesamtwerk, Kilchberg/Zürich 1994.

336 Walter Benjamin, Kleine Geschichte der Photographie, in: ders. 1996 (1963), S. 57.

337 Allgemein hierzu siehe auch Mora 1998, S. 189–193.

338 Krauss 2000, S. 156.

339 Louis Aragons Definition des Wunderbaren von 1925 lautet: „Das Wunderbare ist der im Realen erscheinende Widerspruch." In: La Révolution surréaliste, Bd. 1, April 1925, S. 30 zit. nach Krauss 2000, S. 156.

340 Ebd.

können, die in ihrer Klarheit mit der Deutung des Impressionismus oder Kubismus vergleichbar ist.“[341]

Rubin legt entsprechend eine Definition vor, die besagt, dass es „zwei Pole surrealistischer Bestrebungen“ gebe – den automatisch-abstrakten und den akademisch-illusionistischen, wobei sich beide Formen auf Freuds Theorien stützen, nämlich auf den Automatismus (Assoziation) und den Träumen entsprechen.[342] Obwohl diese Bildformen äußerst verschieden aussehen, könnten sie unter dem Begriff des metaphorischen Bildes vereinigt werden.[343] Rosalind Krauss führt weiter aus, dass diese Nicht-Definiton von Rubin ein Spiegelbild der früheren Formulierung von Breton ist.[344] Breton ist der Fotografie gegenüber tolerant, obwohl er nach Krauss diese ablehnen müsste, da er „[...] die realen Formen der realen Objekte [...]“ verachtet.[345] Man Ray zählt bei Breton zu den surrealistischen Fotografen nicht nur wegen seiner antirealistischen Rayogramme, sondern gerade auch wegen jener Fotografie, die mit einem gewöhnlichen Objektiv aufgenommen wurde.[346] Breton stellte die Fotografie sogar ins Zentrum der surrealistischen Publikation und stellte 1925 die Frage:

> „Wann übrigens wird man endlich aufhören, die vernünftigen Bücher mit Zeichnungen zu illustrieren, statt einfach nur mit Photographien?“[347]

Nicht nur bei Breton war die Fotografie innerhalb des surrealistischen Textes eingebunden, sie war auch ein wesentliches Gestaltungsmittel der

---

341 Diese Überlegungen stehen in Zusammenhang mit der von Rubin kuratierten Ausstellung *Dada, Surrealism, and Their Heritage* im Museum of Modern Art in New York (siehe Kap. 2.2.). Zitiert nach Krauss 2000, S. 133.

342 Vgl. Krauss 2000, S. 134. Diese beiden Pole lassen sich bereits 1925 in den Essays von André Breton wiederfinden. Siehe auch: Ders., Der Surrealismus und die Malerei, Berlin 1972 (Übersetzung von Manon Maren Grisebach).

343 Krauss 2000, S. 134.

344 Ebd., S. 135.

345 Ebd., S. 139.

346 Ebd., S. 140.

347 Breton 1972, S. 34. Bretons folgende Werke waren mit Fotografien illustriert, beispielsweise *L'Amour fou* von 1937 mit den Aufnahmen von Man Ray und Brassaï. Diesen Titel hat auch eine Ausstellung 1985 in Zusammenarbeit von Rosalind Krauss und Jane Livingston in der Corcoran Gallery of Art in Washington wiederaufgenommen: Ausstellungskatalog Washington D. C. 1985: Corcoran Gallery of Art, L'Amour fou. Photography & Surrealism. Hg. von Rosalind Krauss und Jane Livingston, mit einem Essay von Dawn Ades.

surrealistischen Zeitschriften. Das Gründungsorgan *La Révolution surréaliste* enthielt neben Textspalten Fotografien (überwiegend von Man Ray), die als Anschauungsmaterial eine dokumentarische Wirkung hatten.[348]

Um die surreale Transformation des Dokumentarischen in den Fotografien Levitts näher zu beschreiben, ziehe ich zunächst ein Zitat von Brassaï hinzu:

> „Die Surrealität ist kein Monstrum, kein Kalb mit fünf Beinen oder zwei Köpfen, kein Ausnahmefall, wenn die Natur eines ihrer Werke verpatzt hat, sondern das normale Kalb [...]. Die Surrealität steckt dort in uns in den banal gewordenen Dingen, die man nicht mehr sieht, in der *Normalität des Normalen*."[349]

Bei ihren fotografischen Bedingungen des Surrealismus benutzt Rosalind Krauss den Begriff ‚konvulsivische Schönheit', den bereits Breton in *L'Amour fou*[350] anhand dreier beispielhafter Grundtypen charakterisiert hat.[351]

Im Rahmen meiner Untersuchung ist speziell der dritte Typ von Interesse, der sich am ehesten auf die Fotografien von Helen Levitt übertragen lässt.[352] Bretons drittes Beispiel besteht nach Krauss aus dem Fundgegenstand als objektiven Zufall. „Das konkrete Objekt [in diesem Fall ein Schuhlöffel] ist ein perfektes Beispiel für die Verfassung der ‚konvulsivischen Schönheit'".[353]

Nach Krauss trifft der Begriff der ‚konvulsivischen Schönheit' den Kern der surrealistischen Ästhetik, die damit auf die „[...] Erfahrung einer in Repräsentation verwandelten Realität [...]" hinausläuft:[354]

---

348 Welche Rolle Zeitschriften innerhalb des Surrealismus spielten, beleuchtete auch die Ausstellung *Dada and Surrealismus Reviewed* 1978 in der Hayward Gallery in London (gleichnamiger Ausstellungskatalog).

349 Auszug aus der Rede Brassaïs beim Bankett der Bildschaffenden in der Unesco, 1. März 1963, zitiert nach Annick Lionel-Marie, Das Auge licht sein lassen, in: Ausstellungskatalog Wien, Albertina 2003: Brassaï. Hg. von Alain Sayag und Annick Lionel-Marie, S. 161.

350 André Breton, L'Amour fou, übersetzt von Friedhelm Kemp, Frankfurt am Main 1981.

351 Vgl. Krauss, Die fotografischen Bedingungen des Surrealismus, in: dies. 2000,S. 129–162, insbesondere S. 156–158.

352 Ausführlicher zu den ersten beiden Typen vgl. ebd., S. 156, 157.

353 Ebd., S. 157.

354 Ebd., S. 158.

> „Der besondere Zugang der Fotografie zu dieser Erfahrung ist deren privilegierte Verbindung zum Realen. [...] Die Fotografien sind keine *Interpretationen* der Realität, die diese [...] decodieren. Sie präsentieren die Realität selbst als konfiguriert oder kodiert oder geschrieben.“[355]

Nach Krauss stehen gerade auch die nicht-manipulierten Bilder dem Kern der surrealistischen Bewegung am nächsten.[356] Diese Art von Bildern lässt sich nach Krauss oftmals mit dem Begriff der ‚Verräumlichung' erklären.[357] Innerhalb eines Bildes lässt sich diese Verräumlichung „[...] durch die Verwendung vorgefundener Rahmen zur Unterbrechung oder Verschiebung von Realitätssegmenten herstellen.“[358] Krauss führt dies folgendermaßen aus:

> „Die Verräumlichung verweist auf eine Unterbrechung in der kontinuierlichen Erfahrung des Realen, einen Bruch, der zu einer Sequenz führt.“[359]

Dabei wird ein fotografischer Ausschnitt immer als Bruch innerhalb der Realität gesehen. Nach Krauss zeigt „[...] der Rahmen [...] an, daß es zwischen dem Teil der Realität, der weggeschnitten wurde, und dem, der zu sehen ist, eine Differenz gibt, und daß dieses vom Rahmen eingerahmte Segment ein Beispiel der Natur-als-Repräsentation, der Natur-als-Zeichen ist.“[360] Der Kameraausschnitt teilt die Erfahrung der Realität mit und konfiguriert sie durch den Kamerawinkel bzw. durch die Brennweite, wie beispielsweise bei extremen Nahaufnahmen.

Weiterführend kann nach Krauss das Sehen mit der Kamera als außerordentliche Erweiterung des normalen Sehens gelesen werden, sozusagen als eine Art Prothese.[361] Somit tritt die Kamera als Vermittlerin auf, die sich zwischen den Betrachter und die Welt stellt, und die Realität zu ihren Bedingungen gestaltet.[362]

Diese Art der Verräumlichung wie sie Krauss näher ausführt, möchte ich in Kapitel 5.4. auf die Fotografien Levitts anwenden, insbesondere auf ihre Spiegelungen. Insbesondere Levitts Fundstücke lassen sich dann als eine Art Transformation der Bretonschen Grundtypen lesen.

---

355 Ebd.
356 Ebd.
357 Ebd.
358 Ebd., S. 159, 160.
359 Ebd., S. 160.
360 Ebd.
361 Vgl. ebd., S. 161.
362 Ebd.

Doch zuvor gehe ich auf die Ausführungen von Allan Sekula ein, der ebenfalls das Verhältnis von Fotografie und Surrealismus untersucht hat.[363] Sekula unterscheidet zwischen den Fotografien der Pariser Surrealisten, die in den Jahren von 1924 (Bretons surrealistischem Manifest) bis 1940 entstanden sind und den Arbeiten aus den letzten 50 Jahren.[364] Er führt aus, das die Pariser Surrealisten das fotografische Medium in einer besonderen Form genutzt haben, die uns heute alltäglich erscheint, indem sie Objekte gesammelt und vor der Kamera präsentiert bzw. in den fotografischen Entwicklungsprozess eingegriffen haben. Diese Methoden unterscheiden sich von denen der *Straight Photography* als auch von denen ihrer Zeitgenossen wie Brassaï, Cartier-Bresson oder auch André Kertész, für die surrealistische Anleihen typisch sind.[365]

Formale Unterscheidungen zwischen einer klaren Wiedergabe und einem automatisch-abstrakten Stil lassen sich auch in dem Werk von Man Ray wiederfinden, dessen Arbeiten in idealer Weise die Möglichkeiten des Surrealismus widerspiegeln. So gibt es unmanipulierte Portraits von ihm als auch seine Rayogramme und Solarisationen, die in der Dunkelkammer entstanden sind.[366]

Nach Sekula gibt es seit Ende der 1980er Jahre wieder ein verstärktes Interesse am Surrealismus.[367] Am Ende des 20. Jahrhunderts wird Surrealismus sogar als Vorläufer des Postmodernismus gesehen:

> „In short, surrealism, as viewed through a lens of late-twentieth-century theory, is seen as postmodernism's precursor."[368]

---

[363] Sekula 1999b.

[364] Ebd., S. 123.

[365] Ebd., S. 124.

[366] Ebd. Sekula behandelt den weiblichen Körper als weiteres typisches Kennzeichen für den Surrealismus und führt Fotografen wie Hans Bellmer, Georges Hugnet, Roger Parry, Maurice Tabard und Raoul Ubac an, die mit diesem Motiv gearbeitet haben. Auch Krauss hat bereits auf einen für den Surrealismus typischen Sexismus in der Ausstellung L'Amour fou (Ausstellungskatalog Washington D.C. 1985) hingewiesen. Da dieser Aspekt in meiner Untersuchung allerdings keine Rolle spielt, gehe ich hierauf nicht näher ein.

[367] Sekula macht dieses an der Ausstellung L'Amour fou, Ausstellungskatalog Washington D.C. 1985 fest sowie an den Arbeiten von Joel-Peter Witkin und Frederick Sommer. Ebd., S. 124, 125. Ebenso gibt es Ende der 1980er Jahre Wiederdrucke von Standardwerken, beispielsweise Maurice Nadeau Geschichte des Surrealismus, Reinbek bei Hamburg 1989 (1945).

[368] Sekula 1999b, S. 129.

Abschließend führt Sekula aus, dass Einflüsse des Surrealismus Eingang im Postmodernismus finden und dass „[...] surrealism is no longer viewed as a pulse or throb that periodically runs through twentieth-century art and photography, but as an unbroken thread."[369]

Sekula betrachtet Surrealismus nicht als periodischen Stil oder Strömung innerhalb der Kunstgeschichte wie beispielsweise den Kubismus, sondern als eine Art Faden, der sich immer wieder durch die gesamte Kunst zieht:

> „Seeing surrealism as a thread woven into the fabric of the art of this century is fundamentally different than defining it as a pulse that periodically disrupts the arena of art, which in turn is different from seeing it as a unique episode occasioned by a specific confluence of historical, social, and cultural conditions."[370]

Allgemein typische Merkmale für diese Art der surrealen Transformation sind unter anderem unmanipulierte Portraits von Individuen, oftmals am Rand der Gesellschaft, wie sie beispielsweise auch Diane Arbus angefertigt hat. Nach Sekula sind die Arbeiten von Arbus als surreal im Hinblick auf die Evozierung des Grotesken zu bezeichnen.[371]

Realität wird hier in eine andere Dimension überführt. Unheimliche Elemente sind dabei oftmals Effekte ebenso wie ironische Gegenüberstellungen und eine besondere Form von Humor, wie sie auch in den Arbeiten Levitts zu finden sind. Somit enthalten meines Erachtens nach, in Fortführung der Gedanken Sekulas, die Arbeiten Levitts eine surreale Transformation des Dokumentarischen.

Abschließend lässt sich festhalten, dass die Schwierigkeit des Dokumentarismus-Begriffs darin begründet liegt, dass er eine Vielzahl von unterschiedlichen Verwendungen findet. Sicherlich gibt es einen Stil, den man in Ermangelung eines treffenderen Begriffs dokumentarisch nennen kann.

Dieser Begriff kann sowohl fotogeschichtliche Epochen als auch ein Feld fotografischer Arbeitsweisen bezeichnen und definiert sich in Opposition zu anderen Formen der Wirklichkeitsverarbeitung. Zwar kann es sinnvoll sein, zur Klassifikation den Begriff Dokumentarismus zu verwenden, jedoch verdeckt dieser Gebrauch den fotografischen Prozess. Das Entscheidende einer Fotografie ist nicht ihr Wiedererkennungseffekt, sondern deren Betrachtung im gesellschaftlichen Zusammenhang.

---

369 Ebd., S. 132.

370 Ebd., S. 133.

371 Ebd., S. 127.

Fotografien liefern Betrachtungsweisen der Wirklichkeit und nicht diese selbst. Ausschnitt, Komposition, Auswahl, Bearbeitung etc. sind Elemente, mit denen der Fotograf sein Bild gestaltet. Letztendlich führen diese Überlegungen zu der Aussage, dass der Begriff ‚dokumentarische Fotografie' einer Revision zu unterziehen bzw. zu hinterfragen ist, ob mit ihm überhaupt noch sinnvoll zu argumentieren ist.[372]

Das Werk von Helen Levitt reiht sich durch den Prozess der scheinbar dokumentarischen Fotografie in eine Tradition der Straßenfotografie ein. Dennoch spricht sie sich gegen eine sozialengagierte Dokumentarfotografie sowie gegen fotojournalistische Verwertungszusammenhänge aus. Levitt ist an einer objektiven Fotografie interessiert, ohne dabei rein dokumentarisch zu arbeiten. Sie betrachtet Realismus als Resultat eines Doppelspiels von objektiver Realität und subjektivem Ausdruck. Diese Form eines tiefgreifenden Realismus ist mittels eines Gefühls für das Wesentliche und eines Verständnisses für das dargestellte Subjekt erreichbar. Somit handelt es sich nur scheinbar um Momentaufnahmen. Die Bilder sind fotografische Konstruktionen, bei denen es gilt, die menschlichen Bezüge zu entdecken. Levitt lässt sich somit als eine Art Forscherin oder besser Flaneuse bezeichnen, die in ihren Arbeiten zwischenmenschliche Kommunikation wiedergibt, von den ursprünglichen Graffiti bis zu den dokumentarischen Inszenierungen auf der Straße. Zudem enthält ihr dokumentarischer Ansatz surreale Elemente.

4. Formale Aspekte im fotografischen Werk von Helen Levitt

Allgemein formale Aspekte im fotografischen Werk von Helen Levitt möchte ich zunächst an ihren Fotobüchern *A Way of Seeing* (1965, 1981, 1989), *In the Street* (1987), *Mexico City* (1997), *Crosstown* (2001) und *Here and There* (2003) aufzeigen, da die Bücher die Grundlage für die Einzelanalyse der Fotografien bilden. Alle Bücher sind von Levitt selbst herausgegeben, die auch an der jeweiligen Gestaltung mitgewirkt und die Auswahl der Aufnahmen getroffen hat. Den Bildern ist jeweils ein kurzseitiger Essay von James Agee, Robert Coles, James Oles, Francine Prose bzw. Adam Gopnik vorweggestellt.

---

372 Vgl. auch Starl 2002, S. 77.

4.1. Die Fotobücher: *A Way of Seeing, In the Street, Mexico City, Crosstown* und *Here and There*

A Way of Seeing[373] ist das erste Fotobuch von Helen Levitt, welches eine umfassende Auswahl ihrer Fotografien enthält.[374] Das Buch ist bereits 1948 fertiggestellt worden, wurde jedoch erst 1965 veröffentlicht – zehn Jahre nach Agees Tod, der den Text dazu bereits 1946 im Zusammenhang mit dem Film *In the Street* verfasst hat.[375]

Die Schwarzweiß-Aufnahmen sind Ende der 1930er Jahre bis Mitte der 1940er Jahre in den Straßen von Yorkville, Harlem und der Lower East Side in New York entstanden und ein Großteil der Fotografien war bereits 1943 in Levitts Einzelausstellung im Museum of Modern Art in New York ausgestellt.

Die erste Ausgabe wurde 1965 bei The Viking Press in New York verlegt. Die zweite Auflage erschien 1981 und die dritte 1989 mit 20 zusätzlichen Fotos bei Duke University Press in Durham, North Carolina.[376] In der ersten Ausgabe ist der prosaische Text von Agee, der Levitts Bilder als lyrisch umschreibt, zwischen den 50 Abbildungen gesetzt, die in loser episodischer Reihenfolge aneinander montiert sind. Das Design des Layouts spielt mit den unterschiedlichen Formaten der Bilder, so dass diese manchmal klein in der linken Bildecke erscheinen, manchmal über den Seitenbruch gezogen sind (Vgl. Abb. 30a+b). In den späteren Ausgaben ändert sich nicht nur Anzahl und Anordnung der Fotos, sondern auch Titel und Layout des Buches (Vgl. Abb. 31). In der Ausgabe von 1989 ist Agees Text über neun Seiten den nun meist rahmenfüllenden 86 Fotos vorweggestellt. Die Bilder sind mittig angeordnet, von einem weißen Rand umgeben und nur durch Abbildungsnummern unter der rechten Bildecke ergänzt. Oftmals ist die gegenüberliegende linke

---

373 Levitt 1989 (1965).

374 Dieses Buch gehört auch zu den 101 Fotobüchern, die Andrew Roth zusammengestellt hat. Siehe Roth 2001, S. 178–179.

375 Die Fotografien ähneln den Aufnahmen des Films *In the Street* von 1945/46, der allerdings erst 1952 veröffentlicht wurde. Auf diese medialen Interdependenzen zwischen Foto und Film gehe ich in Kapitel 6.2. ausführlicher ein. Das Projekt mit dem befreundeten Schriftsteller Agee und der Kunsthistorikerin Janice Loeb stellt eine kinematografische Umsetzung der Fotografien Levitts dar, wie in Kapitel 6 herausgearbeitet wird. Vgl. auch Roth 2001, S. 178.

376 *A Way of Seeing* wurde in leicht veränderter Form bisher dreimal aufgelegt: New York: The Viking Press 1965; New York: Horizon Press 1981; Durham, North Carolina: Duke University Press 1989.

Buchseite freigehalten, manchmal durch das passende Foto-Äquivalent motivisch ergänzt.

Etwa Zweidrittel der Aufnahmen stellen Kinder beim Spielen (Vgl. Abb. 35; 40–44) dar bzw. es sind Spuren von Kindern erkennbar, etwa in den Kreidezeichnungen und Graffiti.

Zwischen diesen sozialen Interaktionen auf der Straße ist eine besonders große Anzahl von Fotografien verkleideter Kinder auffallend: in Kostümen, mit Masken, beim Verstecken oder bei fantastischen Spielen – jedes Bild gibt eine bestimmte Form kindlicher Freiheit wieder (Vgl. Abb. 45–49).

Anscheinend sind sich die Dargestellten selten des Akts des Fotografierens bzw. der Anwesenheit der Fotografin bewusst. Der Titel *A Way of Seeing* lässt gleichzeitig die Subjektiviät der Fotografin mit einfließen. Es ist der Weg beschrieben, wie Helen Levitt ihr Umfeld sieht, in einer ganz eigenen, subjektiven Form.

Das Fotobuch *In the Street. Chalk Drawings and Messages New York City 1938 – 1948*[377] ist 1987 bei Duke University Press in Durham, North Carolina entstanden. Wie schon im Titel deutlich wird, enthält es Schwarzweiß-Fotografien, die in New York zwischen 1938 und 1948 aufgenommen wurden und Kreidezeichnungen sowie geschriebene Botschaften von Kindern wiedergeben (Vgl. Abb. 36–39). Der einleitende Text von Robert Coles, einem Professor für Kinderpsychiatrie, ist über drei Seiten vor den Bildern angeordnet. Die 115 Fotos sind ohne Unterschrift, Abbildungsnummern oder sonstigen Text aneinandergereiht. Dabei stehen manchmal bis zu vier, motivisch einander ähnelnde, Einzelfotos auf einer Doppelseite, manchmal bestreitet ein einziges Bild eine doppelte Seite. Die überwiegende Anzahl der Aufnahmen enthält Zeichnungen und Graffiti, die auf die Straße oder an die Häuserwände skizziert bzw. geschrieben In nur wenigen Fällen sind Kinder direkt beim Zeichnen mit dargestellt. Insgesamt geht es um die serielle Anordnung von vorgefundenen Textbotschaften, als deren Autoren in erster Linie Kinder vermutet werden können.

Mexico City[378] ist 1997 bei DoubleTake in New York erschienen und enthält 67 Schwarzweiß-Aufnahmen von Helen Levitt, die 1941 während einer Reise in Mexiko entstanden sind (Vgl. Abb. 58, 59). Der einleitende Text über 35 Seiten von James Oles enthält diesmal nicht nur Fußnoten, sondern auch neue, kleinere Vergleichsabbildungen, darunter Fotos bzw.

377 Levitt 1987.

378 Levitt 1997.

Filmaufnahmen von Tina Modotti, Manuel Alvarez Bravo, Edward Weston, Henri Cartier-Bresson, Walker Evans und Luis Buñuel, die ebenfalls in Mexiko bzw. auf Kuba entstanden sind. Levitts Bilder sind mittig angeordnet und stehen jeweils als Einzelfoto auf einer Seite, deren untere Ecke nur mit der jeweiligen Seitenzahl versehen ist. In wenigen Fällen ist die gegenüberliegende Seite freigehalten, um die Besonderheit einer Aufnahme zu betonen. Hinter dieser Bilderabfolge erscheint Oles Text noch einmal auf Spanisch, dazu am Ende eine Liste mit ausgewählten Ausstellungen von Helen Levitt sowie Literaturangaben. Das Buch ist somit eine Fortführung des ansonsten typischen Fotobuches, das aus essayistischen Texten und den Fotografien der Künstlerin besteht. Dieser Ansatz, der darauf zielt, die Abbildungen ohne Text zu präsentieren, wird in dem folgenden Werk *Crosstown* wieder verstärkt fortgesetzt.

Crosstown: Photographs by Helen Levitt[379] ist 2001 bei powerHouse Books in New York von der Autorin herausgegeben worden. Es stellt einen Querschnitt durch ihr Gesamtwerk dar und enthält neben den frühen Schwarzweiß-Aufnahmen, die zu einem großen Teil auch in *A Way of Seeing* abgebildet sind, auch Farbfotografien aus ihren späteren Jahren (Vgl. Abb. 65–69; Original in Farbe). Der essayistischen Einleitung über fünf Seiten von Francine Prose, folgen 94 Schwarzweiß-Abbildungen aus den Jahren 1936 bis 1948 sowie 43 Farbaufnahmen und 38 Schwarzweiß-Fotos, die nach 1959 entstanden sind. Die Bilder sind fast immer einzeln in der Mitte der Seite angeordnet und nur mit den Seitenzahlen des Buches versehen. Eine Ausnahme bildet die serielle Anordnung von acht Aufnahmen auf einer Doppelseite, die dadurch Ähnlichkeit zu einer Filmsequenz aufweisen (siehe Abb. 70a–h). Erklärende Bildunterschriften, Jahreszahlen, weiterführende Literatur oder Ausstellungslisten fehlen ganz.

Als bisher letztes Fotobuch ist 2003 bei powerHouse Books *Here and There* erschienen, das 109 zum Teil bekannte Schwarzweißaufnahmen enthält, die zum größten Teil aus dem Frühwerk von Levitt stammen. Der vorangestellte Essay von Adam Gopnik huldigt die Stadt New York und geht kaum auf die abgebildeten Fotografien ein. In der Tradition ist es ähnlich wie der Band *Crosstown* aufgemacht, jedoch etwas kleiner im Format. Auch hier fehlen Beschriftungen und Verweise. Ein Bild steht jeweils auf einer Seite für sich und erklärt sich ohne Unterschriften. Insgesamt wirkt dieses Buch wie eine billige Zweitverwertung des Verlages ohne wirklich neue Erkenntnisse vorzubringen.

---

[379] Levitt 2001.

4.1.1. Techniken und Themengebiete

Levitts subjektive Perspektive dient in erster Linie der Verdeutlichung, auf extreme Blickwinkel wird verzichtet. In der Regel hat sie ihre Modelle und Motive aus der Augenhöhe aufgenommen, Verzerrungen wie Vogel- oder Froschperspektive kommen nicht vor. Als Fotografin hat sie eine individuelle Sehweise entwickelt, die eng mit ihrem Bildthema verknüpft ist.

Technisch gesehen sind die Fotografien Levitts Negativvergrößerungen. Manchmal hat Levitt durch spezielle Bildausschnitte versucht, interessantere Details heraus zu arbeiten, dieses war jedoch der einzige nachträgliche Eingriff. Von der photographischen Platte z. B. ist eine Vielzahl von Abzügen möglich; die Frage nach dem echten Abzug hat keinen Sinn.[380]

Die Fotografien sind oftmals an einer Normalsicht der menschlichen Augenhöhe sowie einer mittelpunktzentrierten ausgewogenen Bildordnung orientiert. Im Vergleich zu den verfremdeten Realitätsausschnitten der 1920er Jahre mit ihren asymetrischen, gekippten, dezentralisierten und extrem angeschnittenen Konfigurationen, aus extremen Perspektive heraus aufgenommen, erscheinen Levitts Bilder eher klassisch und traditionell. Ihre Art der Ästhetik wird unterstrichen durch eine zumeist gleichmäßige Beleuchtung des Motivs durch natürlich einfallendes, seitliches Sonnenlicht, das harte Konturen zeichnet, so das alle Details sich gut erkennbar abzeichnen (Vgl. Abb. 55, 61). Des weiteren gehören eine Frontalität der Ansicht, eine formatfüllende Fixierung des Bildgegenstandes sowie eine mittlere Distanz zu den typischen Stilmerkmalen der Fotografien von Levitt (Vgl. Abb. 48, 58). Zusammengenommen erfordern sie eine konzentrierte Betrachtung, da alle Details gleichmäßig ausgeleuchtet sind und keines durch optische Mittel überakzentuiert ist. Die von der Fotografin bewusst gewählte Konformität ihrer Fotografien mit der alltäglichen Normalsicht widerspricht eigentlich allen Wahrnehmungstheoremen jener Fotoästhetik, die mit Hilfe der visuellen Verfremdung und einer Irritierung der gewohnten Sehweise versucht, die Wahrnehmung zu durchbrechen und so ein neues Sehen zu erreichen. Eine solche Wahrnehmung wird dem Betrachter der Fotografien von Levitt gerade aufgrund ihrer *Normalität* nahegelegt, so dass sich eine tiefere Bedeutung oftmals erst auf den zweiten Blick erschließt.

Des weiteren liegt den Aufnahmen eine formale Ordnung zugrunde. Das einzelne Bild ist von der Spontaneität der einzelnen Personen und vom

---

380 Benjamin 1996 (1963), S. 17, 18.

Zufall geprägt (Vgl. Abb. 41, 43). Levitt ist an diesem fragilen, entscheidenden Moment interessiert. Bei vielen Arbeiten lässt sich spekulativ nachweisen, wie sich die komplexe Erzählstruktur einseitig verändern würde, hätte Levitt früher oder später auf den Auslöser gedrückt. Die Straße, der Gehsteig sind dabei Teile einer Bühne (Vgl. Abb. 51, 56). In den Bildern entfaltet sich assoziativ eine umfassende Geschichte.

Bei den Fotografien Levitts steht der Mensch überwiegend im Mittelpunkt. Für Levitt liegt die Faszination im Alltäglichen: sie erkundet Nebenstraßen und gewöhnliche Ecken, nicht die Hauptattraktionen einer Metropole wie New York. Die Aufnahmen erwecken dabei nicht den Eindruck, als wollten sie die Welt verbessern oder verschönern. Es geht ihr nicht um Spurensicherung wie etwa in den Pariser Straßenbildern von Atget oder um die Tatorte des Verbrechens wie in den Bildern von Weegee.[381]

Helen Levitt wird selbst zur ‚Täterin', indem sie ihre ‚Opfer' mit der Kamera verfolgt und in den spontanen Choreografien des Alltags überrascht (Vgl. Abb. 43, 64). Arrangierte Szenen sind daher für sie unrelevant: sie sucht eher skurrile Begegnungen auf, um so scheinbar spontane Momentaufnahmen zu erzielen (Vgl. Abb. 60, 61). Die Bilder wirken dabei wie eine Selbstbehauptung im Theater des Realen. Das Konzept, auf den Moment zu zielen, setzte dabei neue ästhetische Wertmaßstäbe voraus.

Bei einer großen Anzahl der Bilder Levitts sind Szenen der Alltagswelt abgebildet, die durch ihre Auswahl und die dabei erzielten Ausschnitte eine ungewöhnliche oder zum Teil situationskomische Wirkung erzielen (Vgl. Abb. 64, 66). Diese Bilder beziehen ihre Spannung weniger aus einem formalen Bildaufbau, als eher aus der durch ihre Art des Zuganges entstanden Bildaussage. Hierbei bediente sich die Fotografin vielfach bereits in der Situation vorgefundener, ungewöhnlich wirkender Konstellationen. Selten sind die Motive bewusst arrangiert. Diese Momente fallen durch die ihnen innewohnende visuellen Widersprüche auf, wodurch die Bildwirkungen verstärkt werden bzw. neue Bildaussagen entstehen. Der Zugang hierfür ist jedoch weniger durch extreme Arbeitsweisen geprägt (wie etwa auschnitthafte Reduktionen und radikale Perspektiven), als vielmehr gerade aufgrund der Blickwinkel auf alltägliche Motive, die ungewohnte und dadurch andere Elemente hervorkehren (Vgl. Abb. 62, 69).

---

[381] Zu der Sensationsfotografie Weegees siehe auch: Weegee, Naked New York. Mit einem Text von John Coplans, München 1997 sowie Weegee 1996.

Diese Ergebnisse wurden nicht aufgrund der fotografischen Mittel erzielt, sondern gerade mit Hilfe eines unspektakulären Blickwinkels. Die häufig gezeigten Alltagsdarstellungen haben weniger Porträtcharakter, als dass sie vielmehr versuchen, den Menschen im Zusammenhang mit seiner Umgebung zu zeigen und nicht als isoliertes Objekt (Vgl. Abb. 51, 57).

Mit dieser eher vorsichtigen oder beiläufigen Herangehensweise zu einem Alltagsgeschehen, in das die Fotografin nicht eingegriffen hat, werden für den Betrachter Fragen aufgeworfen: Fragen nach den gezeigten Personen, nach der Vorgeschichte der Situation und ihrem Weitergang.

Die Fotografien bilden Alltäglichkeiten ab, entdecken im Vertrauten Übersehenes, das vermeintlich nicht Notierenswerte. Dabei spielt die unmittelbare Umwelt der Fotografin, der Stadt in der sie lebt, sowie die Menschen um sie herum mit ihren gesellschaftlichen Riten anlässlich bestimmter städtischer Gewohnheiten eine besondere Rolle. Levitt belässt den abgebildeten Menschen durch ihr zwangloses Flanieren ihre persönliche Integrität und charakterisiert sie durch ihre eigene Umgebung (Vgl. Abb. 46, 56). Die scheinbar spontane Entstehungsweise solcher Aufnahmen verhindert offenbar eine direkte Konfrontation der Personen mit der Kamera. Dieser Eindruck wird zusätzlich durch die Verwendung eines Winkelsuchers an der Kamera verstärkt. Der Kontakt zu den Personen wird vermieden, in den meisten Fällen sind die Namen der Porträtierten nicht weiter bekannt. Das Bild vom Menschen, das Levitt in ihren Aufnahmen entwirft, betont häufig das Verhältnis des Menschen zu seinem sozialen Umkreis, wobei zivilisatorische und vor allem urbane Kriterien im Vordergrund stehen.

Fast alle Fotografien Levitts zeigen städtische Alltagszenen, die sowohl in den Randgebieten New Yorks als auch kurzzeitig in Mexiko City entstanden sind (Vgl. Abb. 58, 59). Diese Aufnahmen bestimmen das gesamte Bildkonvolut. Ländliche Szenen oder Innenraumaufnahmen sind deutlich unterrepräsentiert. Es finden sich kaum Motive mit verfremdender Wirkung.

Auffallend ist, dass sich eine große Anzahl der Darstellungen von Menschen deutlich mit dem Verhältnis der Dargestellten zu ihrer Umgebung auseinandersetzen und somit Informationen bereitstellen, die auf die fotografierte Situation oder auch die Eigenheiten von Personen zurückschließen lassen.

Diese genrehaft wirkenden Aufnahmen gehören damit zu dem Hauptbestandteil der Arbeiten Levitts. Sie enthalten in geringem Maße inszenierte Eingriffe in die dargestellten Szenen und zeigen einen eher zurückhaltenden, kamerafotografischen Zugang zu den Motiven. So lässt sich festhalten, dass Levitt Bildbeispiele ausgesucht hat, die Szenen der

Wirklichkeit wiedererkennbar ablichten, bei denen oftmals ungewöhnliche Konstellationen aufgesucht bzw. Ausschnitte gewählt wurden, die situationskomische Bildwirkungen hervorbringen.

Diese Bildbeispiele mit situationskomischer Wirkung, bei denen durch die Art der Auswahl von vorgefundenen Situationen zum Teil surreal wirkende Bildergebnisse erzielt wurden, lassen sich wiederum in Gruppen unterteilen.

Bei Fotografien einer Gruppe wurden die Bildwirkungen mit ungewöhnlichen Ausschnitten aus alltäglichen Zusammenhängen erzielt (Vgl. Abb. 52, 53). Weitere Beispiele zeigen Zustände, die in sich bereits ungewöhnlich erscheinende, unwirkliche oder ironische Bildwirkungen wiedergeben (Vgl. Abb. 60, 69). Bei einer weiteren Anzahl von Aufnahmen, besonders aus dem Spätwerk, wurden solche Konstellationen aufgesucht, die stark formal visuelle Reize boten: harte Kontraste, intensive Farben, geometrische Formen und Strukturen, die gegenüber dem Abbildungswert ein sehr deutliches Gewicht bekommen (Vgl. Abb. 67, 68).

Alle diese Fotografien beziehen ihre bildgestalterischen Elemente aus vorgefundenen Merkmalen, die von der Fotografin aufgesucht und in den Mittelpunkt des Bildinteresses gerückt wurden.

4.1.2. Ausschnitte und formaler Bildaufbau

Eine große Anzahl von Aufnahmen fällt durch Ausschnitte aus Alltagssituationen auf, die unausgewogene Kompositionen bzw. einen ungewöhnlichen Zugang zu den dargestellten Szenen zeigen (Vgl. Abb. 52, 53). Durch den jeweils gewählten Ausschnitt, überschneiden sich die Motive oftmals mit dem Bildrand. Viele Abbildungen nehmen ihr Motiv nicht zum alleinigen Bildschwerpunkt, sondern ziehen die Umgebung mit ein und weisen damit neue Zusammenhänge auf. Gerade aus einem häufig unentschieden wirkenden Blickwinkel und einem Wechselspiel zwischen Motiv und Umgebung beziehen diese Arbeiten ihre Spannung.

Die Kompositionen wirken oftmals spontan und zum Teil als wären sie in Bewegung innerhalb weniger Sekunden entstanden (Vgl. Abb. 42, 51). Viele der Arbeiten enthalten eine subtile Art von Humor, in der Weise, dass scheinbar widersprüchliche Bedingungen in Erscheinung treten.

Viele der Fotografien mit einem formalen Bildaufbau beziehen die Spannung ihrer Bildwirkung aus überwiegend vertikalen oder horizontalen Linien der abgebildeten Umgebung (Vgl. Abb. 47, 50). Sie sind vor allem in Blickwinkeln gezeigt, die selten von einer geraden und horizontalen

Darstellung abweichen. Die formalen Merkmale sind zumeist so deutlich ins Bild gesetzt, dass sie die Komposition dominieren. Durch einen solchen Zugang können die Aufnahmen abstrahierend wirken, ohne jedoch die Erkennbarkeit des Dargestellten in Frage zu stellen.

5. Helen Levitts surrealen Blickweisen auf den Alltag

In diesem Kapitel meiner Untersuchung möchte ich die Blickweise auf den Alltag in den Arbeiten Levitts näher beschreiben, um so die surreale Transformation zu bestimmen. Doch zunächst ein paar Begriffsklärungen zum Alltag, die mir im Verlauf der Arbeit als Grundlage dienen.

Im 19. Jahrhundert haben sich Elemente des Alltags noch an Objekten wie Kleidung oder Schmuck ablesen lassen, heute definiert sich Alltag eher über Handlungen, die den Alltag ausmachen.[382] Zu diesen Handlungen gehören alltägliche Dinge, wie beispielsweise mit den Nachbarn bzw. Freunden kommunizieren oder auf der Straße spielen – Motive, die auch in den Arbeiten von Levitt immer wieder auftauchen. Diese wiederkehrenden, routinierten Abläufe bestimmen die eigene Lebenswelt und somit gesellschaftliche Strukturen. Diese Alltagswelt ist eine vorgegebene Erfahrungsumwelt, die immer wieder neu angeeignet und somit verändert werden kann.[383]

Bereits Ende der 1970er Jahre machte der Soziologe Norbert Elias auf die mangelnde Trennschärfe des Begriffs Alltag aufmerksam, der heute immer noch für verschiedene Bereiche verwendet wird. So hinterfragte er, ob dieser Universalbegriff überhaupt auf alle „[...] Gesellschaften aller Zeiten und Räume anwendbar ist."[384]

Der Begriff ‚Alltag' wird bei Elias im allgemeinen als Synonym für ‚Werktag' im Gegensatz zum ‚Sonntag' gebraucht.[385] Entsprechend werden dem Adverb ‚alltags' die Bedeutungen von ‚werktags' und ‚wochentags' zugewiesen.[386] Weitere Bedeutungsfelder, die sich auch bei den Fotografien von Levitt assoziieren lassen, sind Begriffe wie

382 Schnell 2000, S. 15.

383 Ebd.

384 Norbert Elias, Zum Begriff des Alltags, in: René König und Friedhelm Neidhardt (Hg.), Kölner Zeitschrift für Soziologie und Sozialpsychologie, Köln 1978, S. 22–29, spez. S. 29.

385 Siehe ebd., S. 26.

386 Vgl. auch Peter Jehle, Alltäglich/Alltag, in: Karlheinz Barck (Hg.), Ästhetische Grundbegriffe: historisches Wörterbuch in sieben Bänden, Stuttgart, Weimar 2001, Bd. 1, S. 104–133.

‚gewöhnlich', ‚durchschnittlich', ‚banal' oder auch ‚trivial'. So wirken die Aufnahmen von profanen Umwelten einfacher Menschen auf der Straße auf den ersten Blick alltäglich.

Adorno geht von einer Ästhetisierung des Alltagslebens aus und hat eine ‚Entkunstung der Kunst' durch die Einebnung der Differenz von Leben und Kunst festgestellt.[387] Dieser Ansatz findet eine Fortsetzung in der Aussage Bermans, „[...] dass die kulturhistorisch bedeutendste Folge der Avantgarde die Ästhetisierung des Alltagslebens [...]"[388] ist – eine Aussage, die meine Behauptung unterstreicht, dass der Alltag in den 1930er Jahren abbildungswürdig wird (Vgl. Kap. 2.3.1.).

Für meine Untersuchungen dienen mir exemplarisch ausgewählte Bildbeispiele Helen Levitts als Grundlage. Bisher gibt es im kunsthistorischen Diskurs hierzu noch keine tiefergehenden Ausführungen zu meiner Beobachtung. Dennoch stehe ich mit meinen Analysen, die einen surrealistischen Zugang in den Arbeiten Levitts offen legen, nicht alleine dar. Bereits in den 1940er Jahren wurden Arbeiten von Levitt im surrealistischen Kontext veröffentlicht. Es handelt sich hierbei zum einen um die Erstausgabe von *VVV* aus dem Jahr 1942 (Vgl. auch Kap. 2.2.). Hier ist ein Text von Roger Caillois über den Mythos Kindheit mit zwei Bildern von Levitt illustriert (Vgl. Abb. 38 und Abb. 47).[389]

Zum anderen beinhaltet die Ausgabe „America Fantastica" der Zeitschrift *View* von 1943 zwei Fotografien von Helen Levitt: „Going" (Abb. 44) sowie „Knight in Harlem" (Abb. 32; Vgl. auch ähnlich Abb. 49) von Helen Levitt. Die dargestellte, verkleidetet Figur mit dem Dolch ist in eine unheimliche Atmosphäre der Straße eingehüllt. Das Foto ist in eine Sequenz von Bildern eingereiht, die Edgar Allan Poe gewidmet war.[390]

---

387 Theodor W. Adorno, Ästhetische Theorie, Frankfurt am Main 1970 (posthum). Hg. von Gretel Adorno und Rolf Tiedemann, S. 32.

388 Russel A. Berman, Konsumgesellschaft. Das Erbe der Avantgarde und die falsche Aufhebung der ästhetischen Autonomie, in: Christa und Peter Bürger (Hg.), Postmoderne: Alltag, Allegorie und Avantgarde, Frankfurt am Main 1988, S. 56–71, spez. S. 62.

389 Roger Caillois, The Myth of secret treasures in childhood, in: View, New York 1942, S. 4–8. Die Abbildungen von Levitt befinden sich auf den Seiten 4 und 8. Auffallend ist der Tippfehler „Elen Levitt" mit dem die Fotos beschriftet sind.

390 Helen Levitt, in: View, Serie 2, Nr. 1–4, April 1942 bis Januar 1943, Hg. von Charles Henri Ford. Hier nach Kraus Reprint Nendeln/Liechtenstein 1969, Abbildungen S. 22 und 35.

Auch Gruppenausstellungen haben die surrealistischen Tendenzen in Levitts Fotografien unterstrichen. Sheryl Conkelton organisierte unter dem Titel *American Surrealist Photography* 1994 im Museum of Modern Art in New York eine Ausstellung mit surrealistischen Fotografien und Zeitschriften, in der Levitt mit drei Aufnahmen vertreten war (Vgl. Abb. 45, 60, 62).[391]

Diese Ausstellung zeigte 45 Aufnahmen und Zeitschriften, darunter *View* und *VVV*, von über zwanzig Künstlern aus den Jahren 1930 bis Mitte der 1950er Jahre aus der Sammlung des Museumsbestandes und thematisierte surrealistische Einflüsse in der amerikanischen Fotografie. Unter anderem heißt es hier zu einer Aufnahme von Levitt (Vgl. Abb. 60):

> „The effects of Surrealism on the work of Berenice Abbott, Walker Evans, Helen Levitt, and others primarily took the form of an openness to the uncanny to be found in everyday life. In Levitt's New York (ca. 1945), for example, a woman leans into a baby carriage, appearing to lose her head, while a child laughs frantically."[392]

Auch Sandra Alvarez de Toledo unterstützt meine Beobachtung mit ihrer Behauptung: „Helen Levitt war anfänglich eine surrealistische Photographin."[393]

Levitts surrealistische Blickweise drückt sich in ihren Straßenporträts aus, in den zufälligen Begegnungen und den Objets trouvé. Ihr Hang zum Surrealismus manifestiert sich vor allem in der Anziehung, die seit den 1930er Jahren die Stadtviertel in New York und vor allem in Harlem auf sie ausgeübt haben, weil sie dort Freiheit, Phantasie und Improvisation gefunden hat. Ebenso einen Sinn für den Raum, der anderswo anscheinend bereits verloren gegangen war. Ihr Interesse gilt dem Zufälligen und den Interaktionen zwischen Menschen, denen scheinbar ansonsten, außer den direkt Beteiligten, keiner große Aufmerksamkeit schenkt, wie beispielsweise einem Gespräch zwischen Nachbarn oder spielenden Kindern. Solche banal wirkenden Szenen aus dem Alltag bilden ein Hauptmotiv der in sich geschlossenen Lebensausschnitte, die oftmals dem Tanz ähnlich sind. So gestaltet Levitt eine Welt voller Individuen, deren Alltag aus Freude, Leid, Einsamkeit oder auch Geselligkeit besteht. Dabei

---

391 Leider ist zu dieser Ausstellung kein Katalog erschienen, so dass mir hier nur die Pressemitteilung des Museums of Modern Art in New York vom März 1994 vorliegt (aufgelistet in den Archivalien).

392 Vgl. ebd., S. 2.

393 Sandra Alvarez de Toledo, Straße, Mauer, Delirium, in: Catherine David (Hg.), Das Buch zur Documenta X, Kassel 1997, S. 112.

spielt auch Nostalgie eine wichtige Rolle, die Sehnsucht nach einer Stadt, die noch nicht zu sehr von Massenmedien und Werbung geprägt war. Levitt beschreibt das öffentliche Leben alltäglicher Leute.

Auffallend ist, das in den frühen Arbeiten Levitts auf den Straßen kaum Autos, Fremde oder Flaneure erscheinen – die Rolle der fremden Flaneuse übernimmt sie selbst. Hierbei ist zu berücksichtigen, dass sie sich, unabhängig davon, auf was oder wen sie das Objektiv ihrer Kamera (trotz Winkelsucher) richtete, als weiße Frau mit ihrer Leica in den Straßen von Harlem oder anderen eher heruntergekommen Stadtvierteln, nicht unbemerkt bewegen konnte. Auf dieses Verhalten ist in einigen Bildern eine deutliche Reaktion erkennbar, indem die Porträtierten direkt in die Kamera schauen (beispielsweise Abb. 48, 57).

Der Raum, auf den Levitt ihre Aufmerksamkeit richtet, ist eng, selten ist ein Stück vom Horizont oder vom Himmel erkennbar. Dieser Bereich passt in die Breite des Gehwegs zwischen der Fassade und der Straße. Kinder spielen auf den Trottoirs, den Treppenstufen und entlang der Geländer. Die Erwachsenen stehen oder sitzen vor den Hauseingängen. Die Distanzen zwischen ihnen werden durch soziale bzw. symbolische Bande und Linien verbunden: durch eine Mauer, eine Treppenflucht oder durch eine Tür, die sich stets im Hintergrund des Bildes befinden. Das Band ist als solches direkt abgebildet (Abb. 42) oder wird durch Gesten, Inszenierungen und Wortwechsel auf der Mauer immer wieder betont. Levitt rückt damit ganz bestimmte Räume ins Bild, zwischen Leere und Abgrenzung, zwischen Autonomie und Geselligkeit.

Die von Levitt auf diesem Terrain vorgenommene Auswahl ist eine subjektive. Ihr Interesse als Frau, Flaneuse und Fotografin gilt bestimmten Stadtvierteln und deren Hang zum Burlesken und Karnevalesken, was besonders in den Aufnahmen, die an Halloween entstanden sind, deutlich wird. (Vgl. Abb. 45, 46, 49).

Um die Arbeiten Levitts näher in einem surrealistischen Kontext zu analysieren habe ich diese in fünf Gruppen mit jeweils fünf Bildern zusammengestellt, die sich wie folgt aufteilen: Graffiti und Kinderzeichnungen; Das Spiel auf der Straße; Maskeraden und Verkleidungen; Spiegelungen und Fundstücke sowie Levitt als Flaneuse zwischen den Kulturen. Ergänzt werden diese Einheiten durch Aufnahmen surrealer Situationskomik, die Levitt durch nicht erwartete Gegenüberstellungen erreicht. Hinzu kommt ein Ausblick auf das farbige Spätwerk, das sich stark von den Schwarzweiß-Fotografien unterscheidet.

Auffällig ist, dass viele Personen in Levitts Fotografien sozialen Randgruppen angehören; hierunter sind besonders viele Kinder.

In Kindern ebenso wie in Erwachsen aus dieser Gruppe findet sich scheinbar mehr Spontaneität und besonders die Straßen der Stadt sind bei schönem Wetter dicht bevölkert, so dass Vielfalt, Fremdartigkeit und Humor nebeneinander stehen. Heute sind diese vieldeutigen Spiele und Gruppenbildungen von den Straßen verschwunden, dennoch vermitteln die Bilder Levitts etwas über die Beziehung zwischen den Menschen und ihrer Umgebung, über Nähe und Distanz, Einsamkeit und sozialer Zugehörigkeit.
Die Figuren reagieren oftmals theatralisch, gerade wenn sie sich offenbar nicht beobachtet fühlen. Dieses entspricht der Vorstellung von Le Corbusier von der Straße als Theater:

> „[...] man müsste sich darauf beschränken, hier und da Plattformen, Podeste, große oder kleine Bühnen zu bauen, wo die Leute sich selbst inszenieren könnten. Es ist besser, daß die Menschen, die in der Stadt spazieren gehen, die zur Arbeit gehen, Theater spielen.“[394]

Dem Spiel kommt hier eine gesonderte Rolle zu: Versteckspiele, Räuber und Gendarm, Maskeraden an Halloween, Verkleidungen, Tanzen – all dies sind Aktivitäten, die hier in erster Linie von Kindern aufgeführt werden. Aber auch die Erwachsenen nehmen an dieser Selbstdarstellung im Alltag teil.
Zu diesen alltäglichen Beobachtungen Levitts auf der Straße zählen auch Reklamewände und Mauergemälde sowie Graffiti, die sozusagen als Kulisse für die Bühnendarstellungen dienen und auf die ich an dieser Stelle näher eingehen möchte.

5.1. Graffiti und Kinderzeichnungen

Fotografieren ist für Levitt eine Methode, menschliche Tätigkeiten im Alltag aufzuspüren. Somit lässt sich auch das Interesse begründen an einer auf die Anfänge der Menschheit zurückreichenden Ausdrucksform: Graffiti. Levitt fixiert und sammelt diese Zeichen gerade zu Beginn ihrer fotografischen Laufbahn besonders intensiv.

Neben der Leidenschaft für eine expressive Körpersprache dieses Territoriums fasziniert Levitt auch die Zeichen- und Bildkultur, die die

394 Le Corbusier, 1948, zitiert nach: ebd., S. 120.

Bewohner hervorbringen und die den Raum überlagern.[395] Westerbeck begründet diese Vorliebe Levitts mit ihrer Schüchternheit:

> „Her shyness is apparent as well in the subjects she chose when she first took up photography. The series she did for the WPA is all of children in the street and of the chalk graffiti they draw there. Photographing graffiti is a way to pursue human beings on the street without having to confront them directly.“[396]

Dieses Nicht-Eingreifen in das Geschehen drückt sich auch in der Verwendung eines Winkelsuchers an der Kamera aus, der es erlaubt, nahezu unbemerkt Fotos von Passanten, Graffiti und Zeichnungen auf den Straßen aufzunehmen. Letztere sind in den 1930er und 1940er Jahren überwiegend aus Kreide aufgemalt, das heißt sie haben meistens nur eine kurzweilige Dauer – bis zum nächsten Regen.

Ursprünglich aus dem Lateinischen kommend und für eine künstlerische Wandputztechnik verwendet, fand der Begriff Graffito im 19. Jahrhundert Verbreitung für die Benennung illegal eingeritzter Zeichnungen, wobei der Begriff fast ausschließlich im Plural verwendet wird.[397] Diese anonymen Markierungen bestehen aus Zeichen, Bild und/oder Text an und in (halb)öffentlichen Stätten. Dadurch wird bereits das Spannungsverhältnis von Anonymität und Selbstdarstellung, Intimität und Öffentlichkeit, Verbot und Übertretung deutlich.[398]

Heute gehören Graffiti mit ihrem Schrift-Bild-Charakter zu einem festen Bestandteil der Gesellschaft und sind überwiegend in der städtischen Umgebung auf Betonmauern, U-Bahnwagen, Parkbänken, in Toiletten oder auch auf Denkmälern zu finden. Das Kritzeln auf öffentlichen Wänden scheint dabei stärker als der Respekt vor dem Eigentum zu sein, wobei das Illegale einen besonderen Reiz ausmacht. Diese Überschneidungen von Kriminalität, Kunst und gesellschaftlichen Phänomenen machen Graffiti bis heute umstritten.

Die ästhetische Bewertung des Graffiti setzt etwa zeitgleich im Hinblick auf Primitivismus sowie Volkskunst und Kinderzeichnungen ein. Ein entscheidender Impuls für eine Neubewertung ging in den 1920er und

---

395 Speziell zu den Graffitis und Kreidezeichnungen siehe Levitt 1987.

396 Siehe Westerbeck/Meyerowitz 1994, S. 264.

397 Weiterführend vgl. auch Johannes Stahl, Graffiti, in: Butin 2002, S. 107–109.

398 Vgl. Schnell 2000, S. 191.

1930er Jahren aus, wobei größere Auswirkungen erst in den 1940er und 1950er Jahren erkennbar wurden.[399]

In der Anfangsphase, die weniger formal und künstlerisch als vielmehr literarisch und intellektuell orientiert war, wandte man sich dem Unbewussten als neue Inspiration der Kunst zu. Hieraus entwickelte sich eine gebündelte Würdigung der Graffiti als Kunstform. Der Fotograf Brassaï (Gyula Halász; 1899–1984) fasste es als Urform und Ideal zeitgenössischer Kunstproduktion auf.[400] Verbunden mit dem geistigen Umfeld des Surrealismus fotografierte er in den 1930er Jahren Graffiti an Pariser Hauswänden, ein Thema, das er über mehrere Jahre verfolgte (Abb. 33). In der Surrealisten-Zeitschrift *Minotaure* (1933–1939), an der er mitarbeitete, verkündete Brassaï 1933:

> „Die Bastardkunst der verachteten Straßen [...] wird ein wertvoller Prüfstein. Ihr Gesetz ist verbindlich, es stellt all jene mühevoll eingerichteten ästhetischen Systeme auf den Kopf."[401]

Der Einfluss des Surrealismus auf den in Ungarn geborenen Fotografen spielte eine entscheidende Rolle ebenso wie die Idee des *fantastique social* von Pierre MacOrlan. Nach MacOrlan gibt das fotografische Bild immer mehr wieder, als ursprünglich intendiert, so dass im nachhinein surrealistische Zusammenhänge entstehen können:

> „Die Fotografie hat eine wichtige Einzelheit festgehalten, deren Bedeutung ich im Augenblick nicht erfasst hatte."[402]

Der Begriff des *fantastique social* war nach MacOrlan etwas, was nur die Fotografie erreichen konnte.[403] Es ging darum, ein aussagekräftiges Bild zu erzielen, welches die Atmosphäre eines Moments widerspiegelt. Bei dieser Suche nach dem emotionalen Gehalt einer Situation gibt es Aspekte, die an den Surrealismus erinnern – etwa den Augenblick

---

399 Siehe auch das Kapitel über Graffiti von Kirk Varnedoe, in: ders., High & Low: Moderne Kunst und Trivialkultur, München 1994, S. 48–73.

400 Zu Brassaï siehe auch Manuel J. Borja-Villel, Zwischen poetischer Aussage und dem Ausdruck des Wesentlichen, in: Ausstellungskatalog Salzburg, Rupertinum u.a. 1994: Brassaï – Vom Surrealismus zum Informel, S. 13–21.

401 G. H. Brassaï, Du mur des cavernes au mur d'usine, in: Minotaure (Paris), Nr. 3/4, 1933. Zit. nach Stahl 2002, S. 107.

402 Die Schriften von MacOrlan über Fotografie waren Ende der 1920er Jahre sehr beachtet. Siehe auch Kemp 1999, Bd. 2: 1912–1945, S. 34.

403 Vgl. auch Borja-Villel 1994, S. 18.

aufzuzeigen, der vorher für den Betrachter nicht sichtbar war und der gleichzeitig von einer realitätsbezogenen Ebene ausgeht. Als ein Vertreter des *fantastique social* gilt beispielsweise auch Atget, der in seinen Aufnahmen der Läden und Gassen eine intime und teils fantastische Perspektive der Stadt wiedergegeben hat (Vgl. Abb. 29). Atget arbeite mit einer 18x24-Plattenkamera mit Stativ und spezialisierte sich auf (Detail-)-Ansichten und Szenen von Paris und den Vororten. Darunter auch die Serie mit dem Titel *Paris pittoresque*, die das Leben und Straßenszenen des sogenannten alten Paris zeigte, zu dem auch das hier abgebildete Foto gehört.

Vertreter des Surrealismus, darunter auch Breton, haben sich aktiv für die Verbreitung der fotografischen Illustration eingesetzt. Die fotografische Technik kam dabei einer surrealistischen Auffassung entgegen, denn der Entwicklungsvorgang verlieh dem Endprodukt Foto einen quasi ‚automatischen' Charakter, der sich dem Zugriff des Verstandes weitestgehend entzog.[404] Die Realitätsfragmente, die die Fotografie sammelt, sind oftmals ziemlich entgegengesetzt und regen die Interpretations- und Konstruktionsgabe des Betrachters aufs Höchste an. Fotos wurden im Sinne von objets trouvés behandelt, wobei der Surrealismus unter Fotografie die Fotografie an sich versteht:

> „[...] die Fotografie der Alben, der Illustrierten, der Polizei, der Wissenschaften, der Fotografen, etc. Als bedeutungsgeladenes Fragment entspricht sie in jedem Fall surrealistischen Zwecken, ob bewusst inszeniert oder als Artefakt anderen Zusammenhängen entrissen und neu interpretiert."[405]

Wie für viele andere Künstlergruppen auch hatte das Urbane eine besondere Bedeutung für die Surrealisten. Die Stadt als System von Bildern sollte helfen, aus besonderen Konstellationen bestimmte Elemente wahrzunehmen. Interessiert an zufälligen Begegnungen, die eine Vielzahl an Assoziationen auslösen konnten, wandelte man scheinbar ziellos durch die Straßen. Dabei war man stets aufmerksam gegenüber dem unerwarteten Detail, welches versteckt hinter den banalen Erscheinungen der Realität, zum Vorschein kommen sollte. Auch Spiegel- und Schatteneffekte wurden häufig verwendet, weil sich durch Verdoppelung und Verzerrung magische Aspekte in scheinbar alltäglichen Objekten offenbarten.

---

404 Siehe ebd., S. 16.

405 Vgl. Kemp 1999, S. 33.

Im allgemeinen werden zwei unterschiedliche Tendenzen in der surrealistischen Fotografie unterschieden: eine ‚objektive' Richtung, bei der der Fotograf das Negativ nicht direkt beeinflusst und wo das Bild als Mittel dient, die Realität neu zu entdecken.

Auf die andere Richtung, bei der der Künstler das Negativ auf verschiedene Weise belichtet und verändert, möchte ich in dieser Arbeit nicht weiter eingehen, da sie für meine Argumentation keine weitere Rolle spielt. Einige Arbeiten Levitts sind eher wie Brassaï dieser ‚objektiven' Richtung zu zuordnen, die eine surrealistische Tendenz aufweisen, wie später an Beispielen deutlich wird.

Brassaï war davon überzeugt, dass Graffiti-Zeichnungen mit Höhlenkunst verwandt seien, sowie von der typisch surrealistischen Assoziation zwischen den Geheimnissen des Großstadtlebens und denen des tiefsten Seeleninneren. Brassaï, der offiziell nie zur Gruppe der Surrealisten gehörte, führte diese zeitgenössische Mauerzeichen in die Avantgardekunst ein und erkannte wie andere auch die Verbindung zwischen Graffiti und Kinderzeichnung (Abb. 34).[406]

Ich möchte an dieser Stelle den Aspekt der Mauern bzw. der Straße bei Levitt vertiefen. Zu den anfänglichen Serien Levitts gehören die Graffiti-Aufnahmen aus den späten 1930er Jahren. Die Fotografien präsentieren eine Bildwelt öffentlicher Wände und Straßen, die mit schwungvollen Linien oder Mustern versehen sind. In diese Werkgruppe gehören die Aufnahmen von Pflastergemälden und Graffiti als Artefakte der Straße.

Die Bilder wirken zum Teil informell, obwohl eine subtile Form des Realismus dahinter steht.[407] Oftmals gibt es verschiedene Urheber, die immer wieder das Vorgefundene verändern. Gleichzeitig ist die Zufälligkeit, ausgerechnet diese Wandzeichnung aufzunehmen, miteingeschlossen. Bei den Graffiti-Aufnahmen lässt sich eine eingreifende Hand Levitts nicht nachvollziehen. Es handelt sich um Spuren von verschiedenen anonymen Personen, größtenteils von Kindern, für die sich die Fotografin in eine Zeugin verwandelt hat.

---

406 Speziell zu den Graffitis siehe auch: Brassaï, Graffiti, Paris 1993.

407 Besonders in den 1950er Jahren lässt sich bei vielen Künstlern, besonders unter den Informellen, eine Hinwendung zu Plakaten, Wandmalereien und Graffitis feststellen. Hier sei nur kurz auf Jean Dubuffett und die Art brut als auch auf die Arbeiten von Antoni Tàpies verwiesen, die ebenfalls in den verwitterten schroffen Mauern und Wänden der Großstadt sowie in den Vororten ihre Motive gefunden haben. Zu Dubuffet siehe auch Ausstellungskatalog Saarbrücken, Saarland Museum 1999: Jean Dubuffet: Figuren und Köpfe. Hg. von Ernst-Gerhard Güse sowie zu Tàpies: Angelika und Matthias Bärmann, Antoni Tàpies: Die Wirklichkeit als Kunst, St. Gallen 1999.

Im Unterschied zu den universellen Werbe- und Reklametafeln sind die Graffiti eng an den Ort gebunden. Sie handeln von den Bewohnern des Viertels und bleiben demnach dem Betrachter der Fotografien immer etwas verschlüsselt. Hier spielen auch Überlegungen des Voyeurismus eine Rolle, besonders wenn davon auszugehen ist, dass die Bewohner des Viertels in dieser Zeit die Klatsch- und Tratschnachrichten näher identifizieren konnten.

So erfahren wir etwa, dass die Mutter von Bill Jones eine Hure ist: „*Bill Jones Mother is a Hore*“ (Abb. 35). Dieser Text einer Schwarzweiß-Fotografie gehört zu einer Werkgruppe von Aufnahmen, die zwischen 1938 und 1948 in New York entstanden sind. Das Bild selbst ist wie alle anderen Arbeiten Levitts weder datiert noch mit einem Titel versehen. Abgebildet ist ein Ausschnitt einer Häuserfassade, wobei weder Himmel oder Straße erkennbar sind. Der Spruch selbst befindet sich auf einem vorspringenden Häusersims, der das Bild etwa in zwei Hälften teilt. Die Wörter sind in Schreibschrift einzeln untereinander angeordnet, nur „is a“ steht in einer Zeile. Ein aufstrebendes Treppengeländer, das aus dem unteren Bildrand emporragt, weist auf die Schrift hin. Die linke Bildhälfte bestimmt eine doppelte Holztür, deren ursprünglichen Scheiben durch Bretter ersetzt sind. Auf den Brettern des linken Teils der Doppeltür hängen Plakatfetzen auf denen die Wörter „Party“ und „Garden“ zu lesen sind. Der Eindruck einer unbewohnten Wohnung wird noch zusätzlich durch ein Vorhängeschloss unterstrichen, das an der rechten Türhälfte angebracht ist. Hier befinden sich auf den Brettern auch weitere schriftliche Markierungen, darunter Zahlen ohne erkennbaren Zusammenhang.

Die rechte Bildhälfte ist durch ein schmales Mauerwerk der Fassade gekennzeichnet, auf dem die Wortfetzen „...IS A FUCK...“ gekritzelt sind. Daran schließt sich ein gusseiserner Pilaster an, gefolgt von einer Holzleiste und einer Fensterscheibe. In diesem Glas spiegelt sich verschwommen die gegenüberliegende Häuserfassade, an der Fenster, zum Teil mit Gardinen versehen und Schriftzüge von einem Laden angebracht sind.[408] So lässt sich spiegelbildlich „TNEG ROLIAT“ (Tailor Gent) ablesen.

Insgesamt ist diese Fotoarbeit mit ihren klaren senkrechten Linien und ihrem ausschnitthaften Charakter stark durchkomponiert. Die besondere

---

[408] Hier werden Überschneidungen deutlich: Dieses Bild hätte auch in die Gruppierung „Spiegelungen“ gepasst, allerdings liegt hier meines Erachtens nach der Hauptaspekt auf der Graffiti-Schrift.

Betonung liegt dabei auf den einzelnen Schriftzügen in ihren unterschiedlichen Formen. Der Betrachter kennt dabei weder Bill Jones noch seine Mutter, reagiert aber neugierig über die diffamierende Information, das diese eine Hure sei. Der Betrachter der Graffiti kann zu einem heimlichen Voyeur werden, in dem er an den Wänden Botschaften über seine Mitmenschen erfährt.

Einen ähnlich voyeuristischen Text beinhaltet auch die folgende Abbildung „PANCHO STINKS“ (Abb. 36), die in dieselbe Werkreihe und Entstehungszeit gehört. Hier ist der extreme Ausschnitt einer wurmstichigen Holztür erkennbar, links durch ein Scharnier begrenzt, rechts durch den Türgriff. Der obere und untere Teil sind stark angeschnitten, so dass etwa nur ein Drittel der Tür abgelichtet ist. Etwa mittig auf diesem Türausschnitt befinden sich die Worte „PANCHO STINKS“ übereinander, darunter ein schwer lesbares Kürzel. Im unteren Bildteil befinden sich Kreidekritzeleien, die überwiegend aus Kreisen bestehen. Auch diese Tür lässt vermuten, dass sie nur noch selten bzw. gar nicht mehr geöffnet wird, da das Schloss kaum noch erkennbar ist.

Auch die folgende Botschaft „BROTHER LOVES HIS MOTHER“ (Abb. 37) zielt in eine ähnliche Richtung. Die Wörter sind mit Kreide in drei Zeilen auf einer Straße aus Beton geschrieben und aufsichtig aufgenommen. Himmel und Einteilungen in Vorder- und Hintergrund fehlen ganz. Für den fremden Beobachter sind auch hier wieder keine Personen eindeutig mit der Schrift in Verbindung zu bringen. Es wird dem Betrachter nicht klar, um welchen Bruder und welche Mutter es sich hier handelt oder ob es dabei um eine allgemeingültige Aussage geht. Verstärkt wird dieser Eindruck noch durch die anonyme öffentliche Straße – eine Identifizierungsmöglichkeit mit Hilfe eines Hauses oder Grundstücks ist nicht gegeben.

Ein Beispiel für die Durchdringung phantastischer Graffitisprüche ist die Fotografie „BUTTON TO SECRET PASSAGE PRESS“ (Abb. 38), die ebenfalls zu dem obigen Werkkomplex zählt. Der Ausschnitt einer Häuserfassade zeigt im Mittelstück vier Betonquader, die durch vertikale Linien stark voneinander getrennt sind. Im linken Bildrand grenzt ein feinmaschiges Gitterfenster an, dahinter sind Gardinen erkennbar. Der rechte Bildrand liegt im Schatten, lässt aber eine Hoftür erahnen. In dem oberen, vollständig abgebildeten Quader befindet sich links eine Kreidezeichnung aus drei Kreisen: einem inneren, einem mittleren und einem äußeren, die wohl einen Knopf darstellen sollen. Daneben steht der Spruch „BUTTON TO SECRET PASSAGE PRESS“. Hier vermischt sich mit den üblichen alltäglichen Botschaften Phantasievolles, nämlich die Vorstellung, nur einen gemalten Knopf zu drücken, um so der vermeintlich sozialen Gemeinschaft im Viertel zu entfliehen. Somit wird die Aufnahme, wie andere auch, zu einer sichtbar gemachten Reflexion über verschiedene Realitätsebenen. Was sich hier überlagert sind nicht nur Zeichen unterschiedlicher Qualität (Bild und Text innerhalb einer Fotografie), sondern damit auch verschiedene Sinnschichten. Das macht die Komplexität und Ambiguität dieser Aufnahmen aus.

Ähnliche Abbildungen finden sich auch in den Pflastergemälden der Straße wieder. Etwa in dem Bild der Kreidefigur mit den vier Augen (Abb. 39). Diese Zeichnung zeigt einen kreisrunden Kopf mit zwei Kreisen, in denen jeweils zwei weitere Kreise enthalten sind – etwa wie die Verdopplung von Pupillen. Weitere Gesichtsmerkmale fehlen ganz, unter dem Kopf befindet ein rautenförmiger Oberkörper versehen mit einem Arm an dem zwei Finger sitzen. Darunter ein kastenförmiger Körper mit einem kleinen viereckigen Untersatz, der eine Art Fuß darstellen könnte. Etwas in Form eines Hutes oder auch einer Krone schwebt über dem Kopf. Dieses informell wirkende Porträt ist direkt auf die Straße gemalt und auch hier fehlen die Einteilungen in Himmel, Vorder- und Hintergrund. Diese Aufnahme weist eine große Ähnlichkeit zu den Graffiti Brassaïs auf (Vgl. Abb. 33). Nach Brassaï stellen die kreisartigen Löcher den Blick dar:

> „Diese beiden Löcher, die Augen der Wand, habe ich überall gefunden und mehrere Dutzend Mal aufgenommen.“[409]

Die fehlenden Extremitäten und Gesichtsmerkmale lassen vermuten, dass die Zeichnung von einem Kind stammt, wohingegen die Graffitisprüche eher Jugendliche als Autoren erwarten lassen.

Kinder und Jugendliche bilden eine weitere Motivgruppe in Levitts Frühwerk, die diese bei ihrem alltäglichen Spiel auf der Straße beobachtet hat und auf die ich im folgenden näher eingehe.

5.2. Das Spiel auf der Straße

Neben den Graffiti und Kreidezeichnungen sind auf den meisten Schwarzweiß-Aufnahmen aus den 1930er und 1940er Jahren Kinder auf

---

[409] Brassaï zitiert nach Edouard Jaguer, Brassaï und die Augen der Mauer, in: Ausstellungskatalog Salzburg 1994, S. 42.

den Straßen New Yorks abgelichtet. Dabei stellt Levitt diese keineswegs sentimental oder liebenswürdig dar. Colin Westerbeck bemerkte hierzu:

> „Levitt's pictures give the impression that she doesn't particularly like children. That's why the pictures are good."[410]

Levitt mischte sich bevorzugt in ärmlichen Gegenden und Randbezirken unter die Leute. Auf Hinterhöfen, in Vierteln, wo überwiegend Hispanos und Schwarze zu Hause sind, fotografierte sie das Spiel der Kinder, das hier oftmals einem Überlebenstraining gleicht: Sie klettern auf Bäume, jagen sich mit Ästen oder messen auf Türportalen ihre Kräfte. Beim Raufen, auf Balustraden kletternd, voreinander posierend, miteinander flirtend, sind diese Kinder und Jugendlichen mit einer gewissen Beiläufigkeit aufgenommen. Dabei haben sie den Erwachsenen oftmals etwas voraus. Westerbeck folgert hieraus:

> „We never take novels about children seriously unless we can take them as allegories of an adult world."[411]

Die Kinder entfalten auf den Straßen und Gehsteigen eine ganz eigene Form von Geschäftigkeit. Meist ziehen sie zu zweit oder in kleinen Gangs durch ‚ihr' Viertel und verwandeln in ihren Spielen den Raum in eine kurzweilige Phantasiewelt, in der die Straße zur Bühne für ihre Aufführungen wird. Levitt interessiert sich hierbei vor allem für die spontanen, vitalen Ausdrucksgebärden und exzentrischen Körperhaltungen der Kinder, die wie von einer unbewussten Choreografie geleitet zu sein scheinen.

Die dargestellten Spiele auf den Straßen wirken oftmals wie wettkampfmäßige Szenarien. Hierzu bemerkt Johan Huizinga folgendes:

> „Wer Wettstreit sagt, sagt auch Spiel."[412]

Seine Betonung liegt bei diesen Schauspielen auf Begriffen wie Ehre, Ansehen, Prestige und Einsatz. Die Kategorie des Spiels definiert er wie folgt:

> „Spiel ist eine freiwillige Handlung oder Beschäftigung, die innerhalb gewisser festgesetzter Grenzen von Zeit und Raum nach freiwillig

---

410 Siehe Westerbeck/Meyerowitz 1994, S. 264.

411 Ebd.

412 Huizinga 2001, S. 90.

> angenommenen, aber unbedingt bindenden Regeln verrichtet wird, ihr Ziel in sich selber hat und begleitet wird von einem Gefühl der Spannung und Freude und einem Bewusstsein des ‚Andersseins' als das ‚gewöhnliche Leben'".[413]

Weiter umschreibt er die besonderen Werte des Spiels, in denen er eine Verbindung zu Naturvölkern und zum Karneval sieht:

> „Diese zeitweilige Aufhebung der ‚gewöhnlichen Welt' ist bereits im Kinderleben völlig ausgebildet, ebenso deutlich sieht man sie aber bei den großen, im Kult verankerten Spielen der Naturvölker. [...] Die zeitweilige Aufhebung des gewohnten Gesellschaftslebens einer großen heiligen Spielzeit zuliebe lässt sich auch in fortgeschrittenen Kulturen noch in zahlreichen Spuren finden. Hierzu gehört alles, was mit Saturnalien und Karnevalssitten verwandt ist."[414]

Trotz ihrer kompositorischen Strenge erweisen sich die Arbeiten oftmals als narrativ und regen den Betrachter an, sich die Geschichten der unbekannten Passanten weiter vorzustellen. Die Kamera bleibt meist unbemerkt und scheint Teil des Spiels zu sein. Sie erfasst die Bewegung, Unschärfe ist nicht mit einkalkuliert, so dass die Komposition fast zufällig wirkt.

Gleichzeitig bestimmen vertikale und horizontale Linien das Bild. Wie etwa in der Fotografie mit den drei Jungen auf einem Türportal (Abb. 40).

Auf diesem hochformatigem Schwarzweiß-Bild ist ein Türeingang abgelichtet, der von zwei vorgelagerten Säulen flankiert und von einem Sturz abgeschlossen wird. Über diesem befindet sich eine Steinplatte, auf der zwei Jungen rangeln, ein weiterer kauert links von ihnen. Zu diesem klettert ein vierter Junge an der linken Säule empor. Hinter der Rechten steht auf einem Vorsprung ein fünfter Junge und blickt direkt in die Kamera, die von den anderen Kindern anscheinend nicht bemerkt wird.

Vier der Jungen tragen kurze Hosen, was auf einen Sommertag schließen lässt, der aber ansonsten nicht durch weitere Merkmale, wie etwa Licht- und Schatteneinfall, betont wird. Agee bemerkte zu dieser Aufnahme:

---

[413] Ebd., S. 37.

[414] Ebd., S. 21. Siehe auch Barbara Otto, Streetlife. Zu den Photographien von Helen Levitt, in: Materialien zur Documenta X: Ein Reader für Unterricht und Studium. Hg. von Werner Stehr und Johannes Kirschenmann, Ostfildern-Ruit 1997, S. 114.

„Es ist der Zufall, der den kriegsartigen Fries [...] in einen wundervollen Tanz gewendet und ihm seinen seltsamen Rahmen aus Elektrokabeln gegeben hat: Aber ist es wirklich Zufall? Ist es nicht wahrscheinlicher, wenn man sorgfältig die jeweiligen Posituren und Lebensalter in Photographien betrachtet [...], daß unerkannt, unbewusst selbst den Darstellern, obwohl am helllichten Tag, Menschen und ihre Straßen kontinuierlich einige ihrer meist unaussprechlichen Bedeutungen als Tanz preisgeben?“[415]

Ähnlich dem Kräftemessen ist auch das gegenseitige Fangen und Jagen, wie etwa das ‚Räuber und Gendarm-Spiel' der drei Jungen auf einer leeren Grundstücksfläche (Abb. 41). Das abgebildete Foto aus dem Jahr 1939 zeigt drei Jungen bei einer Art Kampfspiel auf einem Abrissgelände. Die Hauswand im Hintergrund weist zerbrochene Fensterscheiben auf und ist mit Graffiti beschrieben: „HOME TEAM the RED'S“ sowie einer Punkte-Tabelle zwischen den „Visitors“ und den „Red's“ mit Zahlen von 1 bis 11, die jeweiligen Runden sind jedoch noch nicht ausgefüllt.

Vor dieser Wand, die bereits von Fans eines New Yorker Sport-Teams verziert wurde, bewegen sich drei Jungen. Links der Kleinere mit einem sehr langen Ast, zulaufend auf den Jungen in der Mitte mit erhobenen Armen, rechts ein Junge aus dem Bild rennend mit einem Stock. Eingefangen ist der Moment, in dem dieses wilde Herumtoben sich in ein tänzerisches Schweben verwandelt, der Junge mit dem Stock scheint vom Boden wie ein überirdisches Wesen abzuheben. Walker Evans beschrieb dieses Foto wie folgt:

„The picture is both a dance and a loving lyric. (It would be hard to find, anywhere off-stage, a scene that had more dance in it).“[416]

Der körperliche Balanceakt der Jungen kommt erst durch die Fotografie zum Vorschein, weil er im Alltag vermutlich gar nicht wahrgenommen wird oder aber im nächsten Augenblick schon wieder verschwunden ist.

Ein ähnlich fragiler Moment ist auch auf der folgenden Schwarzweiß-Fotografie festgehalten. (Abb. 42). Auf dem Querformat sind zwei Mädchen wiedergegeben, die durch ein langes, weißes schmales Band miteinander verbunden sind. Das eine Mädchen sitzt auf einem Mauervorsprung einer Treppe (am linken Bildrand) und trägt helle Sommerkleidung. Durch ihre drehende Bewegung ist sie unscharf wiedergegeben. Ihre linke Hand hält ein Ende des Bandes, das sich von

---

415 James Agee in: Ausstellungskatalog München 1998, S. 14.

416 Walker Evans zitiert nach Levitt 1989, ohne Seiten (Umschlag).

dort zum Mittelpunkt des Bildes zieht. Dieser wird bestimmt durch ein weiteres Mädchen, das mit einem schwarzen Mäntelchen bekleidet ist und in der Mitte des Bürgersteiges mit dem Rücken zum Betrachter steht. Das weiße Band schlängelt sich um ihren Hals und wird von dort aus dem Bild heraus über den rechten Bildrand geführt. Wahrscheinlich steht dort, für den Betrachter nicht sichtbar, ein weiteres Kind, das das andere Ende des Bandes hält. Im rechten, oberen Bildrand sind zwei weitere Personen auf Treppenstufen sitzend erkennbar. Das Foto verdeutlicht ein Fantasie-Spiel auf der Straße, das sich für den heutigen Betrachter kaum erschließen lässt, wobei aber Spaß und Freiheit der Kinder zum Ausdruck kommen. Heutzutage sind solche Spiele auf den Straßen der Großstädte nicht mehr möglich.

Ähnlich hat Helen Levitt auch auf dem folgenden querformatigen Bild spielende Kinder auf der Straße verfolgt (Abb. 43). Vier Mädchen, den Rücken dem Betrachter zugewandt und die rechte Bildhälfte bestimmend, beobachten das Spiel von Seifenblasen vor einer endlos scheinenden Mauer. Drei von ihnen sind schwarz, eines der Mädchen am rechten Bildrand etwas älter. Erst auf den zweiten Blick bemerkt man, dass das kleine weiße Mädchen mit dem geringelten Hemd über das Schauspiel Regie führt: es trägt die Dose mit der Flüssigkeit in der Hand, mit der sich die Seifenblasen erzeugen lassen.

Die nächste Abbildung zeigt ein schwarzweißes Hochformat (Abb. 44) und gibt den Blick in einen heruntergekommenen Innenraum frei, der aber scheinbar von der Straße einsehbar ist. Ein Junge klettert an einem Pfeiler bis zur Decke empor, auf dem Kopf eine Art Hut aus Pappe, das Gesicht verzerrt. Dieses Bild ist auch in *View* 1942–43 auf Seite 35 abgedruckt und dort mit dem Ttitel „Going“ versehen gewesen.[417]

Levitt richtet ihr Hauptaugenmerk auf das Zufällige, dabei wecken weder Sensationen noch Stereotypen ihr Interesse. Es ist jedoch bemerkenswert, dass gerade in ihrem Gefühl für Straßen, für seltsame Details und für Raum ihr Vokabular oft an das der Surrealisten erinnert.

Ähnlich den Abbildungen mit spielenden und tanzenden Kindern auf der Straße, denen allen ein surrealistischer Moment eigen ist, sind auch die Aufnahmen mit verkleideten und maskierten Kindern, auf die ich im folgenden näher eingehen möchte.

---

[417] Levitt 1942/1943, S. 35. (Reprint 1969).

5.3. Maskeraden und Verkleidungen

Masken gelten im allgemeinen durch die Möglichkeit zur Verwandlung als geheimnisvoller Gegenstand. Ob bei religiösen Ritualen, bei Fasnacht, Halloween oder beim Totenkult – das Maskenaufsetzen markiert den Übergang vom Alltag in eine andere Welt. Die Maske ist dabei scheinbar ein mythisches Element, das der Umwandlung des individuellen Bewusstseins dient. Sie verlangt nach einem Kostüm und erlaubt, andere Charaktere und Leidenschaften zu verkörpern. Diesem Faktor kommt in Levitts Arbeiten eine ganz besondere Bedeutung zu.

Oftmals aus verschiedenartigstem Alltagsmaterial gebastelt, nehmen sie einen wichtigen Bestandteil innerhalb der Aufführungen ein. Ähnlich den Masken anderer Völker werden auch in den Aufnahmen Levitts häufig Maskierungen von Kindern bei öffentlichen Darbietungen getragen.

Levitts Bilder von Kindern in Kostümen oder Maskeraden, stehen für eine ganz bestimmte Art von Freiheit und Fantasie. Die Erwachsenen können diesen Status zwar beobachten, nehmen aber nicht weiter daran teil. Die Aufnahmen sind dabei zu einem großen Teil an Halloween entstanden.

Der Karneval und als eine Unterform hiervon betrachte ich den Halloween-Brauch, schöpft aus alten Volkstraditionen.[418] Dabei werden bestehende Ordnungen durchbrochen und Gegensätze aufgelöst.[419] Eine

---

418 Der Halloween-Brauch, der am Abend vor Allerheiligen vom 31. Oktober auf den 1. November ausgeführt wird, hat zwar eigentlich einen keltischen Ursprung zur Verabschiedung des Sommers, in den USA kommt diesem Brauchtum jedoch eine besondere Bedeutung zu. Kinder ziehen an diesem Tag verkleidet durch die Straßen, klingeln an Häusern und bitten um Süßigkeiten. Hierbei wird der typische Spruch „Trick or Treats“ (Streiche oder Süßes) gerufen und den Kindern Süßigkeiten zugesteckt bzw. den Hausbesitzern Streiche gespielt.

419 In der Literaturwissenschaft wurde Karnevalismus vor allem von dem russischen Literaturwissenschaftler, Semiologen und Kulturtheoretiker Michael M. Bachtin untersucht, insbesondere durch dessen Studie *Rabelais und seine* Welt. Siehe auch Michael Bachtin, Rabelais und seine Welt. Volkskultur als Gegenkultur, Frankfurt am Main 1998 (Moskau 1965), besonders sei hier auf das dritte Kapitel: Volkstümlich-festliche Formen und Motive, S. 238–319 hingewiesen. Bachtin sieht Rabelais' Werk als karnevaleske Gegenkultur, die bis in die Antike und ins Mittelalter zurück reicht. Grenzen zwischen „[...] Oben und Unten, Kunst und Leben, Innen und Außen, Ernst und Spaß, Lachendem und Verlachtem [...]“ werden aufgelöst. Vgl. Ansgar Nünning (Hg.), Metzler Lexikon Literatur- und Kulturtheorie. Ansätze – Personen – Grundbegriffe, Stuttgart, Weimar 1998, S. 255.

‚Lachkultur' breitet sich aus, in der groteske Kreatürlichkeit und eine besondere Form der Fantastik durch Parodie und Kostümierung in die Alltagswelt hereinbrechen.[420]

Ähnliches lässt sich auch auf die Fotografien von Helen Levitt anwenden. Tendenziell ist dabei Halloween, das Burleske oder auch das Karnevaleske als Fest einer unterdrückten bzw. minder bemittelten Gesellschaftsschicht zu lesen.

Etwa in der Fotografie mit den drei Kindern auf einer Treppe vor einem Haus (Abb. 45). In diesem schwarzweißen Querformat, das ebenfalls in New York um 1940 entstanden ist, sind drei kleine Kinder, etwa in dem Alter zwischen sechs und acht Jahren, auf einem Treppenabsatz wiedergegeben. Hinter ihnen steht der rechte Flügel der Haustür noch offen, im linken Glasteil spiegelt sich das Haus der gegenüberliegenden Seite. Die Tür selbst ist links und rechts von kannelierten Pilastern begrenzt, das Format des Fotos im oberen Teil stark angeschnitten. Die Kinder selbst tragen alle drei Augenmasken bzw. binden sich diese gerade um. Der Junge am rechten Bildrand lehnt mit seinem linken Arm auf dem Treppengeländer, sein rechtes Bein ist angewinkelt. Er trägt eine kurze Hose, dazu eine geschlossene Jacke, die bereits erwähnte Gesichtsmaske, die Augen, Mund und Nase bedeckt und eine eng am Kopf liegende Bedeckung, die unter dem Kinn zusammengebunden ist. Sein Blick weist aus dem rechten Bildrand heraus. Neben ihm steht ein Mädchen, bekleidet mit einer langen Hose mit unten abschließendem Bündchen und der dazu passenden Jacke. Auch ihre linke Hand liegt hinter dem Jungen auf dem Treppengeländer und ihr rechter Fuß ruht noch auf dem nächst höher gelegenem Treppenabsatz. Ihr Gesicht, ebenfalls mit einer Maske bekleidet, scheint die Fotografin direkt anzuschauen. Daneben liegt eine Art Kopfbekleidung auf der Treppenstufe. Links von diesem Mädchen steht ein weiteres eine Stufe höher, welches sich gerade die Maske um das Gesicht anlegt. Sie ist bekleidet mit einem kurzen Kleidchen, darüber ein Mantel. Ihre Strümpfe sind verrutscht, der rechte Schnürsenkel gelöst. Insgesamt ist die Kleidung der Kinder leicht abgetragen, die Schuhe sind abgewetzt, die Masken sind offensichtlich aus Pappe oder einem ähnlichem, einfachen Material offensichtlich eigenhändig hergestellt.

Levitt hat hier gerade den Moment aufgenommen, in dem die Kinder aus dem Haus treten, noch einmal für die Fotografin posieren, um dann die Bühne zu betreten und an einer karnevalesken Veranstaltung

---

420 Siehe hierzu auch die Ausführungen von Horak 1997, S. 146, 147.

teilzunehmen. Dabei kann die Treppe im Außenraum bereits als eine Art Podest gesehen werden. Sandra S. Phillips bemerkt hierzu folgendes:

> „Helen Levitt photographed that middle moment, the hesitation offstage before entering the arena. She found a moment of transfixed play, of children transformed by fantasy. Levitt was singularly devoted to the play of children in the street, especially during these early years."[421]

Bereits Phillips sieht in diesem Interesse der Kinder an dem Spiel und den Verkleidungen urtümliche und primitive Formen, die sich meines Erachtens nach mit den surrealistischen Tendenzen und der aufkommenden Psychologie des Kindes verbinden lassen.[422]

Ein ganz ähnliches Motiv finden wir auch in der nächsten Abbildung (Abb. 46), ebenfalls um 1940 in New York entstanden. Im Zentrum dieses schwarzweißen Querformats stehen zwei kleine Mädchen in grauen Mänteln auf der Straße. Das linke Mädchen trägt eine Maske vor dem Gesicht, das dieses komplett bedeckt und nur Augen und Mund als dunkle Löcher erscheinen lässt. Lippen und Augenbrauen sind auf der Maske durch kräftiges Schwarz gekennzeichnet. Eine schwarze Tüte bedeckt den restlichen Teil des Kopfes sowie das Haar. In der Hand hält dieses Mädchen eine Art Trompete, die sie an den Mund der Maske geführt hat. Das etwas größere Mädchen rechts neben ihr hat ihre Verkleidung – Maske und Kopfbedeckung – in der Hand vor dem Körper, die Augen sind leicht geschlossen. Vor ihr steht stark im Anschnitt eine Frau, womöglich die Mutter, die nur vom Rock bis zum Oberkörper erkennbar ist. Ihre Handbewegung scheint aber darauf hinzudeuten, dass sie dem Mädchen im nächsten Augenblick behilflich sein wird, ihre Maske aufzusetzen.

Tücher und Masken tragen auch die beiden Kinder in der folgenden Abbildung vor dem Gesicht (Abb. 47). Dieses schwarzweiße Hochformat ist um 1940 entstanden. Die vertikale Mittellinie des Bildes wird durch den kargen Stamm eines Baumes betont. Am oberen Drittel des Stammes klammert sich ein Junge, der eine Maske trägt, fest. Unten steht ein

---

421 Siehe Phillips 1991, S. 27.

422 Ebd. In den 1930er Jahren wurde eine eigene Anthropologie bei Kindern, besonders auch durch die Arbeiten von Anna Freud und Melanie Klein festgestellt. Siehe auch Robert Coles, Anna Freud oder der Traum der Psychoanalyse, Frankfurt am Main 1995. Coles ist Kinderpsychologe und hat ebenfalls die Einleitung zu dem Fotobuch *In the Street* von Levitt verfasst (Siehe Kap. 4.1. und Levitt 1987).

Mädchen, dessen Gesicht von einem Tuch versteckt wird, die rechte Hand auf den Stamm gestützt. Der Hintergrund wird durch triste Hinterhofhäuser, die scheinbar unbewohnt sind, bestimmt.

Auch verkleidet, jedoch nicht das Gesicht bedeckt, sondern Tücher über den Hinterkopf unter ihre Schirmmützen geklemmt, haben sich auch die Jungen auf der folgenden Fotografie (Abb. 48). Dieses schwarzweiße Querformat, das in dieselbe Entstehungszeit wie die oben beschriebenen fällt, füllen vier Jungen aus. Die beiden in der Mitte stehen etwas im Vordergrund. Der linke von den beiden hat seine rechte Hand ähnlich dem Handgestus Napoleons zwischen die Knöpfe seiner Weste gesteckt und den Mund geöffnet. Er ist der einzige, der keine Kopfbedeckung trägt. Der Junge rechts von ihm ist ihm leicht seitwärts zugewandt und hat den linken Arm dem Betrachter entgegen ausgestreckt. Seine Augen sind leicht zusammen gekniffen, der Mund zu einem breitem Grinsen verzogen. Auf dem Kopf trägt er eine Art Schirmmütze, unter die ein helles Tuch geklemmt ist, das den hinteren Teil seines Kopfes bedeckt. Auch die beiden Jungen, die dieses Paar jeweils rechts und links am Rand flankieren, tragen einen ähnlichen Kopfschmuck, der an denen von Legionären erinnert. Die Jungen setzen sich selbst in Szene und reagieren hier direkt auf die unmittelbare Präsenz der Fotografin.

Auch die folgende Abbildung zeigt eine seltsame Maskierung (Abb. 49; Vgl. auch die ähnliche Abbildung 32, die dieselbe Figur, jedoch einen anderen Moment zeigt und unter dem Titel „Knight in Harlem“ in *View* auf Seite 22 abgebildet wurde).[423]

Dieses Hochformat zeigt eine Figur, mit Stiefeln und einen sackähnlichen Rock bekleidet. Über den Kopf ist ein Stoff gezogen, so dass das Gesicht vollständig verdeckt ist. Zudem trägt die Person in der rechten Hand ein Stück Holz, das, wie in der Abbildung 32 besser zu erkennen ist, einem Messer gleicht. Dieses wird gerade wie eine Waffe aus dem Kleidungsstück am Oberkörper gezogen. Durch diese nicht genau zu deutende, ambivalente Geste erhält die Aufnahme etwas bedrohliches. Der Betrachter ist sich nicht sicher, ob die Situation gefährlich ist, oder ob das fantastische Spiel des Kindes harmlos ist.

Ähnlich dem fantasievollen Spiel auf der Straße finden sich in der folgenden Gruppierung Fotografien von Spiegelungen und Fundstücken auf der Straße. Personen spielen hier oftmals nicht die Hauptrolle,

---

423 Levitt 1942/1943, S. 22.

gelegentlich kommen sie aber auch vor. Es geht hier eher um seltene, stilllebenhafte Aufnahmen, die teilweise ganz ohne Menschen auskommen.

5.4. Spiegelungen und Fundstücke

Der Motivkanon der Spiegelungen und Fensterscheiben ist innerhalb der Straßenfotografie natürlicherweise groß, da viele Läden und Geschäfte mit in diese Rubrik fallen.[424] Ich möchte dennoch auf ein paar Besonderheiten hinweisen. Ich komme in diesem Zusammenhang noch einmal auf Krauss (siehe Kap. 3.4.) zurück, die diese Art nicht-manipulierter Bilder als dem Surrealismus nahestehend kategorisiert.

Gerade die Verwendung vorgefundener Rahmen, die Fenster, Spiegel und ähnliche Motive umgeben, dienen der Unterbrechung oder Verschiebung von Realitätssegmenten. Diese Verräumlichung verweist auf einen Bruch innerhalb der Realität, wobei ein fotografischer Ausschnitt immer als eine Art Spaltung gesehen werden kann.

Das Fenster in der folgenden Aufnahme (Abb. 50) ist von einem hölzernen Rahmen eingefasst. Auf dem Querformat taucht eine rechte Hand zwischen einem zugezogenen Vorhang auf, der Zeigefinger weist zum rechten Bildrand. Der zu der Hand gehörige Arm ist vollkommen von der Gardine bedeckt, so dass die dazugehörige Person nicht weiter zu erkennen ist, wodurch die Hand für sich allein steht und wie ein Fundstück erscheint. Zudem wirkt dieses Zeichen wie eine Botschaft, bleibt jedoch für den Betrachter verschlüsselt – er kann nicht deuten, wem dieser Fingerzeig den Weg weist.

Spiegelungen und Rahmungen kommen auch in der Abbildung mit dem zerbrochenen Spiegel vor (Abb. 51). Das Hochformat zeigt einen bevölkerten Gehsteig. Im Bildmittelpunkt halten zwei Jungen einen leeren Holzrahmen fest, dahinter sitzt ein kleinerer Junge auf einem Dreirad und schaut durch die Rahmenöffnung auf den vorderen Teil des Gehsteigs. Auf diesem und im angrenzenden Rinnstein liegen die Scherben eines Spiegels, der offensichtlich den Rahmen ausgefüllt hat. Zwei weitere Jungen knien

424 Hierzu siehe auch den Ausstellungskatalog New York, Museum of Modern Art 1978: Mirrors and Windows: American Photography Since 1960. Hg. von John Szarkowski. Leider lässt der Titel mehr erhoffen als der Text einlöst. Es geht hier mehr um eine Aneinanderreihung amerikanischer Fotografien seit den 1960er Jahren.

und bücken sich davor und sammeln die Reste der Scherben ein. Um diese Gruppe herum sind weitere Kinder zu sehen, die dem Treiben zuschauen. Der Hintergrund des Bürgersteigs ist mit Läden besiedelt, in und vor denen sich Erwachsene unterhalten. Es scheint keine emsige Geschäftigkeit zu herrschen wie sie heute auf Geschäftsstraßen in Großstädten vorzufinden ist, sondern die Leute haben Zeit füreinander. Eine Frau sitzt auf einem Stuhl vor einem Laden und schaukelt dabei einen Kinderwagen. So lassen sich an den Reklametafeln in den Schaufenstern eine Reinigung (Hand Laundry), ein Schuster (Ladies Gents Shoe Repairing) sowie ein Kiosk (Coca Cola, 7up) ausmachen. Eine androgyn wirkende Figur fällt dabei besonders auf, die in einem hellen Overall mit durchgehendem Reißverschluss, rechts hinter dem Jungen, der die rechte Seite des leeren Rahmens hält, erscheint. Diese Figur hat den Mund leicht geöffnet, die Augen geschlossen und scheint durch ihr Auftreten weder zu der Gruppe der Erwachsenen hinter ihr zu gehören noch zu den Kindern. Hier wird eine Form der Verräumlichung besonders deutlich: der Rahmen trennt die Szene in verschiedene Ebenen, die unterschiedlich wahrgenommen werden. Es gibt eine Fantasie-Welt der Kinder und eine Welt der Erwachsenen. Sandra S. Phillips hat dieses Bild wie folgt beschrieben:

> „[...] but the children near the curb, spread out into a graceful circle and seen with the formal elegance of a group of dancers in a Poussin painting, are as unaware of them as they are of the photographer herself.“[425]

Mit Fundstücken beschreibe ich im Folgenden Objets trouvés als Alltagsgegenstände, die zu Kunstwerken stilisiert werden.[426] Levitt fotografiert diese Objekte in ihrer vorgefundenen Umgebung. Dabei steht das Fundstück zwischen Kunst und Leben bzw. der Gesellschaft. Vor allem der Surrealismus griff in den 1920er und 1930er Jahren dieses Verfahren auf, um das Unbewusste assoziativ freizusetzen.[427] Über die Verbindlichkeit der gefundenen Assoziationen hat dabei letztendlich der Betrachter zu entscheiden.

Anhand der folgenden Fotografie (Abb. 52) ist das Aufnahmeprinzip des Ausschnitthaften zu verdeutlichen (Vgl. Kap. 4.1.2.). Das Bild zeigt ein Paar Schuhe auf der Straße. Dieses schwarz glänzende Fundstück,

---

425 Phillips 1991, S. 16.

426 Der Begriff des Objet trouvé oder auch des Ready-made geht bereits auf Marcel Duchamp zurück, der vor dem Ersten Weltkrieg Gebrauchsgegenstände zu Kunstwerken erklärte. Vgl. Schnell 2000, S. 391.

427 Ebd.

nebeneinandergestellte Herren-Halbschuhe aus Leder, steht in starkem Kontrast zu dem grauen Gehsteig und der Straße. Es wird ein Bezug zu dem hinter den Schuhen parkenden Wagen aufgebaut, von dem nur der untere Teil bis zum hinteren Rad erkennbar ist. Das Ausschnitthafte des Autos lenkt den Blick zurück auf das Paar Schuhe, die somit in den Mittelpunkt des Bildes rücken. Mit diesen Mitteln der Bildaufteilung erzielt Levitt eine eigenständige formale Wirkung, die durch eine harte Abzugstechnik noch unterstützt wird. Der Blickwinkel wird durch eine leicht gewählte Untersicht bestimmt, die eine Erkennbarkeit des Motivs auf jeden Fall ermöglicht. Zusätzlich ist das Bild durch den Zufall, das Objet trouvé gerade an dieser Stelle zu finden und dem einzelnen Moment bestimmt. Die Aufnahme mit den verlassenen Schuhen kann dabei als Vereinzelung des Menschen in seiner urbanen Umgebung gelesen werden.

Ein einzelner Gegenstand, der das Bild sehr still wirken lässt, ist die folgende Aufnahme, New York City von 1984 (Abb. 53). Auf diesem schwarzweißen Hochformat ist auf einer ansonsten leeren Straße eine Schallplatte zu sehen, was an sich ein nicht erwarteter Anblick ist, da so ein Gegenstand eher mit dem privaten Raum zu verbinden ist. Vermutlich hat jemand dieses Objekt auf der Straße verloren, welches dort keine Funktion mehr hat und vom nächsten, darüber fahrendem Auto zerstört wird. Im Hintergrund ist ein Gehsteig mit einem daran grenzenden Schaufenster abgelichtet. Dieses Fenster mit der Aufschrift „Ladies Dresses & Sportswear“ hat Kleider in seiner Auslage. Die Straße scheint eher untypisch für eine amerikanische Großstadt zu sein, besonders in den 1980er Jahren. Auf der Straße sind Schatten erkennbar, die vermuten lassen, das über der Straße Wimpel gespannt sind, vielleicht handelt es sich um die sonntägliche Ruhe vor einer Parade oder einem ähnlichen Fest.

Eine ähnlich stille Atmosphäre kommt auch in der folgenden Abbildung New York City von 1985 (Abb. 54) zum Ausdruck. Ein Mann sitzt in einem Raum hinter einer Schaufensterscheibe. Dem Betrachter ist der Rücken des Mannes zugewandt, der einen dunklen Anzug und einen Hut trägt. Die Arme sind auf die Knie gestützt. In der Scheibe spiegelt sich der Verkehr der Straße: parkende Autos und die gegenüberliegende Straßenseite mit den entsprechenden Häuserfassaden sind gleichzeitig erkennbar, so dass das Bild fast für eine experimentelle Mehrfachbelichtung gehalten werden kann und dadurch ebenfalls einen surreal wirkenden Charakter erhält. Dieser wird zusätzlich wieder durch die Art der Verräumlichung unterstrichen: die rahmende Scheibe sowie die

Spiegelung teilt das Bild in verschiedene Ebenen ein. Gleichzeitig wird die Vereinzelung des Menschen in der anonymen Großstadt deutlich.

5.5. Levitt als Flaneuse zwischen den Kulturen

Levitts Arbeiten sind als eine Art Feldforschung auf der Straße zu sehen. Sie beobachtet, ohne selbst dabei gesehen zu werden und nutzt dabei die Fotografie als Medium der Anonymität.[428] Die Menschen sind namenlos und lassen keine eigene Identität erkennen.[429] Als Voyeurin nutzt Levitt die Großstadt zum Flanieren und wartet auf zufällige Alltagsbegegnungen, die nur hier möglich sind.

Die Stadterkundungen und das Flanerien der Surrealisten dienen mir für die folgenden Überlegungen als Ausgangspunkt. Walter Benjamin hatte 1929 im öffentlichen Raum die Ereignishaftigkeit hervorgehoben – den Moment der „profanen Erleuchtung".[430]

Hierauf aufbauend geht Clifford in seinem ‚ethnographic surrealism' bei den Stadterkundungen nicht von einem Augenblick surrealistischer Offenbarung aus, sondern schließt eher auf eine Art des ethnografischen Erkundens der eigenen Kultur durch die Surrealisten. Wie auch bei Benjamin spielen in seinem Konzept die kulturell und sozial peripherischen Orte, die wir auch in den Aufnahmen Levitts finden, in der Stadtlandschaft eine Rolle.[431]

Die Geschichte des Flaneurs geht bereits auf Edgar Allan Poe zurück, der Mitte des 19. Jahrhunderts in Der Mann der Menge die Erlebnisse eines Amerikaners in der Metropole London schildert.[432] Aus der Erzählung wird deutlich, dass die Individuen der Großstadt keine Geschichte haben, die sich dem Betrachter offenbaren kann und dass die Großstadt selbst die Geschichte ist.[433] Mit der Rezeption Edgar Allan Poes

---

428 Vgl. Grasskamp 1980, S. 18.

429 Als frühes Beispiel hierfür sei Paul Alverdes, Menschen auf der Straße. Zahlreiche Variationen über ein einfaches Thema anführen, Stuttgart 1931 genannt.

430 Walter Benjamin, Der Sürrealismus. Die letzte Momentaufnahme der europäischen Intelligenz, in: ders.: Gesammlete Schriften, Bd. II 1, Frankfurt am Main, S. 295–310.

431 Vgl. Klengel 1994, S. 7.

432 Edgar Allan Poe, Der Mann der Menge, in: ders., Erzählungen, Zürich 1976.

433 Vgl. auch Annelie Lütgens, Passantinnen/Flaneusen. Frauen im Bild großstädtischer Öffentlichkeit der Zwanziger Jahre, in: Katharina Sykora u.a. (Hg.), Die neue Frau. Herausforderungen für die Bildmedien der Zwanziger Jahre, Marburg 1993, S. 108.

durch Charles Baudelaire wird aus dem Mann der Menge der Flaneur und aus dem Flaneur der moderne Künstler.[434]

Als Variante des Künstlerflaneurs gilt Marcel Duchamp, der seine Objekte in den Schaufenstern New Yorker Warenhäuser findet und als „[...] der erste Maler der Moderne, der die Erfahrung der Welt aus dem trivialen Blickwinkel des Flaneurs auf der Ebene der künstlerischen Ausdrucksmittel reflektiert."[435]

Baudelaire oder auch Siegfried Kracauer werfen einen männlichen Blick auf die Großstadt und Erotisieren diese. Bei Kracauer heißt es:

> „[...] hinter dem Nebel, den die zunehmende Müdigkeit um mich verbreitet, winkten mir die Straßen nur noch verführerischer."[436]

Für Kracauer als auch für Benjamin besteht eine enge Verbindung zwischen dem Fotografen und dem Flaneur und beide erkennen im Flanieren mit seinen Techniken ein potentielles Modell für den modernen Film.[437] Bei Kracauer sieht man, „[...] wie jemand in schwermütiger Stimmung ziellos umherstreift; während er so dahinwandert, entsteht seine Umwelt in Form zahlreicher aneinandergereihter Bilder von Hausfassaden, Neonlichtern, vereinzelten Straßenpassanten usw. Ihr scheinbar unmotiviertes Auftauchen wird von den Zuschauern wie selbstverständlich mit seiner Niedergeschlagenheit und der Entfremdung in ihrem Gefolge in Zusammenhang gebracht."[438]

Kracauer stellt eine Gleichung zwischen Leben und Straße auf, die er bereits in Ansätzen bei Eisenstein gefunden hat:

> „Die Straße im erweiterten Sinne des Wortes ist nicht nur der Schauplatz flüchtiger Eindrücke und zufälliger Begegnungen, sondern auch ein Ort, an dem der Fluss des Lebens sich geltend machen muss. Dabei wird man

---

434 Charles Baudelaire, Der Maler des modernen Lebens (1863), in: ders., Gesammelte Schriften, Bd. 4, Dreieich 1981.

435 Herbert Molderings, Marcel Duchamp. Parawissenschaft, das Ephemere und der Skeptizismus, Frankfurt am Main 1983, S. 68.

436 Siegfried Kracauer, Straßen in Berlin und anderswo (1939). Mit einem Essay von Gerwin Zohlen, Berlin 1987, S. 7. Generell zur Stadt als Geliebte siehe auch Lütgens 1993, S. 110.

437 Vgl. Vidler 1996, S. 19.

438 Kracauer 1985, S. 43.

> vornehmlich wieder an die Grostadtstraße mit ihren ständig sich bewegenden, anonymen Massen zu denken haben."[439]

Wenn sich nach Kracauer in den Fotografien eine gewisse Melancholie ausmachen lässt, dann weil das fotografische Medium dort, wo es sich mit der Straße als Sujet verbindet, die Selbstentfremdung befördert, die wiederum eine Identifizierung mit den beobachteten Objekten ermöglicht.[440]

> „Der Niedergeschlagene strebt unwillkürlich danach, sich an die zufälligen Erscheinungen in seiner Umwelt zu verlieren; und er absorbiert sie mit einer Intensität, die nicht mehr durch seine besonderen Neigungen und Vorlieben bedingt ist. Seine Empfänglichkeit gleicht der des Proustschen Fotografen, der die Rolle des Fremden spielt."[441]

Diese Gleichung zwischen Leben und Straße bekommt eine neue Bedeutung im Sinn des Umherstreifens eines Flaneurs bzw. Fotografen, „[...] der im Gehen den Strom der flüchtigen Eindrücke einfängt."[442] Das, was Georg Simmel die „Schnappschüsse der Wirklichkeit"[443] genannt hatte.

Die Figur des Flaneurs bei Benjamin trägt in Vertowscher Manier seine Kamera als drittes Auge mit sich und fängt die vorrübergleitenden Bilder des modernen Alltags ein.[444] Fast jede Eigenschaft, die Benjamin mit dem Flaneur verband, lässt sich auch auf den Fotografen übertragen, der ein Auge für das Detail ebenso wie für das Unbeachtete und Zufällige haben sollte.[445]

Zu diesen Blicken teilen beide dieselben Räume: die Vorstädte und die Peripherie, das Umland und die Außenbezirke der Stadt, somit den gesamten räumlichen Apparat der Großstadt.[446]

Eine ähnliche Vorgehensweise in der Art des Fotografierens, das einem Flanieren gleicht, lässt sich auch auf Helen Levitt übertragen, die somit ebenfalls zu den Großstadtspaziergängern gehört, allerdings sind ihre

---

439 Ebd., S. 110.
440 Ebd.
441 Ebd., S. 42.
442 Vgl. Vidler 1996, S. 19.
443 Ebd.
444 Ebd., S. 21.
445 Ebd.
446 Ebd.

Arbeiten aus der Sicht einer Frau entstanden, ohne sexualisierte Blickweisen.

Auf diesen Streifzügen durch die Großstadt sind Fotografien von Schwarzen, Puerto Ricanern, Italienern, Polen und anderen ethnischen Minoritäten der Metropole entstanden. Levitt konzentriert sich auf Harlem, weil sie hier einen Teil der afro-amerikanischen Kultur findet, der durch fremde Einflüsse geprägt ist.

Die übergreifende Idee, die sich in allen Bildern Levitts wiederfinden lässt, ist die einer Gemeinschaft verschiedener ethnischer Gruppen, welche zwar durch ihre Differenzen gekennzeichnet ist, es aber trotzdem vermag, eine neue, gemeinsame Identität zu schaffen.

Alltagssituationen, in denen Schwarze und Weiße miteinander spielen bzw. tanzen, lassen sich in der folgenden Abbildung ausmachen. In dem schwarzweißen Hochformat ist der Moment wiedergegeben, in dem ein kleines, weißes Mädchen mit einem schwarzen Jungen tanzt (Abb. 55). Mitten auf einer unbefahrenen Straße scheint es, als würde sie, mit einem gepunkteten Sommerkleid bekleidet, ein paar Tanzschritte vorgeben, auf die er reagiert. Im Hintergrund sind ein leerer Bürgersteig und die für New York typischen Wohnhäuser erkennbar. Das Mädchen bestimmt die linke Bildhälfte, ihr linkes Bein ist hinter das rechte gestellt, die Hände in einer ausladenden Geste über den Kopf gestreckt. Sein Blick ist auf sie gerichtet, die rechte Hand befindet sich auf dem Kopf, das rechte Bein ist leicht angezogen und die linke Hand von der gerade vollzogenen Bewegung, womöglich einer Pirouette, in Unschärfe abgebildet. Die beiden scheinen ganz auf sich fixiert zu sein, niemand sonst ist im Bild und sie scheinen die Fotografin nicht zu bemerken.

Die kulturelle Vielfalt und ethnische Vermischung, die hier in den unterschiedlichen Hautfarben deutlich wird, bestimmt das von Levitt konstruierte Bild einer neuen, friedvollen Gemeinschaft. Dieser Ansatz wird auch in der nächsten Fotografie deutlich.

Vergleichbar der Tanz-Situation ist eine belebte Straßenszene dargestellt (Abb. 56). Das schwarzweiße Querformat zeigt den Ausschnitt eines Gehsteiges in einem Wohnviertel, den mindestens 16 Personen aller Altersschichten und dunkler Hautfarben bevölkern. Die Vielzahl der Personen ist eher untypisch (Ausnahme: Vgl. Abb. 51). Levitt hat den Moment abgelichtet, in dem vier Personen (zwei Erwachsene und zwei Kinder) im Halbrund zueinander stehen und ihr den Rücken zeigen. Dabei geben sie den Blick auf den Mittelteil des Bildes frei, den zwei tanzende Paare bestimmen: zwei Mädchen in Kleidern, die sich anfassen und ihre Ausgangstanzstellung zu überprüfen scheinen, ebenso wie ein Mädchen, dessen Kleid noch von der Bewegung schwingt und das von einem Jungen an der Hand gehalten wird. Ringsum sind weitere Personen dargestellt, zum Teil an die Hauswand angelehnt, zum Teil lässig irgendwo aufgestützt, die das Treiben amüsiert verfolgen. Es scheint sich um eine alltägliche Situation an einem Sommernachmittag zu handeln, an dem spontan auf offener Straße getanzt wird. Weitere Kennzeichen eines Festes wie etwa Essen oder Getränke sind nicht erkennbar, was den Eindruck der Spontanität noch verstärkt. Zudem sind es bisher ausschließlich Kinder, die die Straße als Bühne für ihren Tänze nutzen – ein Zeichen für ihre Natürlichkeit und Unbefangenheit. Als Zuschauer fungieren die Erwachsenen. Auch bei diesem Flanieren zwischen den Kulturen wird das Bild einer friedvollen Gemeinschaft unterstrichen.

Innerhalb dieser gesellschaftlichen Strukturen findet man ein Ensemble von Darstellern, die vor einem Publikum eine Situation darstellen.[447] Häufig findet sich ein Hintergrund und ein Vordergrund, auf dem die Aufführung stattfindet, wie etwa in der folgenden Aufnahme (Abb. 57).

Auf diesem Hochformat in Schwarzweiß lehnen drei Schwarze lässig an einem Briefkasten und bestimmen die linke Bildhälfte. Von rechts kreuzt eine schwarze Katze die Straße. Im Hintergrund ist der gegenüberliegende Gehsteig erkennbar, auf dem sich entfernt eine Frau befindet. Die Männer, zwei von ihnen mit Hut, scheinen die Fotografin bemerkt zu haben, eventuell gilt ihr das Schauspiel: einer dreht ihr den Kopf zu, ein anderer schaut direkt in die Kamera. Sie scheinen sich ihrer selbst sehr bewusst zu sein und ihr Auftreten gleicht einer Inszenierung.

Ganz ähnlich inszeniert wirkt auch die nächste Fotografie, die 1941 in Mexiko entstanden ist (Abb. 58). Ähnlich wie die schwarzen Männer am Briefkasten, lehnen hier drei mexikanische Einwohner an einer Hauswand, die mit einer typischen Wandmalerei versehen ist.

In Mexiko hat Levitt auch Kinder beim Spielen aufgenommen, so etwa in dem folgenden Hochformat. Hier ist der Blick in einen Innenhof gegeben, in dem zwei Jungen auf dem Boden raufen (Abb. 59).

Diese beiden Beispiele dienen nur der Veranschaulichung, wie Levitt zwischen den unterschiedlichen Kulturen wandert, um ihr Bild einer idealen Gesellschaft wiederzugeben. Die Mexiko-Bilder sind allerdings nur während eines kurzen Zeitrahmens in einem anderen Land entstanden, so dass sie eine eigene Untersuchung verlangen.

Alltägliche, auf den ersten Blick banal erscheinende Momente auf der Straße, hat Helen Levitt auch in den folgenden Aufnahmen, auf die ich hier kurz exemplarisch eingehen möchte, dargestellt. Dabei wird deutlich,

---

447 Es ist eine allgemein bekannte Vorstellung, dass wir uns selbst vor anderen darstellen. Hierzu vgl. auch Goffman 2000, S. 230.

dass eine grotesk wirkende, absurde Situationskomik überwiegt, die den Begebenheiten einen surreal wirkenden Charakter verleiht.

5.6. Surreale Situationskomik durch unerwartete Gegenüberstellungen

Eine Transformation des Surrealismus, der in den Arbeiten Levitts deutlich hervortritt, besteht meines Erachtens darin, dass die an sich gewöhnliche Raumordnung der Großstadt unerwartete merkwürdige Nebeneinanderstellungen und Momente hervorbringt.

Ähnliche Merkmale lassen sich auch in den Bildern Levitts wiederfinden, etwa in der Aufnahme New York City (um 1942), in der eine Frau ihren Oberkörper in einen Kinderwagen steckt (Abb. 60). Das schwarzweiße Hochformat zeigt eine Kindersportkarre auf einem Gehsteig, in der ein Kind sitzt. Das Gesicht des Kindes ist in der Bewegung leicht verschwommen aufgenommen und lacht die Fotografin an. Gleichzeitig steckt eine Frau ihren Oberkörper fast komplett in diese Karre. Ein alltäglicher, dennoch absurd wirkender Moment ist hier festgehalten, der das schnelle Reaktionsvermögen der Autorin unterstreicht.

Auch in dem fotografischen Abbild mit den zwei Mädchen auf der Straße, von denen eine schwanger ist und die Nichtschwangere zwei Flaschen Milch vor ihrer Brust hält (Abb. 61). Dieses Bild, das in New York um 1945 entstanden ist, beinhaltet scheinbar gegensätzliche Merkmale. Hierbei handelt es sich ebenfalls wieder um ein Hochformat, das zwei Mädchen auf einem Bürgersteig zeigt. Das dem Betrachter zugewandte, etwas kleinere Mädchen trägt ein leichtes Karokleid und flache Schuhe. Sie hat die Augen geschlossen und die Mundwinkel zu einem Lachen verzogen. Vor ihrem Oberkörper hält sie zwei Glasflaschen, die mit einer weißen Flüssigkeit gefüllt sind. Hinter ihr steht ein etwas größeres Mädchen, ebenfalls mit einem Sommerkleid bekleidet. Sie hat ihre Arme verschränkt auf ihren schwangeren Bauch gelegt und blickt mit fast geschlossenen Augen auf die Milchflaschen ihrer Freundin hinab. Die beiden stehen vor weiteren Mädchen, deren Beine im rechten Bildanschnitt erkennbar sind. Das Bild ist durch den Gegensatz schwangeres Mädchen / nichtschwangeres Mädchen mit zwei Milchflaschen vor der Brust bestimmt.

Die folgende Fotografie (Abb. 62) ist auch in der Ausstellung „American Surrealist Photography“ im Museum of Modern Art 1994 gezeigt worden. Auf dem für Levitt typischen Hochformat in

Schwarzweiß, das etwa um 1945 entstanden ist, sind Kinder unter einem Kasten abgebildet. Dieser steht mitten auf dem Gehsteig und von den Kindern sind nur die Füße und Beine erkennbar, auch über deren genaue Anzahl lässt sich nichts sagen, außer das es mindestens drei sind. Im Hintergrund sind leere Hinterhöfe sowie Leinen mit Wäsche erkennbar. Durch den Kasten erhält auch diese Bild einen merkwürdigen Charakter und lässt sich nicht genau bestimmen.

Absurd erscheinende Verrenkungen, die sich in den unterschiedlichen Körperhaltungen ausmachen lassen, scheinen ebenfalls ein Thema für Helen Levitt zu sein, wie in der folgenden Aufnahme deutlich wird (Abb. 63). Hier verrenkt sich ein Junge vor einem Auto. Der Zeit entsprechend handelt es sich um ein für die 1940er Jahre typisches Automobil. Der Junge, nur mit kurzen Hosen und Schuhen bekleidet, steht auf dem Gehsteig, seinen Oberkörper vornüber gebeugt in Richtung der Reifen. Formal ähnlich lässt sich diese Bild mit einer Aufnahme aus dem Spätwerk vergleichen, wo ein Mädchen verrenkt zwischen Auto und Rinnstein kauert, hier spielt allerdings die intensive Farbe eine besondere Rolle (Vgl. auch Abb. 67).

Das Auto taucht auch auf dem nächsten Bild wieder auf. Auf dem schwarzweißen Hochformat, New York City von 1982, ist der Ausschnitt eines Taxis wiedergegeben, Anfang und Ende des Autos sind nicht mit abgebildet (Abb. 64). Vor dem Mittelteil dieses typischen New Yorker Taxis steht eine Frau, deren Karo-Kostüm, bestehend aus kariertem Rock und Blazer sowie der dazu passenden Mütze, mit den Karostreifen des Taxis korrespondiert. Hier bestimmt der zufällige Moment das Bild, in dem eine Frau mit dem entsprechendem Kostüm vor einem dazu passenden Taxi steht.

5.6.1. Ausblick in Farbe

Es gibt in den späteren Fotografien kaum noch Aufnahmen mit Kindern, das Bild selbst scheint stiller zu sein und ist in seiner Motivauswahl gezielter auf einzelne Personen oder auch Gegenstände beschränkt. Da die Gruppierung der unerwarteten Gegenübstellungen einen großen Raum im Werk Levitts einnimmt, möchte ich an dieser Stelle abschließend kurz auf eine Form der surrealen Situationskomik in ihren späteren Arbeiten und hier vor allem in den Farbaufnahmen eingehen. Die Besonderheit des Augenblicks überträgt auch Levitt in das Medium der Farbfotografie, die zuvor als unkünstlerisch und vulgär galt. Nach einer kurzweiligen Rückkehr zur Schwarzweiß-Fotografie arbeitete Levitt bis etwa 1995 in Farbe. Das Alltägliche wird schnappschussartig erfasst und betont dadurch den Zufälligkeitscharakter. Die Farbe steigert dabei den Realitätscharakter.

Die Farbfotografien Levitts sind zwischen 1959 und 1995 entstanden. Hierbei wird allerdings oftmals kritisiert, dass die Farbe die Reinheit der Grafik und die Konstruktion des Raums stört:

> „Die weniger schematisierten Figuren kehrten in das noch sichtbarer gewordene Elend und zur Gewalt der Straßen zurück. Die in den Schmutz der Wände eingeritzten Graffiti trugen zum Chaos der Straße bei. Da Spiel und Beziehungen fehlten, verschwand auch das Delirium.“[448]

Bereits in den 1930er Jahren ist die Farbfotografie in eine industrielle und medienwirksame Phase getreten. Eine Studie zur Ästhetik der Farbfotografie ist bisher allerdings noch nicht ausreichend vorgelegt worden. Im Bereich der Amateurfotografie und der ‚angewandten' Fotografie (Mode-, Werbung- und Industriefotografie) hat sich die Farbe schon früh etabliert, ihr Gebrauch in der künstlerischen Fotografie war allerdings noch vollkommen unüblich. Erst in den 1970er Jahren hat auch die Farbfotografie ihren Einzug ins Museum gehalten. 1976 präsentierte John Szarkowski die Ausstellung „William Eggleston's Guide" im Museum of Modern Art in New York. Eggleston gilt als einer der Pioniere der Farbfotografie.[449]

---

[448] Alvarez de Toledo 1997, S. 123.

[449] Das Buch von William Eggleston, The Democratic Forest, New York 1989 mit einer Einleitung von Eudora Welty, wird als das erste „Meisterwerk" der Farbfotografie bezeichnet. Siehe auch Mißelbeck 2002, S. 77.

Auch Levitt entwickelt mit dieser speziellen Farbabzugstechnik, dem Dye-Transfer-Verfahren, die volle Wirkung ihrer Bildsprache.[450] Mit dieser Technik ist es möglich, einzelne Farben mit großer Sättigung zu versehen und ihnen so eine enorme Intensität zu verleihen. Levitt konnte mit Hilfe dieses Verfahrens ihre Bilder subjektiv gestalten. Dadurch erhält der Betrachter oftmals das Gefühl, Situationen oder Objekte erstmals bewusst zu sehen. Die Farbe wurde dabei nicht unbedingt zur Beschreibung der Realität genutzt, sondern eingesetzt, um bestimmte Emotionen zu erreichen. Es geht Levitt also nicht um eine exakte Darstellung ihre Umwelt, sondern eher um die Vermittlung ihrer Vorstellung von dieser.

Auf den Betrachter wirken diese Bilder nicht distanziert, sondern durch die intensive Farbgebung werden auch andere Lesarten und assoziative Deutungen der Motive ermöglicht. Dabei gewinnt man den Eindruck, dass es zwischen den Einzelaufnahmen um Entfremdung und Einsamkeit geht.

Die Brillanz und hohe Farbintensität, die bei Levitt in Rot- und Grüntönen überwiegt, wird durch das nachträgliche Abstimmen einzelner Farbtöne abgestimmt. Die Bildgegenstände sind wie auch in den frühen Arbeiten im banal wirkenden Alltag zu finden: Gebrauchsobjekte, Szenen des alltäglichen Lebens, Stadtstudien: noch immer ist es das alltägliche Theater auf der Straße, das sie mit der Kamera festhält. Dennoch scheinen die Motive in dieser Zeit viel bedächtiger gewählt zu sein, die Kinder sind von der Straße verschwunden, ein absurder Dinghumor tritt zum Vorschein. Wie auch schon bei den Graffiti oder spielerischen Ritualen ist ihre Wahrnehmung offensichtlich durch eine Kenntnis des Surrealismus beeinflusst, in dem Dinge, die man nicht nebeneinander erwartet, im Bild kombiniert werden. So etwa in der Aufnahme New York City, 1972 (Abb. 65) mit dem Fernseher auf der Straße. Dieses farbige Querformat ist im

---

450 Diese aufwendige, 1947 von Kodak hergestellte Verfahren ist ein Umdruckverfahren (wodurch Ähnlichkeiten zu einigen historischen Edeldruckverfahren bestehen), mit dem von Dias oder Farbnegativen lichtstabile Farbabzüge auf Papier gemacht werden. Dabei ist es möglich, den Kontrast und die Dichte einzelner Farben zu verändern. Charakteristisch sind leuchtende Farben ohne Korn. In Bezug auf Kopiertechnik und Lichtbeständigkeit wird dieses entsprechend teure Verfahren höchsten Ansprüchen gerecht. Bei der heutigen ausschließlichen Verwendung von kunststoffbeschichteten Trägermaterialien für Farbfotografien, muss dieser Prozess „[...] als das einzige fotografische Farbverfahren mit langfristig kalkulierbarer Archivfestigkeit angesehen werden.“ Weiterführend siehe Felix Freier, DuMont's Lexikon der Fotografie. Technik – Geschichte – Kunst, Köln 1997 (1992), S. 86. Vgl. auch Mißelbeck 2002, S. 259.

rechten Bildteil durch einen jungen Mann bestimmt, der auf einem hochgestellten grünen Bierkasten sitzt.

Seine Kleidung besteht aus einer blauen Jeans, einem roten T-Shirt, darüber eine offene dunkle Jacke und einer dunklen Mütze. Er sitzt mit dem Rücken an eine Wand gelehnt, der linke Arm ist über einem Geländer abgestützt. Sein Blick wandert in die linke Bildhälfte, in der ein Fernsehgerät auf einem Kasten steht, das von einer Zeitung bedeckt ist. Der Bildschirm ist jedoch frei gehalten und zeigt eine schwarzweiße Straßenszene mit drei Figuren. Von der Häuserrückwand im Hintergrund blättert die Farbe ab, zum Teil sind Graffiti und Zeichnungen darauf erkennbar.

Eine private Szene, das Fernsehen, die man eher im häuslichen Rahmen vermuten würde, ist hier auf den Außenraum verlegt worden. Somit dient auch hier die Straße wieder als Bühne. Dabei handelt es sich um keine gesellschaftliche Aktion, wie beispielsweise das gemeinsame Fußballgucken auf dem Fernseher, sondern dieser alltägliche Moment wirkt auf der Straße unerwartet. Das Alleinsein des Mannes erweckt eher den Eindruck von Einsamkeit und Anonymität in der Großstadt, vielleicht auch des fehlenden Zuhauses, in dem ansonsten solche Szenen stattfinden.

Einen ähnlich unverhofften Augenlick gibt auch die folgende Aufnahme wieder, New York City, 1971 (Abb. 66). Auf diesem farbigen Querformat stolzieren unvermittelt drei Hühner auf dem Gehsteig durchs East Village. Im Hintergrund sind acht Stühle mit bunten Blumenmustern jeweils in zwei Reihen, noch in durchsichtiger Folie verpackt, hintereinandergestapelt. Die Farbigkeit der roten Kämme der Hähne wird durch die linken vier roten Stühle wieder aufgegriffen, die vier Stühle im rechten Bildteil sind braun gepolstert. Auf menschliche Figuren wird hier ganz verzichtet, die Komposition wird allein von den Hühnern wie auf einem Laufsteg und den zum Verkauf bestimmten Stühlen geprägt, die auf eine absurde Art an ein Publikum erinnern.

Durch diese unerwartete Gegenübstellung Hühner / Großstadt erhält das Bild einen surrealen Charakter.

Auch in den 1980er Jahren taucht das amerikanische Fortschrittssymbol des Automobils in den Fotografien auf, etwa in der Abbildung New York City, 1980 (Abb. 67). Auf diesem Querformat ist ein grüner amerikanischer Wagen im starken Anschnitt abgebildet, so dass der linke Bildteil bis zur Mitte mit dem hinteren Teil des Autos, vom Reifen bis zum Heck, ausgefüllt ist. Zwischen diesem Reifen und dem Rinnstein klemmt ein Mädchen mit dunklen Haaren merkwürdig verrenkt. Sie trägt ein langarmiges Oberteil sowie schwarze Sommerschuhe mit einem

Riemen. Der Kopf ist dem Rinnstein zugewandt, die rechte Hand stützt sich am Auto ab, der linke Fuß ist auf der Bürgersteigkante abgestellt ebenso wie die linke Hand. Der Betrachter wird nicht aufgeklärt, ob das Mädchen vielleicht etwas in dem Rinnstein sucht oder sich gerade ihrer Notdurft entledigt hat. Im Hintergrund parkt auf der gegenüberliegenden Straßenseite ein hellblauer VW-Käfer.

Diese Szenen des Alltags auf der Straße aus den späteren Jahren lassen oftmals eine Erklärung offen und der Betrachter ist auf sich selbst angewiesen. Die Bilder wirken insgesamt stiller, wenn überhaupt, sind Menschen alleine in der Großstadt wiedergegeben. Durch Detailgenauigkeit und eine intensive Farbwirkung scheint die Realität noch stärker betont zu werden. So etwa in der folgenden Aufnahme (Abb. 68). Auf diesem Querformat ist ein knallroter Wagen zu erkennen, dessen Scheiben jedoch zerschlagen, die Türen zerbeult, die Motorhaube offen und die Reifen kaputt sind. Dieses Wrack steht in einer Wohngegend mit Graffiti an den Wänden und einer älteren Dame, die auf den Treppenstufen vor einem Hauseingang steht und deren Blick über den linken Bildrand hinauswandert. Die intensive Farbigkeit des Autos wird betont durch eine schwarzweiße Katze, die unter dem Auto sitzt und deren Bisswunden am Hals das Rot wieder aufgreifen.

Auffallend ist ein Schnappschussstil, der die besonderen Momente des Alltags einfängt.

Die Trostlosigkeit und Einsamkeit in einigen Aufnahmen wird in den folgenden Jahren durch einen bestimmten Sinn für Humor wieder aufgehoben, etwa in der Aufnahme New York City, 1988 (Abb. 69). Dieses Hochformat ist bestimmt durch eine Telefonzelle mitten auf einer belebten Straßenszene, in die eine dicke Frau gequetscht ist. Zusätzlich ist links noch ein Mädchen gepresst, das den Blick nach draußen auf die Kamera richtet. Der rechte Teil der Zelle ist mit einem kleinen Jungen gefüllt, der seinen Platz nur durch das angewinkelte Bein der Mutter erhält.

Im Spätwerk fehlen Spiel und Beziehungen zwischen den Menschen. Es geht nicht mehr um das Flanieren innerhalb fremder Kulturen, sondern eher um den unerwarteten Moment sowie einen absurden Dinghumor, der durch kräftige Farben betont wird. Aber auch durch diese merkwürdigen Nebeneinanderstellungen, die im Alltag für den Betrachter oftmals unbemerkt bleiben, wird ein surrealer Charakter und somit eine surreale Transformation des Dokumentarischen, erreicht.

6. Levitts Blick auf den Alltag im Film

6.1. Mediale Interdependenzen zwischen Fotografie und Film

Fotografie und Film sind beides technische Aufzeichnungsmedien und von daher miteinander vergleichbar. In den gängigen Foto- und Filmgeschichten beruht die Fotografie auf dem Prinzip der Camera Obscura, wobei das einzelne fotografische Bild nach Bearbeitung der Abbildungsschicht ‚Film' chemisch entwickelt und sichtbar gemacht wird.[451]

Das Abbildungsprinzip der Filmkamera ist demnach die Reihenfotografie, die nach entsprechender Bearbeitung, projiziert wird und dem Prinzip der Laterna Magica folgt.[452]

Hieran anknüpfend stellt sich die Frage, ob die Intermedialität zwischen Fotografie und Film im Werk Levitts als Transformation der Fotografie in

451 Die Camera Obscura funktioniert nach dem optischen Prinzip, bei dem Licht durch ein kleines Loch in eine dunkle Kammer fällt. Dabei wird ein Bild von draußen, seitenverkehrt und auf dem Kopf stehend, auf die Rückwand der Kammer projiziert. Jonathan Crary entwirft in seiner umstrittenen Studie von 1990 eine andere Geschichte von den Ursprüngen moderner Wahrnehmungstheorien im 19. Jahrhundert. Er vertritt die These, „[...], dass die Camera obscura und die Fotokamera [...] als Praktiken und als soziale Objekte zu zwei fundamental verschiedenen Systemen der Repräsentation und des Sehens gehören und dass sie grundsätzlich verschiedene Beziehungen zwischen dem Sehenden und dem Sichtbaren, dem Betrachter und dem betrachteten Objekt herstellen." Die beiden Modelle der Visualität, wie sie die Camera Obscura und die Fotokamera darstellen, sind nach Crary grundsätzlich verschieden. Hier wird Wahrnehmung nicht mehr objektiv, vom Betrachterstandpunkt erfahren, sondern als physiologisches Phänomen in einer subjektiven Ausprägung. Bereits vor der Erfindung der Fotografie im 19. Jahrhundert hat sich nach Crary der Betrachter durch eine Reihe neuer optischer Geräte neu strukturieren können. Siehe Jonathan Crary, Techniken des Betrachters. Sehen und Moderne im 19. Jahrhundert, Dresden, Basel 1996, hier insbesondere S. 43.

452 Die Laterna Magica, auch Zauberlaterne genannt, ist zunächst ein mit Kerzenlicht betriebenes Projektionsgerät. Die zahlreichen verschiedenen Formen der optischen Apparate wie Diorama, Kaleidoskop, Stereoskop, Thaumatrope, Phenakistiskop, Zootrope usw. werden bei Crary ausführlich dargestellt. Siehe Crary 1996, S. 103–140. Ausführlicher zu den einzelnen Techniken siehe auch Andrea Gronemeyer, Film, Köln 1998, S. 8–21. Speziell zur Intermedialität der beiden Medien vgl. auch Joachim Paech, Intermedialität, in: Franz-Josef Albersmeier (Hg.), Texte zur Theorie des Films, Stuttgart 1998, S. 447–475.

das filmische Medium betrachtet werden kann. Somit wäre der Film als eine spezifische Form der Serien-Fotografie zu sehen. Der beobachtbare Unterschied bestünde dann in der Form der Bewegung und somit als Zeit-Differenz (Vgl. Abb. 70a–h).[453]

Zu den Anfängen solcher Reihenfotografien gehören auch die Arbeiten Eadweard Muybridges (1830–1904), der mit seinen Versuchen Bewegungsabläufe in einzelnen Phasen erfasste. Er entwickelte eine Anordnung, in der die Bewegung von Menschen oder Tieren durch eine Reihe von Momentaufnahmen festgehalten werden konnte.[454] Diese Serienaufnahmen vermitteln dem Auge nicht mehr wahrnehmbare Bewegungen. Die Fixierung solcher Momente, die vorher für das Auge nicht sichtbar waren, werden mit Hilfe der Kamera durch kürzere Belichtungszeit optisch analysiert und in Einzelteile zerlegt. Somit ergibt sich eine neue, konzentriertere Wahrnehmungsmöglichkeit.[455] Durch das Abblättern der in der richtigen Reihenfolge übereinandergelegten Bilder entsteht der Eindruck eines kontinuierlichen Bewegungsablaufs, dem Daumenkino vergleichbar.[456]

Ab Mitte der 1920er Jahre wandten sich Kritiker immer häufiger gegen das Dekorative und Inszenierte des expressionistischen Films und plädierten für eine Auseinandersetzung mit der Wirklichkeit.[457]

Der eigentliche Inhalt des Films sollte nicht die Idealisierung der Wirklichkeit darstellen, sondern „[...] die äußere Realität als solche."[458] In den Folgejahren entstand der dokumentarische Film als Gegenbewegung zu den Produkten der Filmindustrie.[459] Der anscheinend filmische Realismus definiert sich in Abgrenzung zu den Produkten der sogenannten Traumfabrik. Als Gattung beschäftigt sich der Dokumentarfilm mit dem angeblich wirklichen Leben seiner Zuschauer, dass er kritisch zu

---

453 Siehe ebd., S. 459.

454 Siehe auch James Monaco, Film verstehen. Kunst, Technik, Sprache, Geschichte und Theorie des Films, Reinbek bei Hamburg 1992, S. 35.

455 Vgl. auch Marlene Schnelle-Schneyder, Eadweard Muybridge 1830–1904, in: dies., Photographie und Wahrnehmung am Beispiel der Bewegungsdarstellung im 19. Jahrhundert, Marburg 1990, S. 63–111.

456 Vgl. auch Joachim Paech, Bilder von Bewegung – bewegte Bilder. Film, Fotografie und Malerei, in: Wagner 1991, S. 237–264.

457 Vgl. Vidler 1996:, S. 18.

458 Erwin Panofsky, Stil und Stoff im Film, in: Filmkritik, 6, 1967, S. 354.

459 Hierzu zählen: Dziga Vertow, Schriften zum Film, München 1973; Frances Hubbard Flaherty, The Odyssey of a Film-Maker. Robert Flaherty's Story, New York 1972; John Grierson, On documentary, London 1979 und Paul Rotha, Documentary Film, London 1936, um nur einige zu nennen.

hinterfragen versucht. Unter den wachsenden sozialen Spannungen der 1930er Jahre, wandte sich eine Reihe von Filmkünstlern scheinbar realistischen und somit sozial-, gesellschaftlich- und zeitkritischen Inhalten zu.[460]

Kracauer ist hierbei Teil einer Bewegung, die sich konsequent gegen das Dekorative und Künstliche aussprach und für eine kritische Sicht der Realität plädierte, die der Film ermöglichte. Kracauer fand in der Straße den Schauplatz für seine Gesellschaftskritik. Er sah im Film eine Kunst, die sich dazu eignete, das Flüchtige, rasch Vergängliche und das Augenblickliche festzuhalten. Diesen Momenten kam die Straße in all ihren Erscheinungsformen als Sujet besonders entgegen. Die Filmkamera zeigte die Straße – in Fortführung des zufälligen Schnappschusses – als einen Ort der Zufallsbegegnungen und der Beobachtung sozialen Verhaltens.[461]

Für Kracauer bietet die filmgerecht aufgenommene Straße eine Möglichkeit zur Erfassung der Moderne: sie kultivierte nicht nur das Zufällige und Ungeregelte, sondern begünstigte auch die notwendige Distanz des Betrachters. Kracauer folgerte hieraus:

> „Die Affinität des Films zum Zufälligen zeigt sich am deutlichsten in seiner unwandelbaren Hinneigung zur ‚Straße'. [...] In diesem Zusammenhang interessiert die Straße [...] als derjenige Ort, an dem das Zufällige über das Planmäßige siegt und unerwartete Zwischenfälle fast die Regel sind."[462]

Diese Äußerungen beruhen im wesentlichen auf der Annahme, dass der Film eine Erweiterung der Fotografie ist und daher eine Affinität zur sichtbaren Welt hat. Für Kracauer als auch für Walter Benjamin bestand eine enge Verbindung zwischen dem Fotografen und dem Flaneur und beide erkannten im Flanieren ein potentielles Modell für den modernen Film.[463] Diese Gleichung zwischen Leben und Straße beschreibt Kracauer folgendermaßen (Vgl. auch Kap. 5.5.):

> „[...] man sieht, wie jemand in schwermütiger Stimmung ziellos umherstreift; während er so dahinwandert, ersteht seine Umwelt in Form zahlreicher aneinandergereihter Bilder von Hausfassaden, Neonlichtern, vereinzelten

---

460 Vgl. auch Gronemeyer 1998, S. 73–79.

461 Kracauer 1985, S. 85.

462 Ebd., S. 98.

463 Zum Flaneur bei Benjamin siehe auch Rolf J. Goebel, Benjamin heute: Großstadtdiskurs, Postkolonialität und Flanerie zwischen den Kulturen, München 2001.

> Straßenpassanten usw. Ihr scheinbar unmotiviertes Auftauchen wird von den Zuschauern wie selbstverständlich mit seiner Niedergeschlagenheit und der Entfremdung in ihrem Gefolge in Zusammenhang gebracht."[464]

Bei Benjamin lässt sich die Figur des Flaneurs mit der des Regisseurs vergleichen: beide haben ein Auge für das Detail, für das Unbeachtete und das Zufällige. Zudem halten sie sich in denselben Räumlichkeiten auf.[465]

Da der Film *In the Street* als Dokumentarfilm gilt, hierzu ein paar Überlegungen vorweg:

Mit der Wirklichkeit des Films hat sich unter anderen Eva Hohenberger intensiv auseinandergesetzt und ein theoretisches Instrumentarium zur Analyse des Dokumentarfilms entwickelt.[466] Hohenberger analysiert das Verhältnis von Wirklichkeit und Film und beschreibt die filmische Realität des Dokumentarischen. Der Übergang vom Kinematographen zum Kino ist zunächst feststellbar als Abnahme dokumentarischer und entsprechender Zunahme fiktionaler Filme. Hohenberger unterscheidet hier eine nicht-inszenierte versus einer inszenierten vorfilmischen Realität.[467] Eine übliche Definition für den Dokumentarfilm besteht darin, den Film als Abbildung von Ereignissen zu schildern, „[...] die auch ohne die Anwesenheit der Kamera stattgefunden hätten, in dem reale Personen in ihrem Alltag auftreten – ein Film also, der sich an das Gefundene hält."[468] Ähnlich definiert auch Monaco den Dokumentarfilm:

> „Umfassender, allgemeiner Begriff für alle nichtfiktionalen Filme, die sich der Aufzeichnung der Außenrealität bedienen."[469]

---

464 Kracauer 1985, S. 43.

465 Vgl. auch Vidler 1996, S. 21.

466 Eva Hohenberger, Die Wirklichkeit des Films. Dokumentarfilm. Ethnographischer Film. Jean Rouch, Hildesheim 1988. Speziell mit dem us-amerikanischen Dokumentarfilm sowie dessen sozialer und kultureller Repräsentation der Wirklichkeit hat sich auch Günter H. Lenz beschäftigt. Siehe auch Günter H. Lenz, Black Politics, Community, and Culture: Afro-Amerika im amerikanischen Dokumentarfilm. Eine Einleitung, in: ders. (Hg.), Afro-Amerika im amerikanischen Dokumentarfilm, Trier 2000, S. 7–21. Vgl. auch das Kapitel 2.2.2. über die Harlem Renaissance.

467 1900 hatte der dokumentarische Film einen Anteil von 87%, 1904 42% und schließlich 1908 nur noch 4%. Siehe Hohenberger 1988, S. 14–15.

468 Wilhelm Roth, Der Dokumentarfilm seit 1960, München, Luzern 1982, S. 185.

469 Monaco 1992, S. 389.

Die Vorstellung, dass die Kamera durch Montage, Einstellungen, Schnitte, Perspektiven und dergleichen in das Geschehen eingreifen könne, wird hier, wie auch schon im fotografischen Dokumentarismus (siehe Kap. 3), nicht berücksichtigt.

Nach Hohenberger sind solche Hypothesen unbrauchbar, wonach alles, was auch ohne die Kamera stattgefunden hätte, ein Dokumentarfilm sei, denn damit wäre jeder Film als Dokument zu betrachten.[470] Für sie ist es daher notwendig, unterschiedliche Realitäten zu unterscheiden. Darauf aufbauend definiert sie den Dokumentarfilm als einen Film, „[...] dessen Referenzobjekt die nichtfilmische Realität ist.“[471] Diese umfassende Bestimmung schließt die vorangegangenen formal mit ein und ist abstrakt genug für eine weiterführende Theoretisierung. Zugleich geht Hohenberger von verschiedenen Ebenen der Wirklichkeit aus, die auf Produktions- und Rezeptionsseite nebeneinander existieren. Im einzelnen unterscheidet sie eine nichtfilmische und eine vorfilmische Realität, sowie eine filmische Realität, womit der fertige Film gemeint ist.[472] Diese Begrifflichkeiten lassen sich auch auf die Fotografie übertragen, so dass man auch von einer nicht-fotografischen, vorfotografischen und fotografischen Realität, also dem fertigen Abzug, reden kann.

Der Film und dessen zusätzliche Dimension der Bewegung nimmt eine ähnliche Stellung ein wie vor ihm die Fotografie. Der Dokumentarfilm kann entsprechend als bewegte Fotografie betrachtet werden, da die Realität analog zu unserer Wirklichkeitswahrnehmung direkt abgebildet wird.

6.2. Die Rolle Levitts im Bereich des Films

Levitt hat ihre Beobachtung des Straßenlebens nicht allein auf das Medium der Fotografie beschränkt. Zusammen mit James Agee und Janice Loeb drehte sie 1945 bis 1946 den Kurzfilm *In the Street*, der wie eine exakte filmische Umsetzung ihrer Fotografien erscheint. Der Film entstand über mehrere Jahre hinweg überwiegend in East Harlem.

Wie viele Frauen ihrer Generation hat Levitt ihre Rolle in der Fotografie- und Filmgeschichte heruntergespielt. Ähnlich wie auch bei

---

470 Vgl. Hohenberger 1988, S. 328–329. Siehe hierzu ergänzend auch die Ausführungen etwa von Starl, der jede Fotografie als Dokument betrachtet. Vgl. Kap. 3.

471 Hohenberger 1988, S. 26.

472 Vgl. ausführlicher ebd., S. 30.

ihren Kolleginnen, ist die Arbeit in diesen Medien lange Zeit unbemerkt geblieben, während ihre männlichen Kameraden bereits Aufmerksamkeit durch museale Ausstellungen und Publikationen erhielten. In der Geschichte des Films sind die Arbeiten Levitts bisher unerwähnt. Ein Grund dafür ist sicherlich die traditionelle Rolle der Frau in der Gesellschaft.

Im Bereich des unabhängigen Films (im Gegensatz zum Hollywood-Kino) haben Levitt und ihre weiblichen Zeitgenossen oftmals in Positionen als Assistentinnen und Cutterinnen, zum Teil ohne Gehalt gewirkt. Levitts Rolle ist in vielen Filmen, an denen sie mitgewirkt hat, eher eine untergeordnete.[473]

Der Gebrauch der Handkamera sowie kein festgelegtes Drehbuch, verweisen bereits auf das spätere *Cinéma Vérité*[474], wie etwa von Jean Rouch in Frankreich praktiziert, bzw. auf das *Direct Cinema.*[475] Der Unterschied besteht darin, dass diese Dokumentarfilm-Stile versuchen, möglichst objektiv zu sein.

In den 1930er Jahren wurden von der Film and Photo League an der New School for Social Research in New York ausländische Filme gezeigt. Hier hat Levitt Filmemacher wie Sidney Meyers, Ben Maddow, Willard Van Dyke und Leo Hurwitz kennen gelernt.

1942 wurde Levitt von Luis Buñuel angeworben, eine Lehre bei der Cutterin Helen van Dongen zu machen.[476] Dort lernte sie die Techniken des Filmschneidens und des Assistierens. Ab 1943 arbeitete sie für die Film Abteilung des Office of War Information (OWI). Während dieser

---

473 Zu den Filmen, an denen Helen Levitt in unterschiedlicher Form mitgewirkt hat vgl. auch die Filmografie im Anhang.

474 *Cinéma Vérité* ist ein Schlagwort für einen Stil des Dokumentarfilms, der unter anderem auf der Benutzung einer leichten Filmausrüstung, beispielsweise der Handkamera, beruht. Vgl. auch Monaco 1992, S. 388.

475 *Direct Cinema* ist etwa seit 1960 der vorherrschende Dokumentarstil in den USA, der wie das *Cinéma Vérité* auf einer leichten, beweglichen Filmausrüstung beruht. Im Unterschied dazu soll sich der Filmemacher jedoch nicht in die Situation einmischen. Zudem fehlt meist ein erklärender Kommentar. Ebd., S. 389. Ein Vertreter dieser Richtung, Jonas Mekas, filmte als Gegenpart zu Hollywood bewegte Bilder, ohne irgendeine Form der Regieanweisung an die Schauspieler, Ebd., S. 291.

476 Van Dongen arbeitete für die Filmabteilung des Museums of Modern Art (CIAA: Coordinator of Inter-American Affairs) in New York. Buñuel, der von 1941 bis 1943 bei CIAA arbeitete, hatte Levitt kennen gelernt, nachdem er einige ihrer Aufnahmen bei Janice Loeb gesehen hatte. Ausführlicher hierzu siehe auch Horak 1997, S. 141.

Zeit, in den Jahren 1944 bis 1945, machte Levitt ihre ersten eigenen Filmaufnahmen mit einer 16-mm Kamera. Zusammen mit ihrer Freundin Janice Loeb entstanden Aufnahmen von drei Sinti-Jungen aus der Bronx sowie von einer Parade in Yorkville. Diese Aufnahmen wurden jedoch nie zu einem fertigen Film zusammengestellt.[477]

6.3. Der Kurzfilm *In the Street* als Transformation des Fotobuchs *A Way of Seeing*

Im folgenden möchte ich darstellen, dass der Film *In the Street* als kinematografische Umsetzung von Levitts Fotografien gesehen werden kann. Hierfür habe ich exemplarisch einige Aufnahmen in dem Fotobuch *A Way of Seeing* ausgewählt, um dann dessen filmische Transformation vorzustellen. Als eine fotografische Vorstudie hierfür können hierbei die folgenden Aufnahmen gesehen werden (Abb. 70a-h): in einer Folge von acht Bildern ist eine narrative Szene dargestellt, in der ein Mann in einem umgekippten Kinderwagen sitzt. Diese an Muybridge erinnernde Form der Reihenfotografie kann in einer Abfolge gelesen werden und verweist somit auf das Medium des Films.

Das Projekt, das dem Film *In the Street* zugrunde liegt, beruht auf dem Fotobuch *A Way of Seing* (siehe auch Kap. 4.1.) Ganz ähnlich ist auch der 16-minütige Kurzfilm *In the Street* aufgebaut. Dieser Film ist in Zusammenarbeit von Helen Levitt, Janice Loeb und James Agee in den Jahren 1945 und 1946 entstanden, allerdings erst 1952 für nichtkommerzielle Zwecke veröffentlicht worden.[478] Ursprünglich wurde der Film ohne Ton gedreht und erst die Präsentation im Museum of Modern Art in New York führte dazu, dass der Pianist Arthur Kleiner den Film musikalisch begleitete. Levitt und Loeb, die gleichzeitig auch für die Finanzierung des Films sorgten, arbeiteten beide mit eigenen Kameras und die Aufnahmen entstanden anfangs ohne weiteres Ziel bzw. für Freunde. Erst als Levitt durch Krankheit längere Zeit zu Hause war, hat sie die Aufnahmen zu einem Film zusammengeschnitten.[479] 1947 hatte der Film den Titel *I hate 104th Street*, später hat Levitt das Bild mit der Kreideaufschrift „I hate 104th Street" wieder herausgeschnitten.[480]

---

477 Ebd., S. 142.

478 Levitt und Loeb hatten anscheinend nicht vor, den Film zu veröffentlichen, daher ist dieser ursprünglich ohne Ton entstanden. Siehe Horak 1997, S. 259.

479 Horak 1997, S. 142.

480 Siehe Horak 1997, S. 142.

Ursprünglich hatte Levitt Agee gefragt, einen Film mit ihr zusammen zu drehen, woraufhin beide zwei Tage zusammen Aufnahmen in Spanish Harlem machten.[481]

Die Filmaufnahmen sind ähnlich wie auch die Fotografien in Harlem bzw. in den Arbeitervierteln New Yorks entstanden und zeigen das Interagieren der Menschen auf der Straße. *In the Street* beginnt mit einem Untertitel:

> „In the streets of the poor quarters of great cities are, above all, a theater and a battleground. There, unaware and unnoticed, every human being is a poet, a masker, a warrior, a dancer: and in his innocent artistry he projects, against the turmoil of the street, an image of human existence. The attempt in this short film is to capture this image."[482]

Die Menschen in dem Film werden zu Objekten, scheinbar unbemerkt und unbeobachtet von der Kamera fixiert. Dabei ist eine bestimmte Art der Authentizität entstanden: Levitt und Loeb haben ein Stativ vermieden und ausschließlich mit einer Handkamera gearbeitet. Das bedeutet, dass Bewegung immer vorhanden ist, die sich bis zum Kippen oder Verwackeln ausdehnen kann. Diese ‚Nervosität' wird durch zusätzliche Schnitte noch betont. Die Techniken an sich sind nicht neu und in verstärkter Form bereits etwa bei Dziga Vertov zu finden. Ähnlich den späteren Filmemachern des *Cinéma Vérité* erlauben Levitt und Loeb ihren Protagonisten, ihre Gefühle und Emotionen ohne direktive Eingriffe auszuspielen, was als ein ideales Merkmal des Dokumentarfilms gilt.[483]

In the Street besteht überwiegend aus kurzen Einstellungen, da die ‚Schauspieler' nicht unbedingt von ihrer ‚Rolle' in Kenntnis gesetzt sind.[484] In 16 Minuten sind 120 Einstellungen aneinandergereiht worden mit einer durchschnittlichen Länge von acht Sekunden pro Bild. Dieses macht deutlich, dass es nicht Levitts Ziel gewesen sein kann, einen ‚objektiven' Dokumentarfilm herzustellen, in dem die Kamera zum Teil minutenlang passiv etwas beobachtet. So ist ein persönlicher, eher

---

481 Die Rolle Agees und wie weit er in *In the Street* involviert ist, ist etwas umstritten. Nach Maria Morris Hambourg ist sein Einsatz sehr gering und beschränkt sich auf ein bis zwei Aufnahmen, da der überwiegende Teil von Levitt und Loeb mit zwei Kameras entstanden ist. Siehe Hambourg 1991, S. 58. Bergreen hingegen gesteht Agee einen größeren Part auch im Filmen (zusammen mit Levitt) zu. Siehe Laurence Bergreen, James Agee: A Life, New York 1984, S. 293.

482 Siehe beigefügtes Filmprotokoll im Anhang.

483 Siehe Horak 1997, S. 145.

484 Ebd.

authentisch wirkender Film entstanden. Diese Form wird auch in der Struktur des Films deutlich: eine narrative Erzählung fehlt fast vollständig, die Sequenzen wirken wie aneinandergereiht. Bis auf wenige Ausnahmen, in denen Kinder beim Spielen über mehrere Einstellungen beobachtet werden, könnte auch beinahe jede einzelne Filmaufnahme als Einzelfoto funktionieren. Selbst Sequenzen im Film, die eine Einheit von Raum und Zeit vorgeben, wie beispielsweise der Kreidekampf der Kinder an Halloween, sind als singuläre Aufnahmen lesbar (Abb. 71. Einzelne Motive des Films haben große Ähnlichkeit zu denen in *A Way of Seeing* wie etwa die Frau mit Kinderwagen (Abb. 72, Abb. 60), das Paar im Hauseingang (Abb. 73, 74) oder auch der offene Wasserhydrant (Abb. 75, 76).

In beiden Werken, *A way of Seeing* und *In the Street*, ebenso wie in vielen anderen frühen Arbeiten Levitts ist der Focus auf Kinder gerichtet. *In the Street* hat von 120 Einstellungen mindestens 84, in denen Kinder involviert sind (das sind etwa 66 Prozent, was auch der Aufteilung im Buch entspricht). Das Spiel der Kinder sowie Erwachsene, die dieses beobachten, sind auch die beiden Pole, die den Film bestimmen.

Andere, eher private oder intime Aktivitäten wie Essen, Schlafen, Arbeiten, Lesen usw. werden vermieden. Statt dessen wird die Straße zu einem sozialem Raum für die alltäglichen Freizeitaktivitäten. Wie auch schon in den Fotografien sind die Erwachsenen meistens in einem passiven Zustand wiedergegeben, wohingegen die Kinder beim Spielen, Kämpfen, Tanzen, Weinen, Posieren und in ähnlichen Situationen aufgenommen sind. Ein Großteil des Films wie ja auch viele der Fotografien sind an zwei aufeinanderfolgenden Halloween-Jahren entstanden. Hier gibt es eine Sequenz – die einzige narrative des Films –, in der eine Gruppe von Jungen mit selbstgemachten Waffen aus kreidegefüllten Socken kämpft (Abb. 71). Einige Jungen tragen Kostüme und Kappen. Der ‚Kampf' besteht darin, den anderen mit einer Kreide gefüllten Socke zu treffen. Wie auch Bachtin den mittelalterlichen Karneval beschreibt, findet das Spiel als Drama auf der Straße für ein öffentliches Publikum statt. Die Jungen sind sich dessen bewusst und führen ihre ‚Performance' besonders für die Mädchen auf, indem sie versuchen, gerade diese mit ihren Kreidewaffen zu treffen.

Die Kinder spielen und die Erwachsenen beobachten – dieses unbewusste, symbolische Spiel hat Levitt in ihren Aufnahmen festgehalten. Die Schnelligkeit der Bewegung im Spiel der Jungen gibt dem Film eine ganz eigene Energie (im Unterschied zum Buch). Offensichtlich entstammen die Kinder eher aus sozial schwachen Verhältnissen: die Kleidung der Kinder ist oftmals zerrissen und

schmutzig. Verlassene Hinterhöfe und heruntergekommene Grundstücke dienen als Spielplatz, das Spielzeug besteht aus selbstgebastelten Masken und Waffen. Dennoch vermitteln die Kinder einen zufriedenen Eindruck, besonders in Momenten intensiver Aktivität. Selbst wenn sie direkt in die Kamera schauen, scheinen sie stolz und selbstbewusst zu sein und sich ihrer Umgebung nicht zu schämen.
Somit kommt der Film zu denselben Aussagen wie auch die Fotografien: durch zwangloses Flanieren den scheinbar banalen Alltag auf der Straße festzuhalten, ohne merklich in diesen Einzugreifen. Diese Art der Dokumentation, die bestenfalls das Idealbild einer ethnisch-multikulturellen Gesellschaft wiederspiegelt, trägt dabei oftmals einen surrealen Charakter, der sich in unterschiedlichen Formen ausdrückt und an Filmsequenzen bei Cocteau erinnert.[485] Im Film stehen hierfür besonders die grotesk-karnevalesken Elemente, die sich auch in den Aufnahmen wieder finden lassen.

7. Fazit: Flanerie in der Großstadt

In ihren Straßenfotografien gibt Helen Levitt häufig die Vielfalt der ethnischen und sozialen Minderheiten New Yorks wieder, die ihren Alltag auf der Straße improvisieren, weit entfernt vom geschäftigen Treiben der Wall Street oder des Broadways.

Dabei ist die Großstadt, die Levitt als Motiv für ihre Fotografien in den 1930er Jahren aussucht, bereits zu Beginn des letzten Jahrhunderts Thema für eine ganze Generation von Fotografen gewesen. Ein Vertreter dieser Gruppe war beispielsweise Alfred Stieglitz, der als einer der ersten den symbolischen Wert der Stadt für seine moderne Bildsprache benutzt hat. Entfernt von piktorialistischen Grundsätzen, betonte Stieglitz die Stadt als Subjekt und führte das fotografische Medium in die Avantgarde ein, zu einer Zeit des wirtschaftlichen und künstlerischen Optimismus. Die Bilder von Stieglitz, Paul Strand, Charles Sheeler oder auch Hugh Ferriss behandelten die Mega-Stadt wie eine urbane Maschine mit ihren monumentalen Wolkenkratzern, in der menschliche Figuren unterrepräsentiert waren. Solche Visionen sind allgemein verständlich, richten sich an die New York World Fair von 1939 und zeichnen ein

---

485 Hier sei besonders auf die Schneeballschlacht aus dem Film *Das Blut eines Dichters* (Le Sang d'un un poete) von Cocteau aus dem Jahr 1930 verwiesen, die an Levitts Kreidekampfszene erinnert.

bestimmtes Bild der Skyline. Der Mensch trägt das Bild einer Stadt in sich, in der selbst nicht vorkommt.

Die Arbeiten Levitts sind zwei Dekaden später in einem veränderten Kontext entstanden – das wirtschaftliche Klima hatte sich gewandelt. In den Folgejahren nach der Krise von 1929 wurden vom Staat Fotografie-Kampagnen in Auftrag gegeben, darunter seit 1935 die Farm Security Administration (FSA). Walker Evans, Dorothea Lange und Ben Shahn zählten zu den Fotografen, die das Leben der Landbevölkerung zu dokumentieren hatten. Als ein Vorläufer dieser sozialdokumentarischen Fotografien kann Jacob A. Riis gesehen werden, der bereits in den 1880 Jahren Slums in New York fotografierte. Etwa 20 Jahre später machte Lewis W. Hine Aufnahmen mit soziologischem Interesse auf Ellis Island. Auslöser für das FSA-Projekt waren die negativen Folgen der Industrialisierung, die Verarmung der Bevölkerung sowie das Elend von Einwandererfamilien.

Diese und andere Reportagen wurden in den neu gegründeten Magazinen wie *Life*, *Fortune* und *PM* publiziert. Ein Effekt dieser medialen Berichterstattung war, den Traum der idealen Stadt zu schwächen. Diese Utopie war von europäischen Einflüssen, darunter Le Corbusier und das Bauhaus, inspiriert. Alle diese Faktoren bestimmten den Kontext für die Entwicklung einer *Street Photography*, in deren Mittelpunkt der Mensch auf der Straße gerückt wurde. Typisch hierfür ist, dass die Aufnahmen im öffentlichen Raum entstanden, auf Straßen, an Plätzen oder in Geschäfte hineinblickend. Levitt greift dabei Passantengruppen oder einzelne Personen heraus, die oftmals den Eindruck von Momentaufnahmen erwecken, die aber ebenso auch als essayhafte Abfolge oder Milieustudie gelesen werden können. Das Genre der Straßenfotografie erreichte in den 1930er Jahren mit den Möglichkeiten der schnelleren und kompakteren Kleinbildkameras einen Höhepunkt, der durch das Aufkommen der Illustrierten und dem gesteigerten Interesse am Alltagsleben und dessen Facetten verstärkt wurde.

Helen Levitt war Teil einer Bewegung, die als *New York School* bekannt wurde, obwohl diese mehr eine Ansammlung von individuell arbeitenden Fotografen (Weegee, Lisette Model, Sid Grossman, Louis Faurer und anderen) war, als eine Schule oder ein Stil. Die Motive dieser heterogenen Gruppe waren vielfältig und verschieden, obwohl alle eine dokumentarische Herangehensweise verfolgten. Alle hatten die Straßen New Yorks zu den Schauplätzen ihrer Aufnahmen gemacht, denen sie sich aber mit unterschiedlichen, zum Teil entgegengesetzten Blickweisen näherten. Unter dem Einfluss des Schriftstellers und Filmkritikers James Agee sowie von Walker Evans, begann Levitt, ihre eigene Bildsprache zu finden. 1935 sah sie surrealistisch-intendierte Fotografien von Henri Cartier-Bresson in der Julien Levy Gallery, wo diese neben Werken von Evans und Manuel Álvarez Bravo präsentiert wurden, und in denen sie eine Bestätigung ihrer eigenen Arbeiten zu sehen glaubte.

Politisch unaktiv war Levitt kein Mitglied der Photo League, die in dieser Zeit die Armut der Ghettos in New York dokumentierte, wodurch man sich soziale Reformen erhoffte. Levitt versuchte in ihren Bildern, ähnlich wie Cartier-Bresson in Mexiko, Italien und Spanien, die Dynamik Harlems wiederzugeben – einer Arbeiterklasse im Norden der Stadt, die von unterschiedlichen Immigranten (Afro-Amerikaner, Puerto Ricaner, Zigeuner, Polen, Italiener und anderen) bestimmt war. Die Arbeiten Levitts erwecken dabei oftmals einen schnappschussartigen Charakter.

Besonders der Zusammenhang zwischen privatem und öffentlichen Raum, der von Erwachsenen und vor allem von spielenden Kindern ausgefüllt wird, ist für Levitt von Interesse. Sie registriert in den Vierteln einfacher Leute Kinderszenen auf den Trottoirs und in den Hinterhöfen. Die Spontaneität der Eindrücke verdankt sich ihrer Fähigkeit, nicht in das Geschehen einzugreifen. Ihre Vision von New York fokussiert nicht die allgemein bekannten Aspekte einer Metropole, wie etwa die Geschäfts- und Modeviertel. Levitt flaniert durch die Stadt auf der Suche nach intimen, individuellen Momenten, die sie in der Öffentlichkeit findet. Ihre Bilder illustrieren die wachsende Autonomie von Kindern und ihre Taktiken, sich einen öffentlichen Raum anzueignen. Mit Hilfe von Verkleidungen, Maskierungen, Pantomimen, Paraden, Tänzen, Kämpfen und Graffiti betreten diese Kinder ihre eigene Welt. Sie erzählen sich Geschichten über diesen anderen Lebensbereich, welche sie an die Wände oder auf den Asphalt schreiben. Dabei schaffen sie neue Zeichen, um diesen Ort geheim zu halten (beispielsweise Abb. 38).

In ihrer Mischung zeigen die Bilder Levitts, wie der ‚amerikanische Traum' in den Köpfen von Kindern und Minoritäten, die eine Integration anstreben, aussieht. Levitt konzentriert sich auf Harlem, weil sie hier einen Teil der amerikanischen Kultur zu finden meint, der durch andersartige Einflüsse geprägt ist. Die übergreifende Idee, die sich in allen Bildern Levitts wiederfinden lässt, ist die einer Gemeinschaft verschiedener ethnischer Gruppen, welche zwar durch ihre Differenzen gekennzeichnet ist, es aber trotzdem vermag, eine neue, gemeinsame Identität zu schaffen. In Levitts Arbeiten wird keine Sozialkritik deutlich. Obwohl man in einem weiteren Sinn die Fokussierung auf die Offenheit der Kinder und Erwachsenen, die in den Tag hineinleben und keiner geregelten Arbeit nachgehen, als Widerstand gegen die kapitalistische Gesellschaft lesen könnte.

Diese Aufhebung der Unterscheidung zwischen Privatem und Öffentlichem ebenso wie zwischen Künstler und Betrachter lässt sich auch im Surrealismus wiederfinden. Das Interesse am Automatismus ist groß ebenso wie am Zufall, an der Geste bzw. der Theatralität. Die historischen Fakten können die Entwicklung der surrealistischen Bewegung nicht allgemeingültig erklären, während Bretons Forderung, im Surrealismus keinen Stil, sondern eine Geisteshaltung zu sehen, es schwierig macht, seinen Einfluss konkret nachzuweisen. So lässt sich letztendlich von jeder Kunst behaupten, die die Subjektivität zum Thema macht, dass sie unter ‚surrealistischem' Einfluss stehe. Zudem hat das Wort in die Alltagssprache Eingang gefunden, so dass mittlerweile jedes Werk, das absurd oder aus unerwarteten Fragmenten zusammengesetzt scheint, als ‚surrealistisch' klassifiziert wird.

Obwohl Levitt keiner surrealistischen Bewegung angehörte (trotz dass sie Breton kannte und mit Buñuel zusammen gearbeitet hat), findet sich in ihren Arbeiten eine Art Transformation des Surrealismus, der in den magischen und mysteriösen Momenten ihrer Objekte und Personen zum Ausdruck kommt. So treten anscheinend sich widersprechende Gegensätze nebeneinander auf. Dieses wird besonders in ihrem Film *In the Street* (1944/45) deutlich, der eine animierte Version ihrer Fotografien darstellt. Mit diesem Film hat Levitt an einer Entwicklung teilgenommen, die in den folgenden Jahren im amerikanischen Experimentalfilm verstärkt auftaucht: Vertreter dieser Richtung filmten als Gegenpart zu Hollywood bewegte Bilder, ohne irgendeine Form der Regieanweisung an die Schauspieler.

In dem farbigen Spätwerk Helen Levitts fehlen oftmals die Personen und somit die Beziehungen zwischen diesen sowie das Spiel auf der Straße. Die Straßen der Großstadt haben sich anscheinend dahin gehend verändert, dass durch erhöhtes Verkehrsaufkommen die Straße keinen Platz mehr zum Spielen bietet. Levitt geht es beim Flanieren durch die Straßen nun eher um unverhoffte, absurd oder grotesk wirkende Situationen. Aber auch durch diese merkwürdigen Nebeneinanderstellungen, die im Alltag für den Betrachter oftmals unbemerkt bleiben, wird eine surreale Transformation des Dokumentarischen erreicht.

Man kann sich fragen, was das Besondere in Helen Levitts Bildern ausmacht, die oftmals die Alltagskultur einer Ghetto-Bevölkerung widerspiegeln und heute ein bisschen wie eine Heile-Welt-Geschichte wirken. Es scheint zunächst problematisch, dass Levitts primäres Interesse nicht an der Abbildung sozialer Missstände bestand. Gerade in den

Depressionsjahren wurde ein angeblicher Realismus zu einer verbindlichen Ausdrucksform. Doch vielleicht gerade weil heute das Flanieren in der von Hektik und Stress geprägten Großstadt ungewöhnlich ist, leisten die Fotos von Levitt vielleicht eine von ihr gar nicht intendierte Aufklärungsarbeit, die in eine ganz andere Richtung zielt. Die vitale Alltagskultur, die sie dokumentiert, rückt diese Randbevölkerung in ihre Nachbarschaft zurück.

Die hier vorliegende Arbeit hatte das Ziel, anhand einzelner Bildlektüren und deren Kontextualisierung, das Werk von Helen Levitt zu erschließen. Dabei wurde vorweg der kunsthistorische Forschungsstand sowie die Methodengrundlage vorgestellt. Die Besonderheit der Metropole New York und die Veränderung der Parameter wurden anhand einzelner Bildbeispiele diskutiert und somit die Fotografien Levitts innerhalb einer Tradition der Straßenfotografie situiert. Helen Levitt wurde dabei als Flaneuse in der Großstadt mit surrealen Blickweisen auf das Andere im Alltäglichen dargestellt, was in ihren Fotografien und deren filmischen Umsetzung deutlich wird.

Ein stilistisch-kompositorisches Merkmal dieser Straßenfotografie ist ein dokumentarischer Ansatz. In Abgrenzung zu den unterschiedlichen Formen der dokumentarischen Fotografie habe ich die Fotografien Levitts als eine surreale Transformation des Dokumentarischen bezeichnet. Allgemein typische Merkmale für diese Art sind unter anderem unmanipulierte Portraits von Individuen, oftmals am Rand der Gesellschaft. Die Arbeiten sind als surreal im Hinblick auf die Evozierung des Anderen, des Grotesken im Alltäglichen zu bezeichnen. Realität wird hier in eine andere Dimension überführt. Unheimliche Elemente sind dabei oftmals Effekte ebenso wie ironische Gegenüberstellungen oder eine besondere Form von Humor. Somit enthalten meines Erachtens nach, in Weiterführung der Gedanken von Krauss und Sekula, die Arbeiten Levitts einen surrealen Charakter.

Das Werk Levitts wurde in dieser Dissertation in einem bislang von der Literatur kaum beachteten Zusammenhang erforscht. Die Hervorhebung der surrealen Elemente in dieser Untersuchung hatte jedoch nicht die Absicht, Levitt zu einer ausschließlich surrealistischen Künstlerin zu machen. Es gibt neben der in dieser Arbeit vorgenommen Lesart noch andere Lesarten, die dem Werk ebenfalls angemessen wären und eine weitere kunsthistorische Auseinandersetzung zulassen, wie beispielweise eine intensive Diskussion der Mexiko-Bilder. Es wäre erfreulich, wenn in den nächsten Jahren die bisher marginale Beschäftigung mit den Arbeiten Levitts sich zugunsten einer differenzierten Sichtweise auf ihr Werk öffnen würde. Ich würde mich freuen, wenn meine Arbeit ein Stück zu einer Veränderung der Sichtweise auf Helen Levitts Werk beigetragen hat.

Anhang

Ausstellungen (Auswahl)

1943: New York, Museum of Modern Art: *Helen Levitt: Photographs of Children*
1955: New York, Museum of Modern Art u.a.: *The Family of Men*
1966: Philadelphia, Philadelphia College of Art: *Guggenheim Foundation Fellows in Photography*
1968: New York, Metropolitan Museum of Art: *Harlem on My Mind*
1974: New York, Museum of Modern Art: *Projects: Helen Levitt in Color*
1978: New York, Museum of Modern Art u.a.: *Mirrors and Windows: American Photography since 1960*
1980: Washington, D.C., Corcoran Gallery: *Helen Levitt*
1982: Bonn, Rheinisches Landesmuseum: *Lichtbildnisse: Das Portrait in der Fotografie*
1983: Boston, Museum of Fine Arts: *Street Portrait: The Photographs of Helen Levitt*
1986: San Francisco, San Francisco Museum of Modern Art: *Photography: A Facet of Modernism*
1988: New York, Whitney Museum of American Art: *Convulsive Beauty: The Impact of Surrealism on American Art*
1989: New York, Metropolitan Museum of Art: *The New Vision: Photography between the World Wars*
1992: San Francisco, San Francisco Museum of Modern Art u.a.: *Helen Levitt*
1993: New York, International Center of Photography u.a.: *Mexico Through Foreign Eyes*
1994: New York, Museum of Modern Art u.a.: *American Surrealist Photography*
Granada, Diputación Provincial: *Helen Levitt: Fotografías*
1995: Berlin, Staatliche Museen zu Berlin u.a.: *American Photography 1890–1965 from the Museum of Modern Art, New York*
1997: Kassel, Documenta X
1998: Frankfurt, Frankfurter Kunstverein u.a.: *Helen Levitt*
2001: Paris, Centre National de la Photographie u.a.: *Helen Levitt*

Einstellungsprotokoll zu dem Vorspann des Films *In the Street* (Helen Levitt, Janice Loeb, James Agee), ca. 1944, 16 min

Nr.	Zeit	Kamera	Text-/Bildinhalt
1	06	(Titel):	„IN THE STREET
2	13		Photographed by // HELEN LEVITT // JANICE LOEB // JAMES AGEE
3	21	(Vorspann):	The streets of the poor // quarters of great cities are, // above all, a theater and // a battleground.
	26		There, unaware and // unnoticed, every human // being is a poet, a masker, // a warrior, a dancer: and // in his innocent artistry // he projects, against the // turmoil of the street, an // image of human existence.
4	46		The attempt in this // short film is to capture // this image.“

Filmografie:

Filme, an denen Helen Levitt in irgendeiner Form beteiligt war:

1943: *Here is China*
1945: *The Capital Story*
1946–52: *In the Street*
1948: *The Quiet One*
1950: *The Steps of Age*
1952: *Another Light*
1959: *The Savage Eye*
1963: *The Balcony*
1963: *An Affair on the Skin*

Archivalien:

Pressemitteilung des Museums of Modern Art, New York, März 1994

Interviews:

Gespräch mit Jeff Rosenheim, Metropolitan Museum of Art, New York am 10.03.2000 bezüglich des Dokumentarfilmprogramms (In the Street, Travel Notes, Berlin: Sinfonie einer Großstadt, Land without Bread, Man with a Movie Camera, Modern Times, A Bronx Morning, The City) anlässlich der Walker Evans Retrospektive.

Gespräch mit Mia Fineman, Metropolitan Museum of Art, New York am 31.3.200 anlässlich ihres Vortrags „Subway Portraits“

Gespräch mit Helen Levitt am 15.04.2000 in New York (handschriftliches Protokoll)

Benutzte und zitierte Literatur

Zur Zitierweise:

Bei erster Nennung eines Titels wird dieser in der Fußnote komplett aufgeführt; danach wird nur noch der im Literaturverzeichnis angegebene Kurztitel verwendet (Name und Erscheinungsjahr). Die Jahreszahl des Kurztitels gibt die benutzte Ausgabe an; gegebenenfalls ist der Originaltitel und Erscheinungsort ebenso wie das Jahr der Erstauflage oder das einer anderen gebräuchlichen Auflage in Klammern hinzugefügt. Ausstellungskataloge werden nach dem Ort und dem Jahr der Ausstellung angegeben; bei mehr als zwei Orten wird nur der erste erwähnt. Ausstellungskataloge, aus denen nur ein einzelner Aufsatz zitiert wird, sind nicht gesondert aufgeführt. Gleiches gilt für Sammelbände. Ein Gespräch mit Helen Levitt ist unter Interview wiedergegeben. Filmtitel sind extra in einer Filmografie zusammengestellt.

Abbott 1990: Berenice Abbott, Photographs, Washington 1990.

Abbott 1999: Berenice Abbott, Changing New York: Photographien aus den 30er Jahren. Das vollständige WPA-Projekt, Hg. vom Museum of the City of New York. Mit einem Text von Bonnie Yochelson, München u.a. 1999.

Adorno 1970: Theodor. W. Adorno, Ästhetische Theorie, Frankfurt am Main 1970 (posthum). Hg. von Gretel Adorno und Rolf Tiedemann.

Agar 1996: Michael H. Agar, The Professional Stranger: An Informal Introduction to Ethnography, San Diego 1996.

Agee 1998: James Agee, New York City, in: Ausstellungskatalog München u.a. 1998, S. 9–15. Auszug aus dem Essay von 1946, der zuerst in: A Way of Seeing, 1965 veröffentlicht wurde. Siehe auch Levitt 1989.

Agee 1985: Joel Agee, Zwölf Jahre: eine amerikanische Jugend in Ostdeutschland, Frankfurt am Main 1985 (Twelve Years: An American Boyhood in East Germany, New York 1981).

Albersmeier 1998: Franz-Josef Albersmeier (Hg.), Texte zur Theorie des Films, Stuttgart 1998.

Alland 1993: Alexander Alland, Jacob A. Riis: Photographer and Citizen. Mit einem Vorwort von Ansel Adams, New York 1993 (1974).

Alvarez de Toledo 1997: Sandra Alvarez de Toledo, Straße, Mauer, Delirium, in: Catherine David (Hg.), Das Buch zur Documenta X, Kassel 1997, S. 111–123.

Alverdes 1931: Paul Alverdes, Menschen auf der Straße. Zahlreiche Variationen über ein einfaches Thema, Stuttgart 1931.

Albrecht 1989: Donald Albrecht, Architektur im Film. Die Moderne als große Illusion, Basel u.a. 1989.

Amelunxen 2000: Hubertus von Amelunxen (Hg.), Theorie der Fotografie, Bd. IV, 1980–1995, München 2000.

Argenteri 2003: Letizia Argenteri, Tina Modotti: between art and revolution, New Haven 2003.

Ashton 1992: Dore Ashton, The New York School: A Cultural Reckoning, New York 1992 (1973).

Aubenas 1998: Sylvie Aubenas, Fotografie und Druckgrafik. Vervielfältigung und Beständigkeit des Bildes, in: Frizot 1998, S. 225–231.

Ausstellungskatalog Berlin, Neue Gesellschaft für Bildende Kunst 1980: Amerika: Traum und Depression 1920/1940.

Ausstellungskatalog Berlin, Martin-Gropius-Bau 1993: Amerikanische Kunst im 20. Jahrhundert. Malerei und Plastik 1913–1993. Hg. von Christos M. Joachimides und Norman Rosenthal.

Ausstellungskatalog Berlin, Staatliche Museen zu Berlin, Kunstbibliothek Preussischer Kulturbesitz u.a. 1995: Amerikanische Photographie: 1890–1965. Aus der Sammlung des Museum of Modern Art, New York. Mit Texten von Peter Galassi und Luc Sante.

Ausstellungskatalog Boston, Museum of Fine Arts u.a. 1987: Charles Sheeler: paintings, drawings, photographs, Bd. 2, The Photographs, Hg. von Theodore E. Stebbins u.a.

Ausstellungskatalog Frankfurt am Main, Deutsches Architekturmuseum 1989: New York Architektur, 1970–1990. Hg. von Heinrich Klotz.

Ausstellungskatalog Frankfurt am Main, Deutsches Architekturmuseum 1996: Filmarchitektur: von Metropolis bis Blade Runner. Hg. von Dietrich Neumann.

Ausstellungskatalog Granada, Palacio de los Condes de Gabia 1994: Helen Levitt. Mit einem Essay von Marvin Hoshino und Roberta Hellmann.

Ausstellungskatalog Hannover, Kestner Gesellschaft 1980: 1920 – Amerika Fotografie – 1940. Zwischen Hollywood und Harlem. Mit einem Vorwort von Erika Billeter.

Ausstellungskatalog Hannover: Sprengel Museum 2000: How you look at it. Fotografien des 20. Jahrhunderts. Hg. von Thomas Weski und Heinz Liesbrock.

Ausstellungskatalog Köln, Museum Ludwig 1986: Europa/Amerika. Die Geschichte einer künstlerischen Faszination seit 1940.

Ausstellungskatalog London 1978: Hayward Gallery, *Dada and Surrealism Reviewed.* Hg. von Dawn Ades.

Ausstellungskatalog London, Hayward Gallery u.a. 1997: Rhapsodies in Black: Art of the Harlem Renaissance.

Ausstellungskatalog München u.a. 1998: Helen Levitt, Hg. von Peter Weiermair. Mit einem Essay von James Agee.

Ausstellungskatalog Montreal, Museum of Fine Arts 1991: The 1920s: Age of the Metropolis. Hg. von Jean Clair.

Ausstellungskatalog New York, Museum of Modern Art 1938: Walker Evans – American Photographs. Mit einem Essay von Lincoln Kirstein.

Ausstellungskatalog New York, Museum of Modern Art 1973: Looking at Photographs: 100 Pictures from the Collection of the Museum of Modern Art, New York. Hg. John Szarkowski.

Ausstellungskatalog New York, Museum of Modern Art 1975 (1938): Walker Evans. American Photographs. Mit einem Essay von Lincoln Kirstein.

Ausstellungskatalog New York, Museum of Modern Art 1978: Mirrors and Windows: American Photography Since 1960. Hg. John Szarkowski.

Ausstellungskatalog New York, Museum of Modern Art 1980: American Children: Photographs from the Collection of the Museum of Modern Art, New York. Hg. Susan Kismaric.

Ausstellungskatalog New York, The Studio Museum Harlem 1987: Harlem Renaissance. Art of Black America.

Ausstellungskatalog New York, The Metropolitan Museum of Art 1989: The New Vision. Photography between the World Wars. Ford Motor Company Collection at The Metropolitan Museum of Art, Hg. von Maria Morris Hambourg und Christopher Phillips

Ausstellungskatalog New York, Museum of Modern Art 1990: Photography Until Now. Hg. John Szarkowski.

Ausstellungskatalog New York, Whitney Museum of American Art 1996: City of Ambition. Artists & New York 1900–1960. Hg. von Elisabeth Sussman.

Ausstellungskatalog New York, Metropolitan Museum of Art u.a. 1998: Paul Strand, circa 1916. Hg. von Maria Morris Hambourg.

Ausstellungskatalog New York, Whitney Museum of American Art 1999: The American Century: Art & Culture 1900–1950. Hg. Barbara Haskell.

Ausstellungskatalog New York, The Metropolitan Museum of Art u.a. 2000: Walker Evans. Hg. von Maria Morris Hambourg u.a.

Ausstellungskatalog New York, Whitney Museum of American Art 2002: Visions from America. Photographs from the Whitney Museum of American Art 1940–2001, München u.a. Mit einer Einleitung von Sylvia Wolf und einem Essay von Andy Grundberg.

Ausstellungskatalog Oxford, Museum of Modern Art 2001: Open City. Street Photographs since 1950. Mit Beiträgen von Kerry Brougher und Russel Ferguson.

Ausstellungskatalog Paris, Centre national de la photographie 2001: Helen Levitt. Mit einem Text von Claire Jacquet und James Agee (2002 Salamanca).

Ausstellungskatalog Philadelphia, Museum of Art u.a. 1995: Tina Modotti: photographs. Hg. von Sarah M. Lowe.

Ausstellungskatalog Saarbrücken, Saarland Museum 1999: Jean Dubuffet: Figuren und Köpfe. Hg. von Ernst-Gerhard Güse.

Ausstellungskatalog Salzburg, Rupertinum u.a. 1994: Brassaï – Vom Surrealismus zum Informel.

Ausstellungskatalog Salzburg, Rupertinum 1999: Weegee's Story. From the Berinson Collection. Hg. von M. Zuckriegl.

Ausstellungskatalog San Francisco, Fraenkel Gallery 1999: 20twenty. Hg. Jeffrey Fraenkel.

Ausstellungskatalog San Francisco, San Francisco Museum of Modern Art u.a. 1991: Helen Levitt. Hg. von Maria Morris Hambourg und Sandra S. Phillips.

Ausstellungskatalog Tucson, Center for Creative Photography 1995: Reframing America: Alexander Alland, Otto Hagel & Hansel Mieth, John Gutmann, Lisette Modell, Marion Palfi, Robert Frank. Mit Essays von Andrei Cordrescu und Terence Pitts.

Ausstellungskatalog Venedig, Fotografie di Ikona Gallery 1989. Hg. Ziva Kraus.

Ausstellungskatalog Washington D.C., Corcoran Gallery of Art u.a. 1985: L'Amour fou. Photography & Surrealism. Hg. von Rosalind Krauss und Jane Livingston, mit einem Essay von Dawn Ades.

Ausstellungskatalog Washington, D.C., National Gallery of Art 1983: Alfred Stieglitz, photographs & writings. Hg. von Sarah Greenough u.a., Boston 1999 (2. Auflage).

Ausstellungskatalog Washington D.C., National Museum of American Art 1988: Man Ray 1890–1976. Sein Gesamtwerk, Kilchberg/Zürich 1994.

Ausstellungskatalog Washington, D.C., National Gallery of Art 1990: Paul Strand. An American Vision. Hg. von Sarah Greenough.

Ausstellungskatalog Washington, D.C., National Gallery of Art 1991: Walker Evans: Subways and Streets. Hg. von Sarah Greenough.

Ausstellungskatalog Washington, D.C, National Gallery of Art 2002: Alfred Stieglitz: the key set. Hg. von Sarah Greenough.

Ausstellungskatalog Wien, Generali Foundation 1999: Martha Rosler. Positionen in der Lebenswelt. Hg. von Sabine Breitwieser, Köln 1999.

Ausstellungskatalog Wien, Albertina 2003: Brassaï. Hg. von Alain Sayag und Annick Lionel-Marie.

Baatz 1997: Willfried Baatz, Geschichte der Fotografie, Köln 1997.

Baatz 2003: Willfried Baatz, 50 Klassiker. Photographen: Von Louis Daguerre bis Nobuyoshi Araki, Hildesheim 2003.

Bachtin 1998: Michael M. Bachtin, Rabelais und seine Welt. Volkskultur als Gegenkultur, Hg. von Renate Lachmann, Frankfurt am Main 1998 (Moskau 1965).

Bärmann 1999: Angelika und Matthias Bärmann, Antoni Tàpies: Die Wirklichkeit als Kunst, St. Gallen 1999.

Baker 1987: Houston A. Baker, Jr., Modernism and the Harlem Renaissance, Chicago 1987.

Barck 2001: Karlheinz Barck (Hg.), Ästhetische Grundbegriffe: historisches Wörterbuch in sieben Bänden, Stuttgart, Weimar 2001.

Barthes 1996: Roland Barthes, Die helle Kammer. Bemerkung zur Photographie, Frankfurt am Main 1996 (La Chambre claire. Notes sur la photographie, Paris 1980).

Baudelaire 1863: Charles Baudelaire, Der Maler des modernen Lebens, in: ders., Der Künstler und das moderne Leben. Essays, „Salons", Intime Tagebücher. Hg. von

Henry Schumann, Leipzig 1994 (1990), S. 290–320 (Le peintre de la vie moderne, Paris 1863).

Baumgart/Eichener 1991: Ralf Baumgart und Volker Eichener, Norbert Elias zur Einführung, Hamburg 1997.

Beck 1988: Hubert Beck, Die Ikonographie der Stadt: Das Zögern vor der Stadtthematik, in: Gaethgens 1988, S. 114–120.

Bendavid-Val 1999: Leah Bendavid-Val, Photographie und Propaganda. Die 1930er Jahre in den USA und der UdSSR, Washington D.C. 1999.

Benjamin 1977: Walter Benjamin, Der Sürrealismus. Die letzte Momentaufnahme der europäischen Intelligenz, in: ders.: Gesammelte Schriften, Bd. II 1, Frankfurt am Main 1977, S. 295–310.

Benjamin 1996: Walter Benjamin, Das Kunstwerk im Zeitalter seiner technischen Reproduzierbarkeit. Drei Studien zur Kunstsoziologie, Frankfurt am Main 1996 (1963).

Bergreen 1984: Laurence Bergreen, James Agee: A Life, New York 1984.

Berman 1987: Russell A. Berman, Konsumgesellschaft. Das Erbe der Avantgarde und die falsche Aufhebung der Ästhetisierung, in: Bürger, 1987, S. 56–71.

Berman 1988: Marshall Berman, All that is solid melts into air: The experience of Modernity, New York 1988.

Bevers 1995: Ton Bevers, Zum Verhältnis von Kunst, Geschichte und Soziologie, in: Halbertsma/Zijlmans (Hg.) 1995, S. 197–218.

Bischoff 1997: Ulrike Bischoff (Hg.), Paul Strand, Köln 1997.

Bohn-Spector 1998: Claudia Bohn-Spector, A gentleman's view: Das Bild von New York in der Fotografie Alfred Stieglitz', Diss. München 1998.

Bolton 1990: Richard Bolton (Hg.), The Contest of Meaning: Critical Histories of Photography, Massachusetts 1990.

Borja-Villel 1994: Manuel J. Borja-Villel, Zwischen poetischer Aussage und dem Ausdruck des Wesentlichen, in: Ausstellungskatalog Salzburg 1994, S. 13–21.

Bourke-White und Caldwell 1995: Margaret Bourke-White und Erskine Caldwell, You have seen their faces, Reprint Athen 1995 (New York 1937). Mit einem Vorwort von Alan Trachtenberg.

Bourke-White 1998: Margaret Bourke-White: photographer. Mit einem Text von Sean Callahan, London 1998.

Bradley 2001: Fiona Bradley, Surrealismus, Ostfildern-Ruit 2001.

Brassaï 1933: G. H. Brassaï, Du mur des cavernes au mur d'usine, in: Minotaure (Paris), Nr. 3/4, 1933.

Brassaï 1993: Brassaï, Graffiti, Paris 1993.

Brauchitsch 2002: Doris von, Kleine Geschichte der Fotografie, Stuttgart 2002.

Breton 2001: André Breton, Die Manifeste des Surrealismus, Deutsch von Ruth Henry, 10. Aufl. Reinbek bei Hamburg 2001, (Manifestes du surréalisme, Paris 1962).

Breton 1972: André Breton, Der Surrealismus und die Malerei, Berlin 1972 (Le Surréalisme et la peinture, Paris 1964). Übersetzung von Manon Maren Grisebach.

Breton 1981: André Breton, L'Amour fou, übersetzt von Friedhelm Kemp, Frankfurt am Main 1981.

Bromley 1999: Roger Bromley u.a. Hg., Cultural Studies. Grundlagentexte zur Einführung, Lüneburg 1999.

Bürger 1987: Christa und Peter Bürger (Hg.), Postmoderne: Alltag, Allegorie und Avantgarde, Frankfurt am Main 1987.

Busch 1943: Arthur J. Busch, Fellowships for Photographers, in: Popular Photography 12, Februar 1943, S. 22–23, 82–83.

Busch 2001: Bernd Busch, Fotografie im Umbruch: Neubegründung des Mediums, Paradigmenwechsel der Bildmedien (20. Jahrhundert), in: Barck 2001, Bd. 2: Fotografie/fotografisch, S. 494–534.

Butin 2002: Hubertus Butin (Hg.), DuMonts Begriffslexikon zur zeitgenössischen Kunst. Köln 2002.

Campbell 1991: Mary Schmidt Campbell, Die Harlemer Renaissance, in: Kunstforum international: Outside USA II, Bd. 113, Mai/Juni 1991, S. 206–213.

Carné 1988: Marcel Carné, Quand le cinéma descendrat-il dans la rue? (1933), engl. Fassung in: Abel 1988, S. 127–129.

Cartier-Bresson 1968: Henri Cartier-Bresson, Meine Welt, Luzern, Frankfurt am Main 1968.

Cartier-Bresson 1996: Henri Cartier-Bresson, Amerika: Photo-Skizzen. Mit einem Vorwort von Arthur Miller und einem Essay von Gilles Mora, München u.a. 1996 (erw. Neuaufl.).

Clarke 1997: Graham Clarke, The Photograph, New York 1997.

Clifford 1988: James Clifford, On Ethnographic Surrealism, in: ders.: The Predicament of Culture. Twentieth-Century Ethnography, Literature, and Art, Cambridge, London 1988, S. 117–151.

Cohen 1991: Jean-Louis Cohen, Impossible order. Strategies and Shapes of Metropolitan Architecture, in: Ausstellungskatalog Montreal 1991, S. 62–91.

Coles 1995: Robert Coles, Anna Freud oder der Traum der Psychoanalyse, Frankfurt am Main 1995.

Conkelton 1996: Sheryl Conkelton, Helen Levitt, in: Jane Turner (Hg.), The dictionary of art, London 1996, Bd. 19, S. 280.

Conrad 1984: Peter Conrad, The art of the City: views and versions of New York, New York 1984.

Crary 1996: Jonathan Crary, Techniken des Betrachters. Sehen und Moderne im 19. Jahrhundert, Dresden, Basel 1996.

Crimp 1996: Douglas Crimp, Über die Ruinen des Museums, Dresden, Basel 1996 (Massachusetts 1993).

Csiba 1999: Antonia Csiba, Die Strasse in Malerei, Grafik und Plastik des 20. Jahrhunderts unter Berücksichtigung des Films und der Literatur, Diss. Technische Hochschule Aachen 1999.

Daniel 1997: Malcolm Daniel, Photography at the Metropolitan: William M. Ivins und A. Hyatt Mayor, in: History of Photography 21, 1997, S. 114–115.

Davidson 1993: Abraham A. Davidson, Die *Armory Show* und die frühe Moderne in Amerika, in: Ausstellungskatalog Berlin 1993, S. 45–53.

Davis 1999: Keith F. Davis, An American Century of Photography. From Dry-Plate to Digital. The Hallmark Photographic Collection, Kansas City, Missouri 1999.

Delson 1991: Susan Delson, The Moviegoer, in: Sidney Tillim, Photography and remembrance, in: Artforum 30, Nr. 4, Dezember 1991, S. 74–79, spez. 76–77.

Delson 1999: Susan Delson, Photo Play – Helen Levitt, in: Janet Abrams (Hg.), If/Then: Play, Netherlands Design Institute Amsterdam 1999, S. 140–151.

Dodge Peters 1985: Susan Dodge Peters, Elizabeth McCausland on Photography, in: Afterimage, Mai 1985, S. S. 10–15.

Doherty 1974: Robert J. Doherty, Sozialdokumentarische Photographie in den USA, Luzern 1974.

Driskell 1994: David Driskell, Harlem Renaissance: art of Black America, New York 1994.

Drubek-Meyer/Murasov 2000: Natascha Drubek-Meyer und Jurij Murasov (Hg.), Apparatur und Rhapsodie. Zu den Filmen des Dziga Vertov, Frankfurt am Main u.a. 2000

Dubois 1998: Philippe Dubois, Der fotografische Akt: Versuch über ein theoretisches Dispositiv, Schriftenreihe zur Geschichte und Theorie der Fotografie, Bd. 1, Hg. und mit einem Vorwort von Herta Wolf, Amsterdam, Dresden 1998.

Duden 1997: Der Duden, Fremdwörterbuch, Bd. 5, hg. vom Wissenschaftlichen Rat der Dudenredaktion, Mannheim u.a. 1997.

Dumas 2000: Martin Dumas, Kunst im 20. Jahrhundert. Von der transzendierenden zur affirmativen Moderne, Reinbek bei Hamburg 2000.

Dupré 1996: Judith Dupré, Wolkenkratzer. Zur Geschichte der berühmtesten und wichtigsten Wolkenkratzer der Welt, New York 1996.

Eggleston 1989: William Eggleston, The Democratic Forest, New York 1989 mit einer Einleitung von Eudora Welt.

Elias 1978: Norbert Elias, Zum Begriff des Alltags, in: René König und Friedhelm Neidhardt (Hg.), Kölner Zeitschrift für Soziologie und Sozialpsychologie, Köln 1978, S. 22–29.

Elsaesser 2001: Thomas Elsaesser, Metropolis. Der Filmklasssiker von Fritz Lang, Hamburg, Wien 2001.

Evans/Agee 1941: Walker Evans und James Agee, Let Us Now Praise Famous Men. Three tenant families, Boston 1941.

Fergueson 1990: Russell Fergueson u.a. Hg., Discourses: Conversations in Postmodern Art and Culture, Massachusetts 1990.

Ferguson 1980: Thomas Ferguson, Von Versailles zum New Deal: Der Triumph des multinationalen Liberalismus in Amerika, in: Ausstellungskatalog Berlin 1980, S. 436–451.

Ferriss 1998: Hugh Ferriss, The Metropolis of Tomorrow, New York 1998 (1929).

Flam/Deutch 2003: Jack Flam und Miriam Deutch (Hg.), Primitivism and twentieth-century art. A documentary History, Berkeley u.a 2003.

Fineman 2000: Mia Fineman, Notes from Underground: The Subway Portraits, in: Ausstellungskatalog New York 2000, S. 106–119.

Freier 1997: Felix Freier, DuMont's Lexikon der Fotografie. Technik – Geschichte – Kunst, Köln 1997 (1992).

Frizot 1998: Michel Frizot (Hg.), Neue Geschichte der Fotografie, Köln 1998 (Nouvelle Histoire de la Photographie, Paris 1994).

Fulton 2000: Marianne Fulton, Die Sammlungen im George Eastman House, in: Mulligan/Wooters 2000, S. 8–10.

Gaethgens 1988: Thomas W. Gaethgens (Hg.), Bilder aus der Neuen Welt. Amerikanische Malerei des 18. und 19. Jahrhunderts, München 1988.

Galassi 1995: Peter Galassi, Zwei Geschichten, in: Ausstellungskatalog Berlin 1995, S. 11–41.

Gaßner 1980: Hubertus Gaßner, Die Reise ins Innere. „Amerika den Amerikanern vorstellen". Die Fotografen der Farm Security Administration, in: Ausstellungskatalog Berlin 1980, S. 313–352.

Goebel 2001: Rolf J. Goebel, Benjamin heute: Großstadtdiskurs, Postkolonialität und Flanerie zwischen den Kulturen, München 2001.

Goffman 2000: Erving Goffman, Wir alle spielen Theater. Die Selbstdarstellung im Alltag, München 2000 (The Presentation of Self in Everyday Life, New York 1959).

Goldberg 1999: Vicki Goldberg, Lewis Hine: Children at Work, München u.a. 1999.

Goldwater 1938: Robert Goldwater, Primitivism in Modern Painting, New York 1938.

Grasskamp 1980: Walter Grasskamp, Ohne Worte. Zur Ästhetik der Dokumentarfotografie, in: Kunstforum International, Bd. 41, 1980, S. 14–31.

Gronemeyer 1998: Andrea Gronemeyer, Film, Köln 1998.

Grossberg 2003: Lawrence Grossberg u.a. Hg., Cultural Studies, New York und London 1992.

Grundberg 1999a: Andy Grundberg, Crisis of the Real. Writings on Photography since 1974, New York 1999.

Grundberg 1999b: Andy Grundberg, On the dissection table: The unnatural coupling of Surrealism and Photography, in: Carol Squiers (Hg.), Overexposed – Essays on contemporary photography, New York 1999, S. 123–133.

Grundberg 2002: Andy Grundberg, A medium no more (or less): Photography and the Transformation of Contemporary art, in: Ausstellungskatalog New York 2002, S. 29–47.

Gunther 1998: Thomas Michael Gunther, Die Verbreitung der Fotografie. Presse, Werbung und Verlagswesen, in: Frizot 1998, S. 555–580.

Halbertsma/Zijlmans 1995: Marlite Halbertsma und Kitty Zijlsman (Hg.), Gesichtspunkte: Kunstgeschichte heute, Berlin 1995.

Hambourg 1989: Maria Morris Hambourg, From 291 to the Museum of Modern Art: Photography in New York, 1910–37, in: Ausstellungskatalog New York 1989, S. 3–63.

Hambourg 1991: Maria Morris Hambourg, Helen Levitt: A Life in Part, in: Ausstellungskatalog San Francisco 1991, S. 45–63.

Hansen 1980: Olaf Hansen, Erinnerung als Utopie. Zur Kunst und Kultur der Dreißiger Jahre, in: Ausstellungskatalog Berlin 1980, S. 21–66.

Haskell 1999: Barbara Haskell, An Art of Dislocation and Myth, in: Ausstellungskatalog New York 1999, S. 337–352.
Haus 2000: Andreas Haus, Fotografie und Wirklichkeit (1982), in: Hubertus von Amelunxen (Hg.), Theorie der Fotografie IV 1980–1995, München 2000, S. 89–93.
Hellman/Hoshino 1980: Roberta Hellman und Marvin Hoshino, Einleitung zu: Helen Levitt: Color Photographs, El Cajon, Kalifornien 1980.
Herding 1991: Klaus Herding, Die Moderne: Begriff und Problem, in: Wagner 1991, Bd. 1, S. 175–196.
Hepp/Winter 2003: Andreas Hepp, Carsten Winter (Hg.), Die Cultural Studies Kontroverse, Lüneburg 2003.
Heuwinkel/Müller (Hg.) 1997: Christiane Heuwinkel und Matthias Müller (Hg.), Ich etc. Tagebuch Filme – Film Tagebücher, Kunsthalle Bielefeld1997.
Hine 1977: Lewis W. Hine, Men at Work. Photographic Studies of Modern Men and Machine, New York (1932), 1977.
Hinden 2002: Wiebke von Hinden, Neue Geographien der Kunstgeschichte: Besprechung der wissenschaftlichen Konferenz ‚Global Players?'. Kunstgeschichte und die Gegenwartskunst der Welt, in: Kritische Berichte, Heft 3, 2002, S. 62–64.
Hohenberger 1988: Eva Hohenberger, Die Wirklichkeit des Films. Dokumentarfilm. Ethnographischer Film. Jean Rouch, Hildesheim 1988.
Holert 2002: Tom Holert, Cultural Studies, in: Butin 2002, S. 53–56.
Honnef 1980: Klaus Honnef, Das subjektive Moment in der Dokumentar-Fotografie. Materialien und Gedanken zu einer neuen Ansicht über Fotografie, in: Kunstforum International, Bd. 41, 1980, S. 210–229.
Honnef 1997: Klaus Honnef, „Nichts als Kunst...". Schriften zu Kunst und Fotografie, Köln 1997.
Horak 1990: Jan-Christopher Horak, Modernist Perspectives and Romantic Impulses: *Manhatta*, in: Stange 1990, S. 55–71.
Horak 1995: Jan-Christopher Horak, Lovers of the Cinema: The First American Avant-Garde 1919–45, Madison 1995.
Horak 1997: Jan-Christopher Horak, Making images move: Photographers and Avant-Garde Cinema, Washington 1997.
Howard 2003: Ebenezer Howard, Tomorrow: a peaceful path to real reform. Neu hg. und mit Kommentaren von Peter Hall, Dennis Hardy und Colin Ward, London 2003.
Hughes 1990: Thomas P. und Agatha C. Hughes, Lewis Mumford: Public Intellectual, New York 1990.
Hughes 1997: Robert Hughes, Bilder von Amerika. Die amerikanische Kunst von den Anfängen bis zur Gegenwart, München 1997.
Huizinga 2001: Johann Huizinga, Homo Ludens. Vom Ursprung der Kultur im Spiel, Reinbek bei Hamburg 2001. (Homo Ludens, 1938).
Jacobs 1993: Jane Jacobs, Tod und Leben großer amerikanischer Städte, Hg. von Ulrich Conrads und Peter Neitzke, Braunschweig, Wiesbaden 1993 (Death and Life of Great American Cities, New York 1961).
Jacquet 2001: Claire Jacquet, Helen Levitt: The impertinent poetry of Harlem, in: Ausstellungskatalog Paris 2001.

Jaguer 1984: Edouard Jaguer, Surrealistische Photographie – zwischen Traum und Wirklichkeit, Köln 1984 (Paris 1982).

Jaguer 1994: Edouard Jaguer, Brassaï und die Augen der Mauer, in: Ausstellungskatalog Salzburg 1994, S. 39–45.

Jehle 2001: Peter Jehle, Alltäglich/Alltag, in: Barck 2001, Bd. 1, S. 104–133.

Johnson 1989: Brooks Johnson (Hg.), Photography speaks: 66 Photographers on their art, New York 1989.

Kazin 1958: Alfred Kazin, A Walker in the City, New York 1958.

Kaes 1986: Anton Kaes, Massenkultur und Modernität. Notizen zu einer Sozialgeschichte des frühen amerikanischen und deutschen Films, in: Frank Trommler (Hg.), Amerika und die Deutschen, Opladen 1986, S. 657–659.

Kemp 1991: Wolfgang Kemp, Kontexte. Für eine Kunstgeschichte der Komplexität, in: Texte zur Kunst, Nr. 2, 1991, S. 89–101.

Kemp 1999, Wolfgang Kemp (Hg.), Theorie der Fotografie, München 1999 (1979), Bd. II: 1912–1945.

Klengel 1994: Susanne Klengel, Amerika-Diskurse der Surrealisten. „Amerika“ als Vision und als Feld heterogener Erfahrungen, Diss. Stuttgart 1994.

Klotz 1995: Heinrich Klotz, Die Metropole des 20. Jahrhunderts, in: ders., Geschichte der Architektur: Von der Urhütte zum Wolkenkratzer, München 1995, S. 237–249.

Klingbeil 2000: Almut Klingbeil, Die Bilder wechseln. Meereslandschaften in deutschen Fotobüchern der 20er bis 40er Jahre, Diss. Hamburg 2000.

Koenig 1998: Thilo Koenig, Die andere Seite der Gesellschaft. Die Erforschung des Sozialen, in: Frizot 1998, S. 347–357.

Kozloff 1987: Max Kozloff, A way of seeing and the act of touching: Helen Levitt's Photographs of the Forties, in: The privileged eye: Essays on Photography, Alburquerque 1987.

Kracauer 1985: Siegfried Kracauer, Theorie des Films. Die Errettung der äußeren Wirklichkeit, Frankfurt am Main 1985 (1964).

Kracauer 1987: Siegfried Kracauer, Straßen in Berlin und anderswo (1939). Mit einem Essay von Gerwin Zohlen, Berlin 1987.

Kracauer 1996: Siegfried Kracauer, Das Ornament der Masse, Frankfurt am Main 1996 (1963).

Krasner 2002: David Krasner, A Beautiful pageant: African American theatre, drama and performance, New York 2002.

Krauss 1998: Rolf H. Krauss, Walter Benjamin und der neue Blick auf die Photographie, Ostfildern 1998.

Krauss 1981: Rosalid E. Krauss, The photographic condition of Surrealism, in: October, 19, 1981, S. 3–34.

Krauss 2000: Rosalind E. Krauss, Die fotografischen Bedingungen des Surrealismus, in: dies., Die Originalität der Avantgarde und andere Mythen der Moderne. Schriftenreihe zur Geschichte und Theorie der Fotografie, Bd. 2, Amsterdam, Dresden 2000, Hg. von Herta Wolf, S. 129–162.

Kravagna 2002: Christian Kravagna, Postkoloniale Blicke, in: Butin 2002, S. 250–253.

Kretschmer 1999: Winfried Kretschmer, Geschichte der Weltausstellungen, Frankfurt am Main 1999.

Kruska 2002: Peter Kruska, Tagungsbericht zu: *Global Players? Kunstgeschichte und die Gegenwartskunst der Welt* am 26.4.2002, in Frauen Kunst Wissenschaft, Heft 34, Dezember 2002, S. 93–97.

Kulessa 1989: Detlef Kulessa, Vision und Dokumentation. Sozial-dokumentarische Photographie der 30er Jahre in den USA: eine ikonologische Betrachtung, Frankfurt am Main u.a. 1989 (Diss.)

Lange/Schuster 1975: Dorothea Lange und Paul Taylor Schuster, An American Exodus: A Record of Human Erosion, New York 1975 (1939).

Le Corbusier 1947: Charles-Edouard Jeanneret Le Corbusier, When the Cathedrals Where White, New York 1947 (Quand les cathédrales étaient blanches, Paris 1937).

Lemke/Münte-Goussar 2003: Claudia Lemke, Stephan Münte-Goussar, Jenseits des Comon Sense. Methodisches Vorgehen an der Schnittstelle Kunst/Wissenschaft/Bildung. http://mms.uni-hamburg.de/s&c/ethnographie.html.

Lenz 2000: Günter H. Lenz (Hg.), Afro-Amerika im amerikanischen Dokumentarfilm, Trier 2000.

Levin 1984: Gail Levin, Amerikanische Kunst, in: Rubin 1984, S. 464–485.

Levin 1986: Gail Levin, Surrealisten in New York und ihr Einfluss auf die amerikanische Kunst, in: Ausstellungskatalog Köln 1986, S. 69–79.

Levitt 1987: Helen Levitt, In The Street: Chalk Drawings and Messages 1938–1948. Einleitung von Robert Coles, Durham, North Carolina 1987.

Levitt 1989: Helen Levitt, A Way of Seeing; Photographs of New York. Mit einer Einleitung von James Agee, Durham, North Carolina 1989 (New York 1965).

Levitt 1997: Helen Levitt (Hg.), Mexico City. Mit einem Essay von James Oles, New York 1997.

Levitt 2001: Helen Levitt, Crosstown, New York 2001. Mit einer Einführung von Francine Prose.

Levitt 2003: Helen Levitt, Here and There. Vorwort von Adam Gopnik, New York 2003.

Levy 1977: Julien Levy, Memoir of an Art Gallery, New York 1977.

Lewis 1989: David Levering Lewis, When Harlem was in vogue, New York 1989.

Lionel-Marie 2003: Annick Lionel-Marie, Das Auge licht sein lassen, in: Ausstellungskatalog Wien 2003.

Listov 2000: Viktor Listov, Vertov – Einmal und für immer, in: Drubek-Meyer/Murasov 2000, S. 17–41.

Livingston 1980: Jane S. Livingston, Helen Levitt, Washington, D.C. 1980.

Livingston 1992: Jane S. Livingston, The New York School: Photographs 1936–63, New York 1992.

Lublin 1993: Mary Lublin, Amerikanische Galerien im 20. Jahrhundert: Von Stieglitz bis Castelli, in: Ausstellungskatalog Berlin 1993, S. 171–178.

Lucic 1991: Karen Lucic, Charles Sheeler and the cult of the machine, London 1991.

Lütgens 1993: Annelie Lütgens, Passantinnen/Flaneusen. Frauen im Bild großstädtischer Öffentlichkeit der Zwanziger Jahre, in: Sykora 1993, S. 107–118.

MacOrlan 1989: Pierre MacOrlan, The Literary Art of Imagination and Photography, in: Christopher Phillips (Hg.), Photography in the Modern Era, European Documents and Critical Writings, New York 1989, S. 28–44.

Matz 2000: Reinhard Matz, Gegen einen naiven Begriff der Dokumentarfotografie (1981), in: Amelunxen 2000, S. 94–105.

Maurer 1984: Evan Maurer, Dada und Surrealismus, in: Rubin 1984.

McEvilley 1984: Thomas McEvilley, Doctor Lawyer Indian Chief: „'Primitivism' in 20th Century Art" at the Museum of Modern Art in 1984, in: Artforum November 1984, S. 54–60. Auf deutsch siehe McEvilley 1992b.

McEvilley 1992a: Thomas McEvilley, Weltkunst: Interkulturelle Ausstellungen, in: Kunstforum International 1992, Bd. 118: Weltkunst – Globalkultur, S. 174–175.

McEvilley 1992b: Thomas McEvilley, Doktor, Anwalt, Indianerhäuptling: „'Primitivismus' in der Kunst des 20. Jahrhunderts" (New York 1984), in: Kunstforum International 1992, Bd. 118: Weltkunst – Globalkultur, S. 176–196.

Mißelbeck 2002: Reinhold Mißelbeck (Hg.), Prestel-Lexikon der Fotografen. Von den Anfängen 1839 bis zur Gegenwart, München u.a. 2002.

Molderings 1983: Herbert Molderings, Marcel Duchamp. Parawissenschaft, das Ephemere und der Skeptizismus, Frankfurt am Main 1983.

Monaco 1992: James Monaco, Film verstehen. Kunst, Technik, Sprache, Geschichte und Theorie des Films, Reinbek bei Hamburg 1992.

Mora 1998: Gilles Mora, PhotoSpeak: A guide to the ideas, movements, and techniques of photography, 1839 to the present, New York 1998.

Moortgat 1998: Elisabeth Moortgat, Helen Levitt, in: PhotoNews, Nr. 9, 1998, S. 10–11.

Mulligan/Wooters 2000: Therese Mulligan und David Wooters (Hg.), Geschichte der Photographie 1839 bis heute, George Eastman House, Rochester/New York, Köln 2000.

Mumford 1946: Lewis Mumford, Technics and Civilization, London 1946.

Mumford 1997: Lewis Mumford, Vom Blockhaus zum Wolkenkratzer. Eine Studie über amerikanische Architektur und Zivilisation. Berlin 1997 (1925).

Münzberg/Nungesser 1980: Olav Münzberg und Michael Nungesser, Die mexikanischen Wandmaler Orozco, Rivera und Siqueiros in den USA, in: Ausstellungskatalog Berlin 1980, S. 378–404.

N'guessan 2002: Béchié Paul N'guessan, Primitivismus und Afrikanismus. Kunst und Kultur Afrikas in der deutschen Avantgarde, Frankfurt am Main u.a. 2002.

Nadeau 1997: Maurice Nadeau, Geschichte des Surrealismus, Reinbek bei Hamburg 1997 (Histoire du surréalisme, Paris 1945).

Neumann 1996: Dietrich Neumann, Vorboten und Folgen von Metropolis: Film und Architektur auf der Suche nach der modernen Stadt, in: Ausstellungskatalog Frankfurt am Main 1996, S. 33–38.

Newhall 1998: Beaumont Newhall, Geschichte der Photographie, München 1998 (History of Photography, New York 1937).

Nida-Rümelin/Betzler 1998: Julian Nida-Rümelin und Monika Betzler (Hg.), Ästhetik und Kunstphilosophie. Von der Antike bis zur Gegenwart in Einzeldarstellungen, Stuttgart 1998.

Nünning 1998: Ansgar Nünning (Hg.), Metzler Lexikon Literatur- und Kulturtheorie. Ansätze – Personen – Grundbegriffe, Stuttgart, Weimar 1998.

O'Connor 1980: Francis V. O'Connor, Entwicklungsgeschichte der Projekte zur bildenden Kunst im New Deal 1933–1943, in: Ausstellungskatalog Berlin 1980, S. 452–462.

O'Connor 1993: Francis V. O'Connor, Der Übergang vom Sozialen zum Individuellen in der Kunst der Depressionszeit: Die dreißiger Jahre, in: Ausstellungskatalog Berlin 1993, S. 69–78.

Osbourne 1979: Scott Osbourne, A Walker Evans Heroine Remembers, in: American Photographer, September 1979, S. 70–73.

Otto 1998: Barbara Otto, Streetlife. Zu den Photographien von Helen Levitt, in: Materialien zur Documenta X: Ein Reader für Unterricht und Studium. Hg. von Werner Stehr und Johannes Kirschenmann, Ostfirldern-Ruit 1997, S. 112–115.

Paech 1991: Joachim Paech, Bilder von Bewegung – bewegte Bilder. Film, Fotografie und Malerei, in: Wagner 1991, S. 237–264.

Paech 1998: Jochen Paech, Intermedialität, in: Albersmeier 1998, S. 447–475.

Panzer 2002: Mary Panzer, Lewis Hine, Berlin 2002.

Partsch 2002: Susanna Partsch, Surrealismus, in: dies., Kunst-Epochen, Bd. 11: 20. Jahrhundert I, Stuttgart 2002, S. 54–71.

Paul 1977: Willi Paul (Hg.), Die Vereinigten Staaten von Amerika, Frankfurt am Main 1977.

Paul 1991: Jürgen Paul, Großstadt und Lebensstil – London und Paris im 19. Jahrhundert, in: Wagner 1991, S. 50–74.

Pesch 1998: Martin Pesch, Helen Levitt, in: Kunstforum international, Bd. 141, Juli/September 1998, S. 394–395.

Petric 1993: Vlada Petric, Constructivism in film: The Man with the Movie Camera. A Cinematic Analysis, Cambridge 1993 (1987).

Pfisterer 2003: Ulrich Pfisterer (Hg.), Metzler Lexikon Kunstwissenschaft. Ideen, Methoden, Begriffe, Stuttgart, Weimar 2003.

Phillips 1989: Christopher Phillips (Hg.), Photography in the Modern Era, European Documents and Critical Writings, New York 1989.

Phillips 1989: Christopher Phillips, Resurrecting Vision: European Photography between the World Wars, in: Ausstellungskatalog New York 1989, S. 65–108.

Phillips 1990: Christopher Phillips, The Judgement Seat of Photography, in: Bolton (Hg.) 1990, S. 15–47 (ursprünglich in: October, Nr. 22, Herbst 1982, S. 27–63).

Phillips 1991, Sandra S. Phillips, Helen Levitt's New York, in: Ausstellungskatalog San Francisco 1991, S. 15–43.

Phillips 2002: Christopher Phillips, Der Richterstuhl der Fotografie, in: Wolf 2002, S. 291–333.

Poe 1976: Edgar Allan Poe, Der Mann der Menge, in: ders., Erzählungen, Zürich 1976.

Posener 1968: Julius Posener (Hg.), Ebenezer Howard: Gartenstädte von morgen: das Buch und seine Geschichte, Berlin 1968.

Posner 2001: Bruce Charles Posner (Hg.), Unseen Cinema: Early American Avant-Garde Film 1893–1941, New York 2001 (Begleitend zur Film-Retrospektive Juni 2001 bis Dezember 2005).

Powell 1997: Richard J. Powell (Hg.), Rhapsodies in black: art of the Harlem Renaissance, London 1997.

Pultz/Scallen 1981: John Pultz und Catherine B. Scallen (Hg.), Cubism and American Photography, 1910–1930, Williamstown 1981.

Pultz 1985: John Pultz, The American Interpretation of Cubism, in: Photographies, Nr. 7, Mai 1985, S. 18–20.

Pultz 1998: John Pultz, Strenge und Klarheit. Die Neue Fotografie in den Vereinigten Staaten, 1920–1940, in: Frizot 1998, S. 476–493.

Rabinovitz 1991: Lauren Rabinovitz, Points of Resistance: Women, Power and Politics in the New Yorker Avant-Garde Cinema, 1943–71, Urbana und Chicago 1991.

Raeithel 1995: Gert Raeithel, Geschichte der nordamerikanischen Kultur, Bd. 3: Vom New Deal bis zur Gegenwart 1930–1995, Frankfurt am Main 1995.

Raines 1980: Howell Raines, Let Us Now Praise Famous Folk, in: New York Times Magazine, 25. Mai 1980, S. 31–46.

Rhodes 1994: Colin Rhodes, Primitivism and modern art, London 1994.

Riis 1966: Jacob A. Riis, The Making of An American, New York 1966 (1901).

Riis 1971: Jacob A. Riis, How the Other Half Lives. Studies among the tenements of New York, New York 1971 (1890).

Röttger-Denker 1997: Gabriele Röttger-Denker (Hg.), Roland Barthes zur Einführung, Hamburg 1997.

Roberts 1997: Pam Roberts, Alfred Stieglitz, Galeris '291' und Camera Work, in: Alfred Stieglitz, Camera Work. The Complete Illustrations 1903–1917, Köln 1997, S. 32–63.

Rosenblum 1984: Naomi Rosenblum, A History of Women Photography, New York 1984.

Rosenblum 1989: Naomi Rosenblum, A World History of Photography, New York 1989.

Rosler 2000: Martha Rosler, Bildsimulationen, Computermanipulationen: Einige Überlegungen (1988, 1995), in: Amelunxen 2000, S. 129–169.

Rosler 1999: Martha Rosler, Drinnen, Drumherum und nachträgliche Gedanken (zur Dokumentarfotografie [1981]), in: Ausstellungskatalog Wien 1999. In ähnlicher Form vorher erschienen: In, Around an Afterthoughts (on Documentary Photography), in: Martha Rosler, 3 Works, Halifax, Novia Scotia 1981 sowie in: Bolton 1990, S. 303–340.

Roth 1982: Wilhelm Roth, Der Dokumentarfilm seit 1960, München, Luzern 1982.

Roth 2001: Andrew Roth (Hg.), The Book of 101 Books. Seminal Photographic Books of the Twentieth Century, New York 2001.

Rouch 1988: Jean Rouch (Hg.), Die Wirklichkeit des Films: Dokumentarfilm, Ethnografischer Film, Hildesheim 1988.

Rubin 1968a: William S. Rubin, Dada and Surrealism, New York 1968.

Rubin 1968b: William Rubin, Dada, Surrealism and their Heritage, New York 1968.

Rubin 1984: William Rubin (Hg.), Primitivismus in der Kunst des 20. Jahrhunderts, München 1984 (Primitivism in the 20th Century Art. Affinity of the Tribal and the Modern, New York 1984).

Sandler 1978: Irving Sandler, The New York School: The painters and sculptors of the fifties, New York 1978

Sante 1995: Luc Sante, Eine Nation aus Bildern, in: Ausstellungskatalog Berlin 1995, S. 42–55.

Shahn 2000: Ben Shahn's New York: the photography of modern times, Cambridge, Massachusetts 2000.

Sharpe/Wallock 1987: William Sharpe und Leonard Wallock (Hg.), Visions of the modern City. Essays in History, Art, and Literature, Baltimore, London 1987.

Schmied 1993: Wieland Schmied, ‚Precisionist View' und ‚American Scene': Die zwanziger Jahre, in: Ausstellungskatalog Berlin 1993, S. 55–68.

Schneede 2001: Uwe M.Schneede, Die Geschichte der Kunst im 20. Jahrhundert, Von den Avantgarden bis zur Gegenwart, München 2001.

Schnell 2000: Ralf Schnell (Hg.), Metzler Lexikon Kultur der Gegenwart. Themen und Theorien, Formen und Institutionen seit 1945, Stuttgart, Weimar 2000.

Schnelle-Schneyder 1990: Marlene Schnelle-Schneyder, Photographie und Wahrnehmung am Beispiel der Bewegungsdarstellung im 19. Jahrhundert, Marburg 1990.

Sekula 1987: Allan Sekula, The Body in the Archive, in: October, Nr. 39, Winter 1987, S. 3–64.

Sekula 1979: Allan Sekula, Den Modernismus abbauen, die Dokumentarfotografie neu bestimmen. Bemerkungen zur Politik der Darstellung (1979), in: Fotokritik, Nr. 9, März 1984.

Sennett 1994: Richard Sennett, Civitas – Die Großstadt und die Kultur des Unterschieds, Frankfurt am Main 1994.

Sharpe und Wallock 1987: William Sharpe und Leonard Wallock (Hg.), Visions of the Modern City: Essays in History, Art and Literature, Baltimore 1987.

Solomon-Godeau 1997: Abigail Solomon-Goeau, Who is speaking thus? Some questions about Documentary Photography (1986), in: dies., Photography at the Dock. Essays on Photography, Institutions, and Practices, Minneapolis 1997, S. 169–183. Mit einem Vorwort von Linda Nochlin.

Solomon-Godeau 2002: Abigail Solomon-Godeau, Tunnelblick, in: Wolf 2002, S. 334–345.

Sontag 1996: Susan Sontag, Über Fotografie, München 1996 (On Photography, New York 1977).

Stahl 2002: Johannes Stahl, Graffiti, in: Butin (Hg.) 2002, S. 107–109.

Stange 1989: Maren Stange, Symbols of ideal life: social documentary photography in America, 1890–1950, New York 1989.

Stange 1990: Maren Stange (Hg.), Paul Strand: Essays on his life and work, New York 1990.

Starl 2002: Timm Starl, Dokumentarische Fotografie, in: Butin (Hg.) 2002, S. 73–77.

Stavitsky 1993: Gail Stavitsky, Museen und Sammler, in: Ausstellungskatalog Berlin 1993, S. 163–170.

Steichen 1955: Edward Steichen, The Family of Man, New York: The Museum of Modern Art, 1955.

Steinorth 1996: Karl Steinorth (Hg.), Lewis Hine: die Kamera als Zeuge. Fotografien 1905–1937, Kilchberg 1996.

Stepan 1999: Peter Stepan, Helen Levitt, in: ders. (Hg.), Fotografie. Das 20. Jahrhundert, München u.a. 1999, S. 84.

Stern 1989: Robert A. M. Stern, Die Erbauung der Welthauptstadt, in: Ausstellungskatalog Frankfurt am Main 1989, S. 13–45.

Stern 1994: Robert A. M. Stern u.a. Hg., New York 1930. Architecture and urbanism between the two world wars, New York 1994.

Stieglitz 1997: Alfred Stieglitz, Camera Work. The Complete Illustrations 1903–1917, Köln 1997.

Stott 1986: William Stott, Documentary Expression and Thirties America, Chicago und London 1986 (New York 1973).

Sullivan 1990: Constance Sullivan (Hg.), Women Photographers. Mit einer Einführung von Eugenia Perry Janis, New York 1990.

Susman 1980: Warren Susman, Die Dreißiger Jahre, in: Ausstellungskatalog Berlin 1980, S. 67–70.

Sykora 1993: Katharina Sykora u.a. (Hg.), Die neue Frau. Herausforderungen für die Bildmedien der Zwanziger Jahre, Marburg 1993, S. 107–118.

Sztulman 1997: Paul Sztulman, Helen Levitt, in: Kurzführer documenta X, documenta und Museum Fridericianum (Hg.), Kassel 1997, S.140–141.

Tallack 1993: Douglas Tallack, Kultur, Politik und Gesellschaft im Amerika der Jahrhundertmitte, in: Ausstellungskatalog Berlin 1993, S. 33–43.

Taylor 1980: Josuah Taylor, Kunst und Öffentlichkeit in Amerika, in: Ausstellungskatalog Berlin, Berlin 1980, S. 12–19.

Tsivian 2000: Yuri Tsivian, Einige Überlegungen zur Struktur des Films *Der Mann mit der Kamera*, in: Drubek-Meyer/Murasov 2000, S. 119–146.

Tucker 1983: Anne Tucker, The Photo League, in: Creative Camera, London, Juli/August 1983, Heft 223–224, S. 1016–17.

Varnedoe 1994: Kirk Varnedoe, High & Low: Moderne Kunst und Trivialkultur, München 1994.

Vertow 1973: Dziga Vertow, Schriften zum Film, München 1973.

Vidler 1996: Anthony Vidler, Die Explosion des Raums: Architektur und das filmische Imaginäre, in: Ausstellungskatalog Frankfurt am Main 1996, S. 13–25.

Vowinckel 1989: Andreas Vowinckel, Surrealismus und Kunst. Studien zu Ideengeschichte und Bedeutungswandel des Surrealismus vor Gründung der surrealistischen Bewegung und zu Begriff, Methode und Ikonographie des Surrealismus in der Kunst 1919 bis 1925, Hildesheim u.a. 1989.

Wagner 1991: Monika Wagner (Hg.), Moderne Kunst 1. Das Funkkolleg zum Verständnis der Gegenwartskunst, Reinbek bei Hamburg 1991.

Wallock 1988: Leonard Wallock (Hg.), New York: Culture Capital of the World, 1940–1965, New York 1988.

Watson 1995: Steven Watson, The Harlem Renaissance: hub of African-American culture 1920–1930, New York 1995.

Weaver 1985: Mike Weaver (Hg.), The Photographic Art: Pictorial traditions in Britain and America, London, New York 1985.

Weegee 1996: Weegee's New York: 335 Photographien 1935–1960, München 1996.

Weegee 1997: Weegee, Naked New York. Mit einem Text von John Coplans, München 1997.

Welsch 1987: Wolfgang Welsch, Unsere postmoderne Moderne, Weinheim 1987.

Weiss 1992: Allen S. Weiss, Wer sind die Magier der Erde? Kritik der Ausstellung Magiciens de la Terre (Paris 1989), in: Kunstforum International, Bd. 118: Weltkunst – Globalkultur, 1992, S. 202–207.

Weski 2000: Thomas Weski, Gegen Kratzen und Kritzeln auf der Platte, in: Ausstellungskatalog Hannover 2000, S. 32.

Westerbeck/Meyerowitz 1994: Colin L. Westerbeck und Joel Meyerowitz, Bystander: A History of Street Photography, London 1994.

Whelan 2000: Richard Whelan (Hg.), Stieglitz on photography: his selected essays and notes, New York 2000.

Whitman 2000: Walt Whitman, Grashalme, Stuttgart 2000 (Leaves of Grass 1865).

Wilson 1986: Richard Guy Wilson u.a. Hg., The Machine Age in America, 1918–1941, New York 2001 (1986).

Wörner 2000: Martin Wörner, Die Welt an einem Ort: illustrierte Geschichte der Weltausstellungen, Berlin 2000.

Wojtowicz 1996: Robert Wojtowicz, Lewis Mumford and American Modernism: Eutopian theories for architecture and urban planning, New York 1996.

Wolf 2002: Herta Wolf (Hg.), Paradigma Fotografie. Fotokritik am Ende des fotografischen Zeitalters, Bd. 1, Frankfurt am Main 2002.

Wurts u.a. 1977: Richard Wurts u.a., New York World's Fair 1939/40 in 155 photographs, New York 1977, S. x–xviii.

Zapf 1996: Hubert Zapf (Hg.), Amerikanische Literaturgeschichte, Stuttgart, Weimar 1996.

Zayas 1916: Marius de Zayas, African Negro Art: Ist Influence on Modern Art, New York 1916.

Zeitungsartikel

Anonym publizierte Zeitungsartikel wurden nicht in das chronologisch aufgebaute Verzeichnis aufgenommen.

1940er:

Brooks 1941: H. J. Brooks, Is Photography an Art? in: New York Times Magazine, 16. Februar 1941, S. 14–15, 26.

Steiner 1941: Ralph Steiner, in: PM's Weekly, 2.3.1941, S. 48–49.

Caillois 1942: Roger Caillois, The Myth of Secret Treasures in Childhood, in: VVV 1, 1942, S. 4–8.

Levitt 1942/1943: Helen Levitt, in: View, Serie 2, Nr. 1–4, April 1942 bis Januar 1943, Hg. von Charles Henri Ford. Hier nach Kraus Reprint Nendeln / Liechtenstein 1969, Abb. von Helen Levitt S. 22 und 35.

Soby 1943: James Thrall Soby, The Art of Poetic Accident: The Photographs of Cartier-Bresson and Helen Levitt, in: Minicam Photography 6:7, März 1943, S. 28–31, 95.

Newhall 1943: Nancy Newhall, Helen Levitt's Photographs of Children, in: The Bulletin of the Museum of Modern Art 10:7, April 1943, S. 8.

Newhall 1943: Nancy Newhall, Four Photographs, in: Magazine of Art, Mai 1943, S. 16–19.

Bennett 1943: Edna R. Bennett, Helen Levitt's Photographs: Children of New York and Mexico, in: U.S. Camera Magazine 6:4, Mai 1943, S. 14–17.

Steichen 1948: Edward Steichen, Fifty Photographs by Fifty Photographers, in: Vogue, 15.8.1948, S. 160–163, 186–187.

Thompson 1949: Donald Thompson, For Parents, a moral (The Quiet One), in: Time, 31. Jan. 1949, S. 71.

Rosenblum 1949: Walter Rosenblum, The Quiet One: A Milestone, in: Photo Notes, Frühling 1949, S. 23–23. Wiederabgedruckt in: Lewis Jacobs, The documentary Tradition, New York 1979, S. 244–246.

1950er:

Solman 1950: Joseph Solman, Helen Levitt, in: Photo Notes, Frühjahr 1950, S. 13, 15.

White 1952: Minor White, The Camera Mind and Eye, in: Magazine of Art, Januar 1952, S. 16–19.

Farber 1952: Manny Farber, in: The Nation, 26.4.1952, S. 409–410.

Knight 1954: Arthur Knight, Women in 16 mm, in: Glamour, Februar 1954, S. 128–129, 141, 143.

1960er:

Meyers 1962, Edna Meyers, Sidewalk Art That Blooms in the Spring, in: Parents Magazine, März 1962, S. 58, 59, 150.

Agee 1965 James Agee, A Way of Seeing, in: Horizon, 3. Juli 1965, S. 11.

Deschin 1966: Jacob Deschin, Pictures of Child World, in: New York Times, 2.1.1966, S. 22.

Panofsky 1967: Erwin Panofsky, Stil und Stoff im Film, in: Filmkritik, 6, 1967.

Scully 1967: Julia Scully, A Way of Seeing, in: Modern Photography, März 1967, S. 78–79.

1970er:

Tucker 1972: Anne Tucker, in: Camera, Februar 1972, S. 4–43.

Hellman und Hoshino 1975: Roberta Hellman und Marvin Hoshino, The Professionals, in: Village Voice, 14. April, 1975, S. 97–98.

Weiler 1975: A. H. Weiler, In 'abandoned Children', a Study of Homeless, in: The New York Times, 6. Juni, 1975, S. 14.

Maddow 1975: Ben Maddow, New York City: Helen Levitt, in: Aperture, Nr. 19, 1975, Titel, S. 36, Abb. 37–43.

Deschin 1976: Jacob Deschin, Viewpoint: The renaissance of Helen Levitt, street photographer par excellence, in: Popular Photography, April 1976, S. 98–99.

Davis und Rourke 1976: Douglas Davis und Mary Rourke, Photography: New Frontiers in Color, in: Newsweek, 19.4.1976, S. 56–61.

Hellman und Hoshino 1977: Roberta Hellman und Marvin Hoshino, Levitt Comes in Color Too, in: Village Voice, 24.1.1977.

Glander-Bandyk 1977: J. Glander-Bandyk, in: Arts Magazine, März 1977, S. 42.

Rubinfien 1977: Leo Rubinfien, in: Artforum, März 1977, S. 67–68.

Cortázar 1977: Julio Cortázar, Fenêtres sur l'Insolite, in: Le Nouvel Observateur, Juni 1977, S. 38–41, 44.

Grundberg 1977: Andy Grundberg, Helen Levitt at Carlton, in: Art in America, Juli 1977, S. 98–99.

Fonvielle 1978: Lloyd Fonvielle, in: Aperture, 81, 1978, S. 60, 62, 71.

Kramer 1978: Hilton Kramer, in: The New York Times Magazine, 23.7.1978, Titel, S. 8–13, 24, 26, 28.

Trachtenberg 1978: Alan Trachtenberg, in: Atlantic Monthly, September 1978, S. 47–54.

Hellman und Hoshino 1978: Roberta Hellman und Marvin Hoshino, The Photographs of Helen Levitt, in: Massachusetts Review, Winter 1978, S. 729, Abb. 10.

1980er:

Edwards 1980: Owen Edwards, Her Eye is on the City, in: The New York Times magazine, 5.4.1980, S. 50–56.

Grundberg 1980: Andy Grundberg, On the Street, In the Shadows, Of a Piece, in: Soho Weekly News, 14.5.1980, S. 55.

Westerbeck 1980: Colin L. Westerbeck., Helen Levitt, in: Artforum, Mai 1980, S. 78–79.

Lifson 1980: Ben Lifson, Dichtung und Wahrheit, in: Village Voice, 26.5.1980.

Krauss 1981: Rosalind H. Krauss, The photographic condition of Surrealism, in: October, 19, 1981, S. 3-34.

Thornton 1981: Gene Thornton, Is the new Color Work so different from the Old?, in: New York Times, 8. Nov. 1981, S. D 27.

Grundberg 1981: Andy Grundberg, Photography, in: The New York Times Book Review, 6.12.1981, S. 11+74.

Levitt 1984: Helen Levitt, Caveat, in: Harvard Magazine, Sept.–Okt. 1984, S. 37.

Jeffrey 1985: Ian Jeffrey, Street Photography: Walker's New York, in: Creative Camera, Nr. 242, Feb. 1985, S. 34–35.

Starr 1985: Cecile Starr, Helen Levitt: Film Maker, in: Catskill Center for Photography Quarterly, Vol. 6, Nr. 4, Sommer 1985.

Accomando 1985: Claire-Hsu Accomando, Unpretentious, vital images, in: Artweek, Vol. 16, 21. Sept. 1985, S. 12–13.

Lyon 1985: Danny Lyon, In Praise of Agee. A Review of James Agee: A Life, in: Aperture, Nr. 100, Herbst 1985, S. 71–73.

Mossin 1985: Andrew Mossin, Agee and the photographer's art, in: Aperture, Nr. 100, Herbst 1985, S. 73–75.

Wigh 1985: Leif Wigh, Fotografier av Helen Levitt, in: Fotografiska Museets Meddelande, Nr. 3, 1985, S. 2–16.

Marable 1986: Darwin Marable, A return to the street (Fraenkel Gallery, San Francisco), in: Artweek, Vol. 17, 1. März 1986, S. 16.

Davis 1986: Keith Davis, My Favorite Pictures, in: Ozark, Oktober 1986, S. 36–43

Stuttaford 1987: Genevieve Stuttaford, Nonfiction – In the Street, in: Publishers' weekly, 8.5.1987, S. 58.

Hoy 1987: Anne H. Hoy, Helen Levitt: Children's Street Drawings, New York, 1938–48, ICP, 17. Juni – 26. Juli 1987.

Ellenzweig 1987: Allen Ellenzweig, Levitt Town (Helen Levitt: A Retrospektive, Laurence Miller Gallery), in: Village Voice, 3. Nov. 1987, S. 109.

Grundberg 1987: Andy Grundberg, Finding Grace in the Awkward Humanity of People, in: New York Times, Photography View, 1. Nov. 1987, S. II, 41.

Hambourg 1988: Maria-Morris Hambourg, Photography between the wars, in: The Metropolitan Museum of Art Bulletin, Vol. 45, Frühling 1988, S. 3–56.

Heron 1988: Liz Heron, Confounding tradition: the wheel of life, in: Creative Camera, Nr. 12, 1988, S. 33.

Heron 1988: Liz Heron, Books, in: New Statesman, Vol. 115, Nr. 2967, 1988, S. 31.

Bishop 1988: William Bishop, Old World Humanism. Helen Levitt at The Photographers' Gallery, London, in: The British Journal of Photography, Vol. 135, 10.11.1988, S. 22.

Heiferman 1989: Marvin Heiferman, Corporate Philanthrophy and the Arts, in: Close Up (Polaroid Corporation), 1989, S. 39.

Grundberg 1989: Andy Grundberg, The Grundberg 10, in: American Photographer, Juli 1989, S. 44–51.

Checefsky 1989: Bruce Checefsky, Helen Levitt, in: New Art Examiner, Vol. 17, Dez. 1989, S. 47–48.

1990er:

Murray 1990: Joan Murray, Hieroglyphics of the Ordinary, in: Artweek, Vol. 21, 22.2.1990, S. 18 (15).
Diekmann 1990: Katherine Diekmann, Mean Streets, in: Art in America, 1.5.1990, Vol. 78, S. 222–229, 263.
Delson 1991: Susan Delson, The Moviegoer, in: Artforum International, Vol. 30, Nr. 4, Dezember 1991, S. 76–77.
Tillim 1991: Sidney Tillim, Photography and remembrance, in: Artforum International, 30, Nr. 4, Dezember 1991, S. 74–76, 78–79.
Nixon 1992: Bruce Nixon, Helen Levitt, in: Artweek, Vol. 23, 6. Feb. 1992, S. 15–16.
Baker 1992: Kenneth Baker, Helen Levitt, in: Art News, Vol. 91, März 1992, S. 138.
Hagen 1992: Charles Hagen, Through a Lens, Into a Child's Universe, in: New York Times, 3.4.1992, S. C1, C26.
Tarshis 1992: Jerome Tarshis, Photography that is Child's Play, in: Christian Science Monitor, 17.4.1992, S. 16–17.
Coles 1992: Robert Coles, Children of Poverty Making Do with Ease and Zest, in: New York Times, April 1992, S. 37–38.
Coleman 1992: A. D. Coleman, Helen Levitt's Sidelong Glance at a Vanished City, in: New York Observer, 4.5.1992, S. 25.
Garner 1992: Gretchen Garner, Gertrude Käsebier and Helen Levitt, in: Art journal, Winter (4) 1992, Vol. 51, S. 83–97.
Johnston 1993: Mike Johnston, Amazing Stories: Helen Levitt, in: Camera & Darkroom. The magazine for creative photography, Februar 1993, S. 34–37.
Frank 1994: Peter Frank, Tales of the City told by a lens-poet of the sidewalk, in: Art and Antiques, Vol. 17, März 1994, S. 118.
Hopkinson 1993: Amanda Hopkinson, Street cred (Helen Levitt and Thurston Hopkins), in: British Journal of Photography, Vol. 140, 22. April 1993, S. 26–27.
Phillips 1993: Sandra S. Phillips, Helen Levitt‘s cropping, in: History of photography, 1993, Vol. 17, Nr. 1, Frühling, S. 121–125.
Langer 1994: Cassandra Langer, Book-Review, in: Woman‘s art journal, Vol. 15, Nr. 1, Frühling–Sommer, 1994, S. 35–37.
Squiers 1992 Carol Squiers, The unseen Helen Levitt: a few words in private, in: American Photo, Mai/Juni 1992, S. 14.
Navaretta 1994: Cynthia Navaretta, Women artists new book review, 1994, Vol. 19, S. 47, 58.
Boxer 1997: Sarah Boxer, Photography Review: Finding Drama on the Streets, in: New York Times, 9.5.1997, S. C 36.
Schjeldahl 1997: Peter Schjeldahl, On the Humanity – 'Helen Levitt: Crosstown', in: Village Voice, 24. Juni 1997, S. 91.
Levi-Strauss 1997: David Levi-Strauss, Helen Levitt, in: Artforum International, Vol. 36, Okt. 1997, S. 97.
Christofori 1998: Ralf Christofori, Helen Levitt – Retrospektive, in: Eikon 24, 1998, S. 49–50.
Levitt 1998: Helen Levitt on Bill Arnold, in: Aperture, Nr. 151, Frühling 1998, S. 54–55.

Asmuth 1998: Tobias Asmuth, So zärtlich war die Leica. Die Poesie der Straße: Photographien von Helen Levitt im Kunstverein Frankfurt, in: Süddeutsche Zeitung, 2.5.1998, S. 15.

Nabakowski 1998: Gislind Nabakowski, Selbstvergessenes Kinderspiel. Frei von Posen: Fotografien von Helen Levitt im Frankfurter Kunstverein, in: Frankfurter Allgemeine Zeitung, 16.5.1998, S. 38.

Wetzel 1998: Michael Wetzel, "So schön, so scharfsinnig beobachtet, befriedigend und dauerhaft wie jedes lyrische Werk." Zur ersten deutschen Retrospektive des fotografischen Werks von Helen Levitt, in: Camera Austria 62/62, Juli 1998, S. 136–137.

Weinstein1998: Michael Weinstein, Helen Levitt, in: New Art Examiner, Vol. 25, Nr. 10, Juli/August 1998, S. 54.

Pesch 1998: Martin Pesch, Helen Levitt, in: Kunstforum international, Bd. 141, Juli–Sept. 1998, S. 394–395.

Hennig-Krebs 1998: Waltraud Hennig-Krebs, Helen Levitt, in: Tagesspiegel, 29.8.1998, S. B 5.

Moortgat 1998: Elisabeth Moortgat, Trust the pictures, not the words – Helen Levitt, in: Photonews, Nr. 9, 1998, S. 10–11.

Guerrin 1998: Michel Guerrin, Helen Levitt, photographe de la poésie désenchantée des trottoirs new-yorkais, in: Le Monde, 1.9.1998, S. 29.

Böker 1998: Carmen Böker, Der scheue Blick. Die Fotografien Helen Levitts in der Festspielgalerie, in: Berliner Zeitung, 5.9.1998, S. 16.

Nabakowski 1998: Gislind Nabakowski, Helen Levitt: Festspielgalerie, in: Art Press, Nr. 240, Nov. 1998, S. 70–71.

Meyer 1998: Claus Heinrich Meyer, Helen Levitt und wie sie die Welt sah, in: Süddeutsche Zeitung, 13.11.1998, S. 17.

Tiberghien 1998: Gilles Tiberghien, James Agee: la recherche de la „beaute exacte“, in: Les Cahiers du Museé National d'Art Moderne, Nr. 66, Winter 1998, S. 4–21.

2000er:

Davis 2000: Mike Davis, Green Streets. Jane Jacobs's Road to Ecotopia, in: Village Voice, Voice Literary Supplement April–May 2000 (11. April), S. 136.

Saltz 2000: Jerry Saltz, Walker and the Hungry Eye: Lucidity on fire, in: Village Voice, 28. März 2000, S. 65.

Henkens 2002: Andrea Henkens, Helen Levitt – Crosstown, in: PhotoNews, Nr. 4, April 2002, S. 20.

Abkürzungen:

Abb.	Abbildung
Aufl.	Auflage
Bd.	Band
CIAA:	Coordinator of Inter-American Affairs
ders.	derselbe
dies.	dieselbe
ebd.	ebenda
f., ff.	folgend, folgende
FSA:	Farm Security Administration
geb.	geboren
hg.	herausgegeben
Hg.	Herausgeber
Kap.	Kapitel
MoMA	Museum of Modern Art, New York
OWI:	Office of War Information
RA:	Resettlement Administration
S.	Seite
u.a.	und andere
Vgl.	Vergleiche
WPA:	Work Projects Administration

Abbildungsnachweise und Bildrechte:

Die Abbildungen sind Wiedergaben von Reproduktionen aus den im Nachweis genannten Publikationen. Diese sind mit Autor bzw. Herausgeber und Jahr angegeben (die genaue Angabe findet sich im Literaturverzeichnis). Auf die Bilder verweisen Seiten- oder Tafelnummern. Die Bildunterschriften geben den Fotograf und (wenn möglich) Kurztitel, Ort und Entstehungsjahr an. Alle Abbildungen sind Schwarzweiß-Reproduktionen. Ausnahmen sind die Abbildungen 4, 14a, 15, 16a, 17a und 31, die einen farbigen Anteil haben sowie die Nummern 65 bis 69 aus dem Spätwerk Helen Levitts, die im Original farbig sind. Alle Arbeiten Levitts sind nur mit Ortsbezeichnungen betitelt und wurden in folgenden Abzugsverfahren und Formaten hergestellt (wobei spätere Abzüge manchmal in Format und Ausschnitt nachträglich geändert wurden). Zeitgenössischer Silber-Gelatine-Abzug: Abb. 35–64, 74 und 76, 27,9 x 35,6 cm; Ektacolorabzug: Abb. 66, 24 x 36 cm, Abb. 67., 22 x 33 cm; Dye Transferprints: Abb. 65, 24 x 35 cm, Abb. 68, 21 x 31 cm, Abb. 69, 22 x 30 cm. Bei Abb. 72 und 73 handelt es sich um Screenshots.

Die Rechteinhaber der Bilder sind nach bestem Wissen und Gewissen ermittelt worden. Die Rechte liegen bei den Fotografen, Museen, Autoren und sonstigen Rechteinhabern. Für die Abbildungen von Helen Levitt gilt: Copyright bei der Fotografin. Für die Fotografien von Alfred Stieglitz und Ben Shahn: VG Bild-Kunst,

Bonn. Rechteinhaber, von denen keine Genehmigung eingeholt werden konnte, werden gebeten, sich bei der Autorin zu melden.

Abb. 1: Unbekannter Fotograf, Helen Levitt mit Filmkamera, 1944/45, in: Ausstellungskatalog San Francisco 1991, S. 56. Reproduced Courtesy of Dr. Robert Levitt.

Abb. 2: Walker Evans, Helen Levitt, aus der Serie „Subway Passengers“, New York 1938, in: Ausstellungskatalog New York 2000, S. 107 rechts. Marian und Benjamin A. Hill.

Abb. 3a-c: Paul Strand und Charles Sheeler, Filmstill aus: „Manhatta“, 1920, in: Stange 1990, S. 56, 57 oben links und rechts.

Abb. 4: Alfred Stieglitz, The City of Ambition, New York 1910, in: Stieglitz 1997, S. 582. Georgia O'Keeffe Foundation, Abiquiu, New Mexico.

Abb. 5: Fritz Lang, Filmstill aus: „Metropolis“, 1926, in: Ausstellungskatalog Frankfurt am Main 1996, S. 97 unten.

Abb. 6: Alfred Stieglitz, From the Shelton Looking West, New York 1935–36, in: Ausstellungskatalog San Francisco 1991, S. 19 oben. San Francisco Museum of Modern Art, Alfred Stieglitz Collection (Georgia O'Keeffe Foundation).

Abb. 7: Paul Strand, The Court, New York 1924, in: Ausstellungskatalog San Francisco 1991, S. 19 unten. San Francisco Museum of Modern Art, Aperture Foundation, Inc., Paul Strand Archive.

Abb. 8: Magaret Bourke-White, Chrysler Building, New York um 1932, in: Ausstellungskatalog San Francisco 1991, S. 20 unten. The Metropolitan Museum of Modern Art, Ford Motor Company Collection.

Abb.9: Berenice Abbott, Flam and Flam, New York 1938, in Ausstellungskatalog San Francisco 1991, S. 21 oben. Berenice Abbott/Commerce Graphics Ltd., Inc.

Abb. 10: Weegee (Arthur Fellig), Summer, Lower East Side, New York 1937, in: Ausstellungskatalog San Francisco 1991, S. 22. Wilma Wilcox, Weegee Collection.

Abb. 11: Helen Levitt, in: Fortune, Juli 1939, in: Ausstellungskatalog San Francisco 1991, S. 24.

Abb. 12: Helen Levitt, in: Minicam Photography, März 1943 mit einem Text von James T. Soby, in: Ausstellungskatalog San Francisco 1991, S. 25 oben.

Abb. 13: Helen Levitt, in: PM's Weekly, März 1941 mit einem Text von Ralph Steiner, in: Ausstellungskatalog San Francisco 1991, S. 25 unten.

Abb. 14a+b: Margaret Bourke-White und Erskine Caldwell, You have seen their faces, New York 1937, in: Roth 2001, S. 94, 95. The Estate of Margaret Bourke-White.

Abb. 15: Walker Evans, American Photographs, New York 1938, in: Roth 2001, S. 98 oben. Walker Evans Archive., The Metropolitan Museum of Modern Art.

Abb. 16a+b: Walker Evans, Let Us Now Praise Famous Men, Boston 1941, in: Roth 2001, S. 108, 109. □ Walker Evans.

Abb. 17a+b: Dorothea Lange und Paul Schuster Taylor, An American Exodus, New York 1939, in: Roth 2001, S. 102, 103. □ The Dorothea Lange Collection, Oakland Museum of California, City of Oakland. Gift of Paul S. Taylor.

Abb. 18: Clifford Sutcliffe, New York um 1937 (entstanden für das Federal Writers Project FWP), in: Ausstellungskatalog San Francisco 1991, S. 23. New York City Municipal Archieves.

Abb. 19: Installationsansicht der Ausstellung *Helen Levitt: Photographs of Children*, Museum of Modern Art, New York 1943, in: Ausstellungskatalog San Francisco 1991, S. 26. The Museum of Modern Art, New York.

Abb. 20: Jacob A. Riis, Banditenschlupfwinkel, New York 1888, in: Newhall 1998, S. 135. Museum of the City of New York.

Abb. 21: Lewis W. Hine, Junge russische Jüdin auf Ellis Island, New York 1905, in: Newhall 1998, S. 244. George-Eastman-House, Rochester, New York.

Abb. 22: Dorothea Lange, Migrant Mother, Nipomo, Kalifornien 1936, in: Rosenblum 1989, S. 368. Library of Congress, Washington, D. C.

Abb. 23: Arthur Rothstein, Stierschädel, South Dakota 1936, in: Amelunxen 2000, S. 100.

Abb. 24: Arthur Rothstein, Farmer and Sons walking in the face of a dust storm, Cimarron County, Oklahoma, 1936, in: Bendavid-Val 1999, S. 178. Estate of Jack Delano.

Abb.25: Arnold Eagle und David Robbins, New York 1938, in: Ausstellungskatalog San Francisco 1991, S. 54 oben. National Archives, Washington, D.C.

Abb. 26: Alexander Alland, Home of the Gypsies on Hester Street, 1940, in: Ausstellungskatalog San Francisco 1991, S. 34 links. Museum of the City of New York.

Abb.27: Arthur Leipzig, Chalk Games, New York 1948, in: Ausstellungskatalog San Francisco 1991, S. 35 oben. □ Arthur Leipzig.

Abb. 28. Ben Shahn, Scenes from the Living Theatre – Sidewalks of New York, in: *New Theatre* November 1934, in: Ausstellungskatalog San Francisco 1991, S. 36 unten. The Museum of Modern Art Library, New York.

Abb. 59:	Helen Levitt, Mexiko, 1941, in: Ausstellungskatalog San Francisco 1991, Abb. 51.
Abb. 60:	Helen Levitt, New York, um 1942, in: Levitt 2001, S. 41; Ausstellungskatalog San Francisco 1991, Abb. 21.
Abb. 61:	Helen Levitt, New York, um 1945, in: Levitt 2001, S. 11.
Abb. 62:	Helen Levitt, New York, um 1945, in: Levitt 2001, S. 13.
Abb. 63:	Helen Levitt, New York, 1940, in: Levitt 2001, S. 59.
Abb. 64:	Helen Levitt, New York, 1982, in: Levitt 2001, S. 163.
Abb. 65:	Helen Levitt, New York, 1972, in: Levitt 2001, S. 18.
Abb. 66:	Helen Levitt, New York, 1971, in: Levitt 2001, S. 151.
Abb. 67:	Helen Levitt, New York, 1980, in: Levitt 2001, S. 131.
Abb. 68:	Helen Levitt, New York, 1974, in: Levitt 2001, S. 143.
Abb. 69:	Helen Levitt, New York, 1988, in: Levitt 2001, S. 189.
Abb. 70a-h:	Helen Levitt, New York, zwischen 1936 und 1948, in: Levitt 2001, S. 86, 87.
Abb. 71:	Filmstill *In the Street*, in: Horak 1997, S. 147.
Abb. 72:	Filmstill *In the Street*, Screenshot bei 1.07 min.
Abb. 73:	Filmstill *In the Street*, Screenshot bei 1.51 min
Abb. 74:	Helen Levitt, New York, 1940, in: *A Way of Seeing* 1989, Abb. 66.
Abb. 75:	Filmstill *In the Street*, Screenshot bei 2.44 min
Abb. 76:	Helen Levitt, New York, um 1942, in: *A Way of Seeing* 1989, Abb. 15; Ausstellungskatalog San Francisco 1991, Abb. 35.

Abbildungen

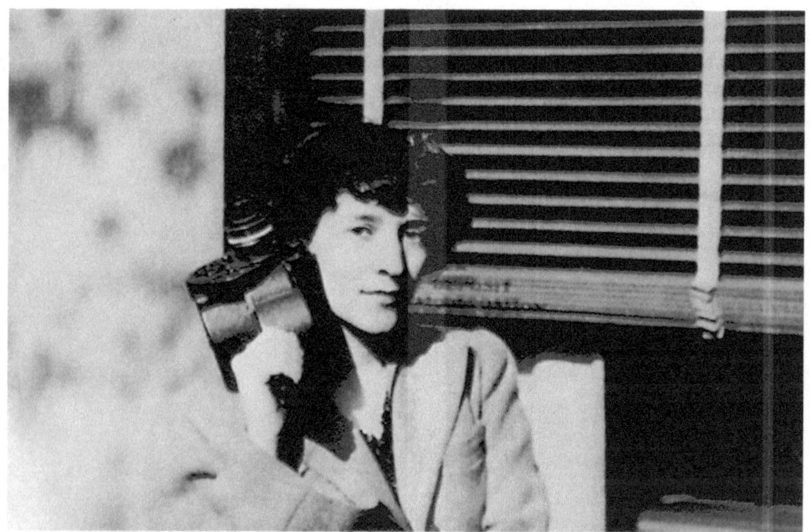

Abb. 1: Unbekannter Fotograf, Helen Levitt mit Filmkamera, 1944/45

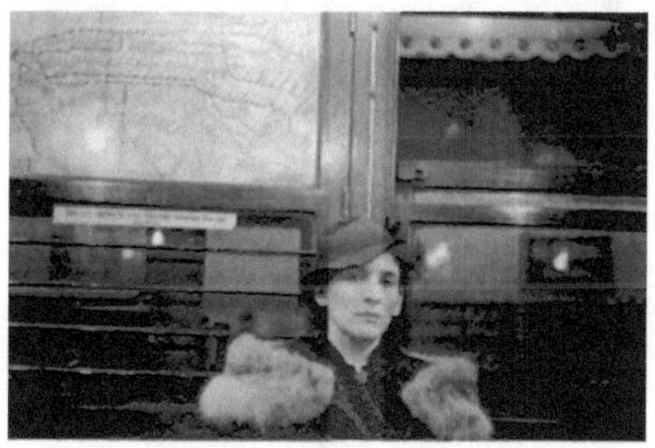

Abb. 2: Walker Evans, Helen Levitt, „Subway Passengers", New York 1938

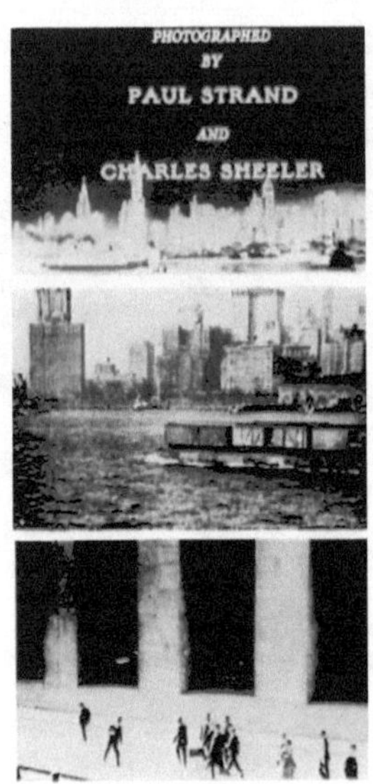

Abb. 3a-c: Paul Strand und Charles Sheeler, Filmstill aus: „Manhatta“, 1920

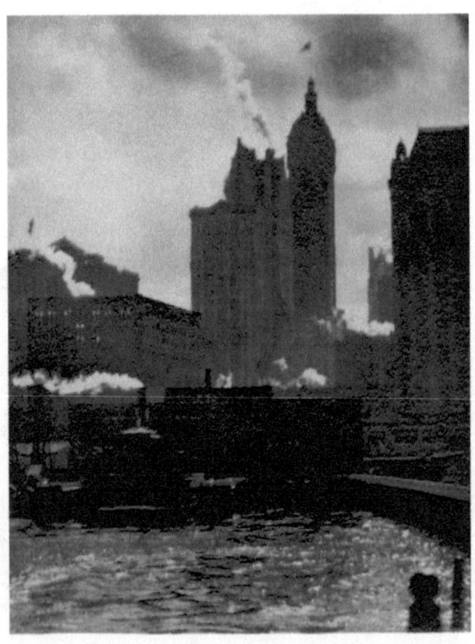

Abb. 4: Alfred Stieglitz, The City of Ambition, New York 1910

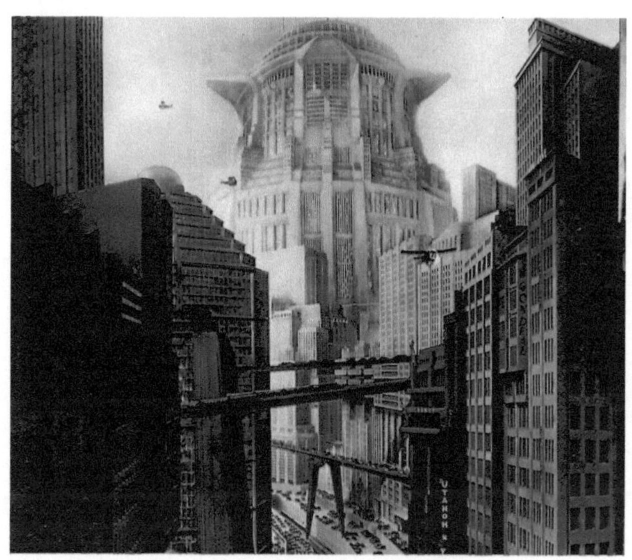

Abb. 5: Fritz Lang, Filmstill aus: „Metropolis“, 1926

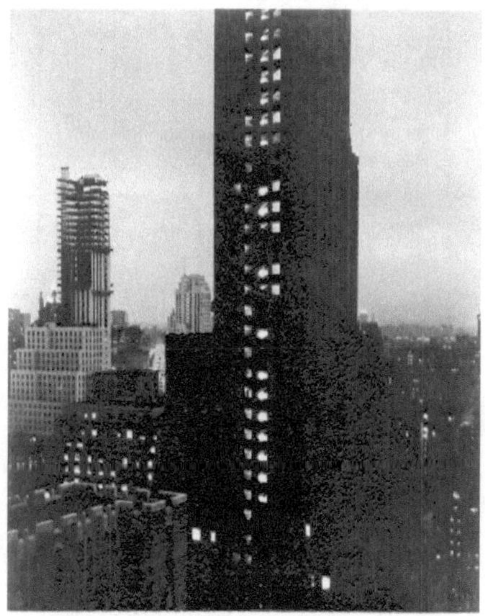

Abb. 6: Alfred Stieglitz, From the Shelton Looking West, New York 1935–36

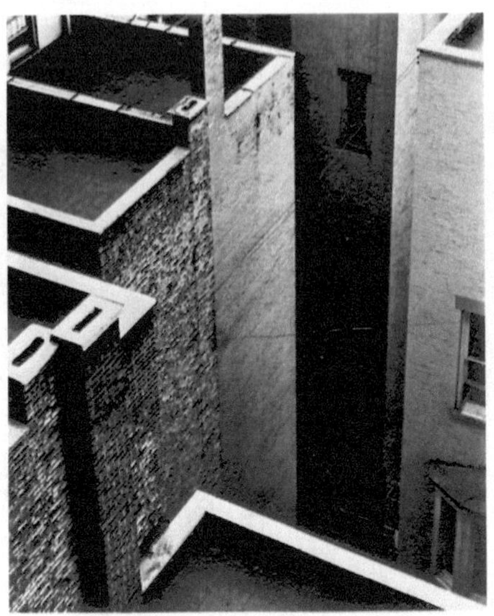

Abb. 7: Paul Strand, The Court, New York 1924

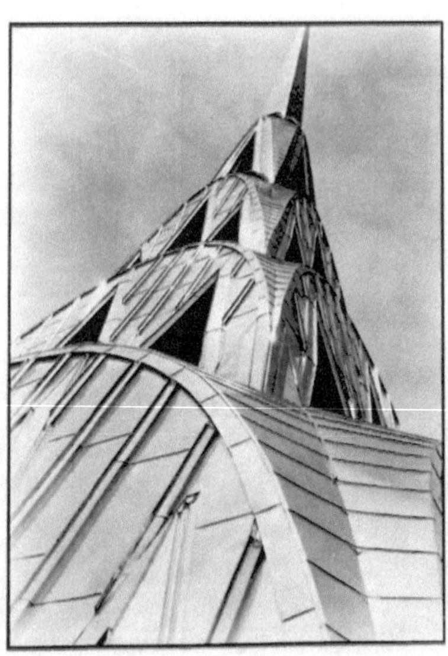

Abb. 8: Magaret Bourke-White, Chrysler Building, New York um 1932

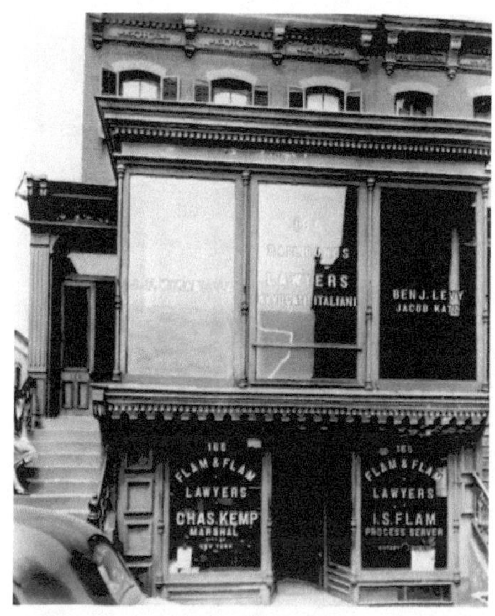

Abb. 9: Berenice Abbott, Flam and Flam, New York 1938

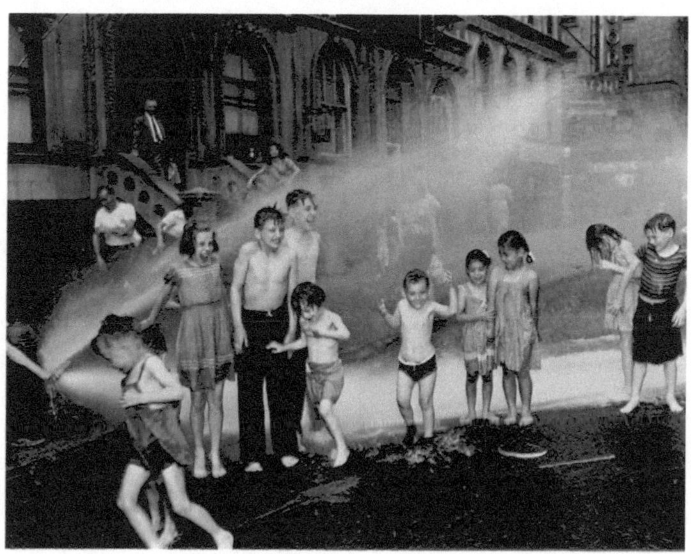

Abb. 10: Weegee (Arthur Fellig), Summer, Lower East Side, New York 1937

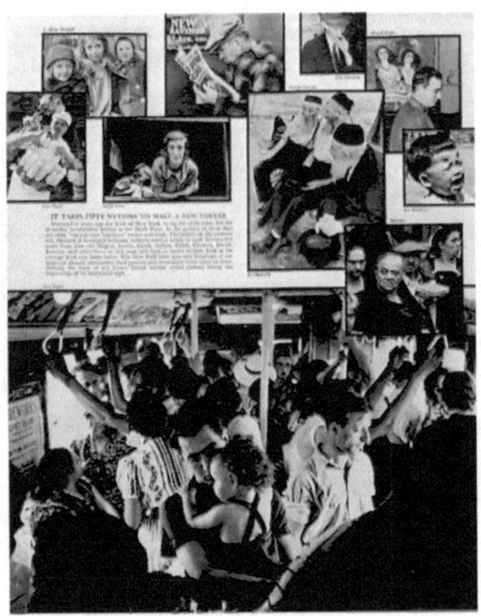

Abb. 11: Helen Levitt, in: Fortune, Juli 1939

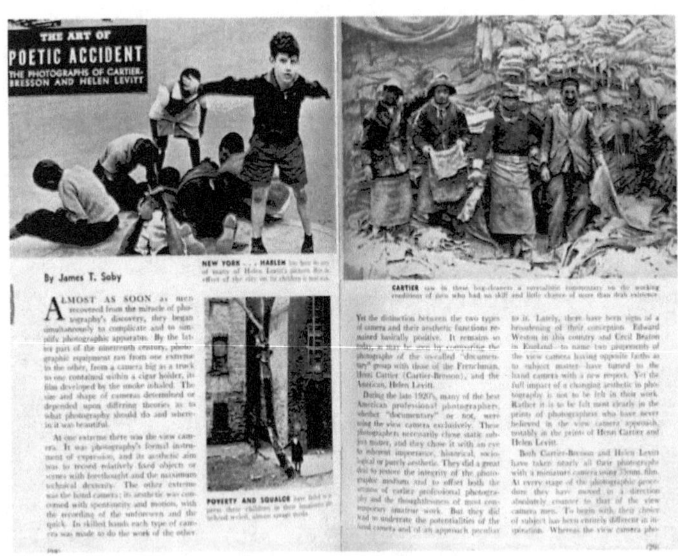

THE ART OF
POETIC ACCIDENT
THE PHOTOGRAPHS OF CARTIER-BRESSON AND HELEN LEVITT

By James T. Soby

ALMOST AS SOON as men recovered from the miracle of photography's discovery, they began simultaneously to complicate and to simplify photographic apparatus. By the latter part of the nineteenth century, photographic equipment ran from one extreme to the other, from a camera big as a truck to one contained within a cigar holder, its film developed by the smoke inhaled. The size and shape of cameras determined or depended upon differing theories as to what photography should do and wherein it was beautiful.

At one extreme there was the view camera. It was photography's formal instrument of expression, and its aesthetic aim was to record relatively fixed objects or scenes with forethought and the maximum technical dexterity. The other extreme was the hand camera; its aesthetic was concerned with spontaneity and motion, with the recording of the unforeseen and the quick. In skilled hands each type of camera was made to do the work of the other.

NEW YORK . . . HARLEM

POVERTY AND SQUALOR

CARTIER

Abb. 12: Helen Levitt (unten links), in: Minicam Photography, März 1943

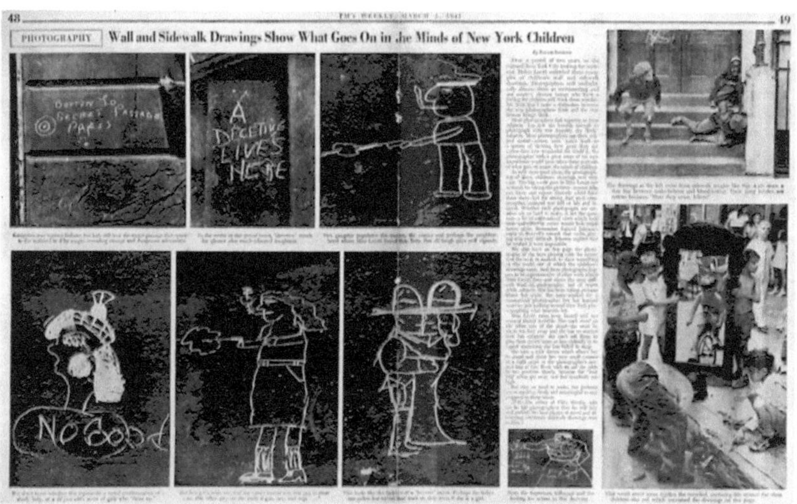

PHOTOGRAPHY Wall and Sidewalk Drawings Show What Goes On in the Minds of New York Children

Abb. 13: Helen Levitt, in: PM's Weekly, März 1941

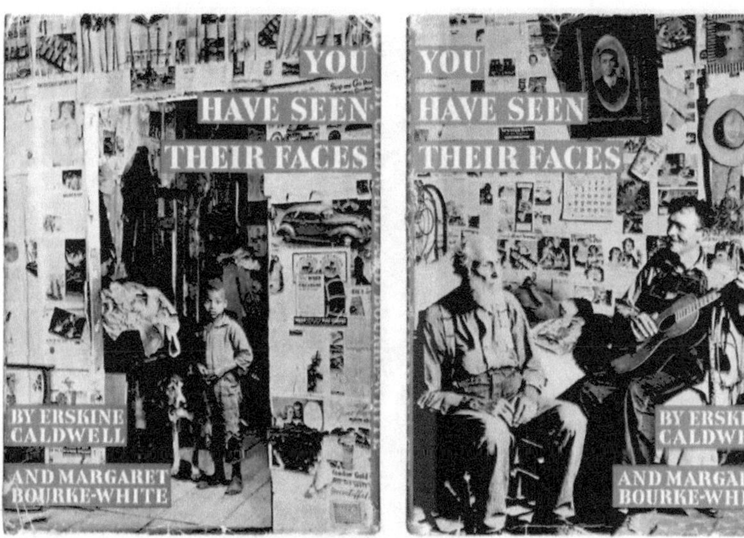

Abb. 14a+b: Margaret Bourke-White und Erskine Caldwell, You have seen their faces, New York 1937

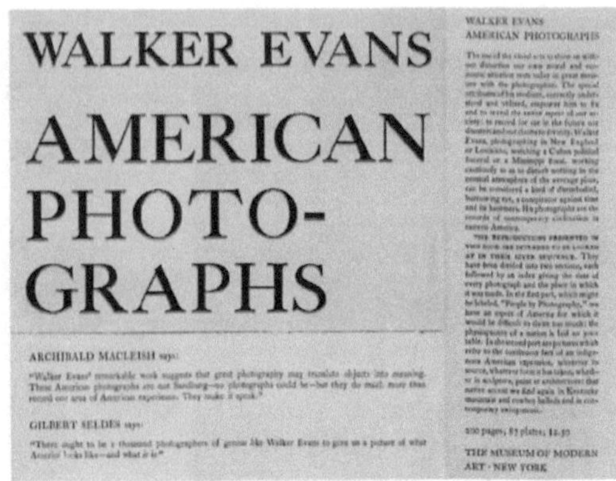

Abb. 15: Walker Evans, American Photographs, New York 1938

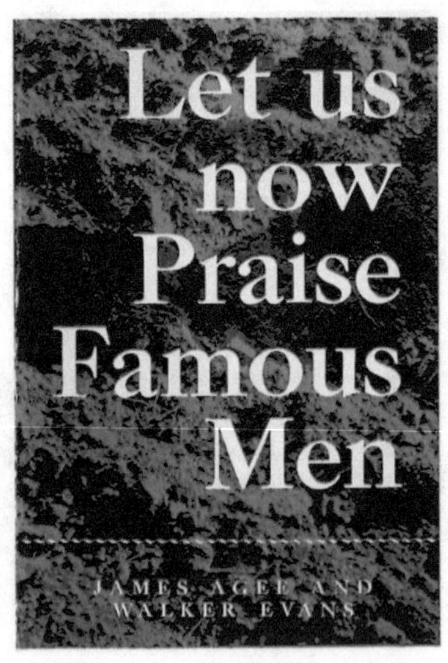

Abb. 16a+b: Walker Evans, Let Us Now Praise Famous Men, Boston 1941

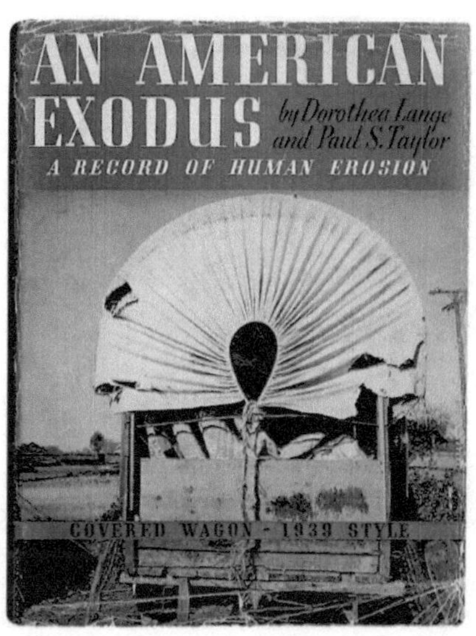

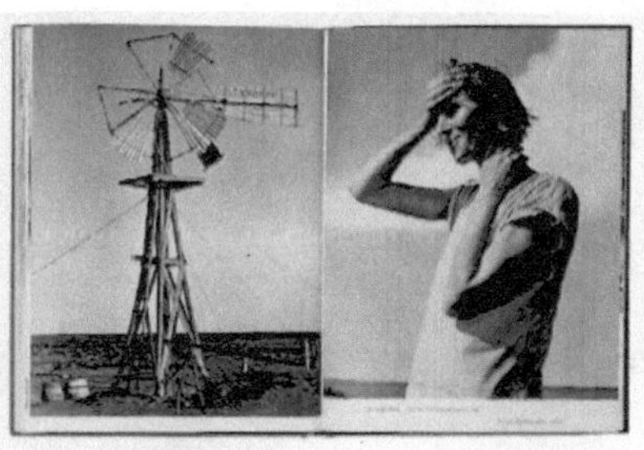

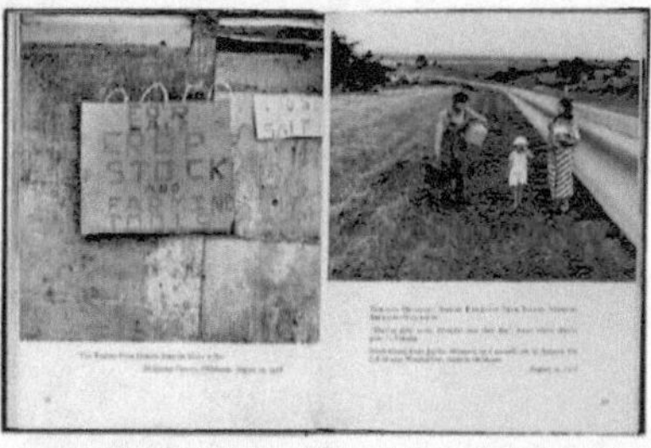

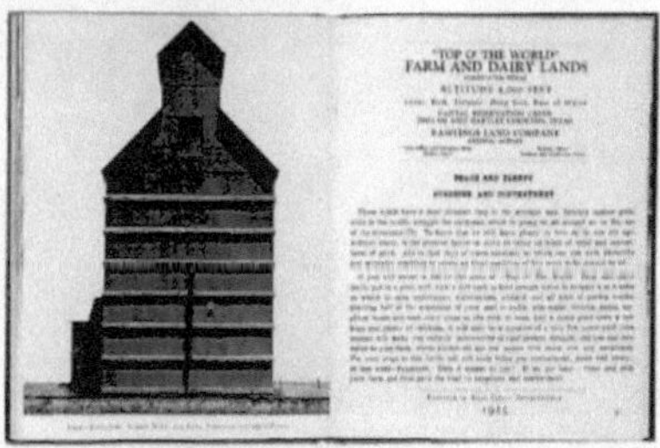

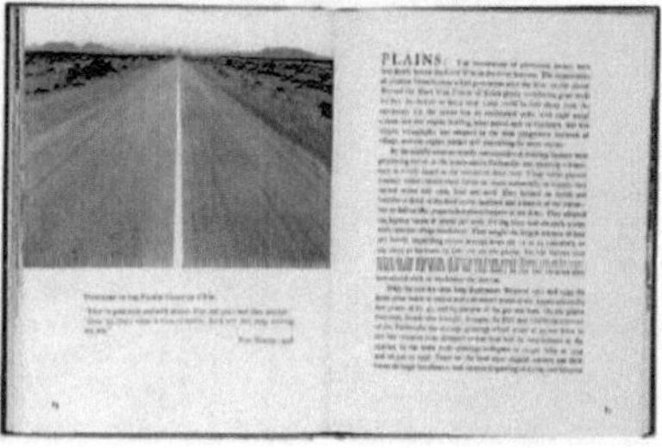

Abb. 17a+b: Dorothea Lange und Paul Schuster Taylor, An American Exodus, New York 1939

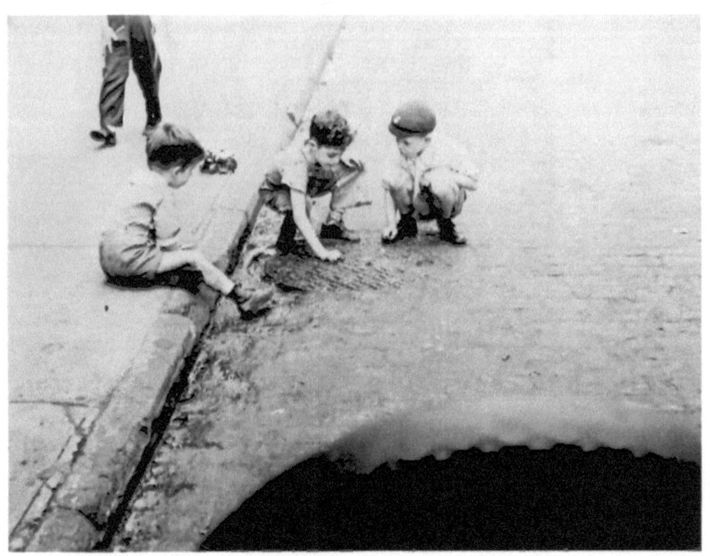

Abb. 18: Clifford Sutcliffe, New York um 1937

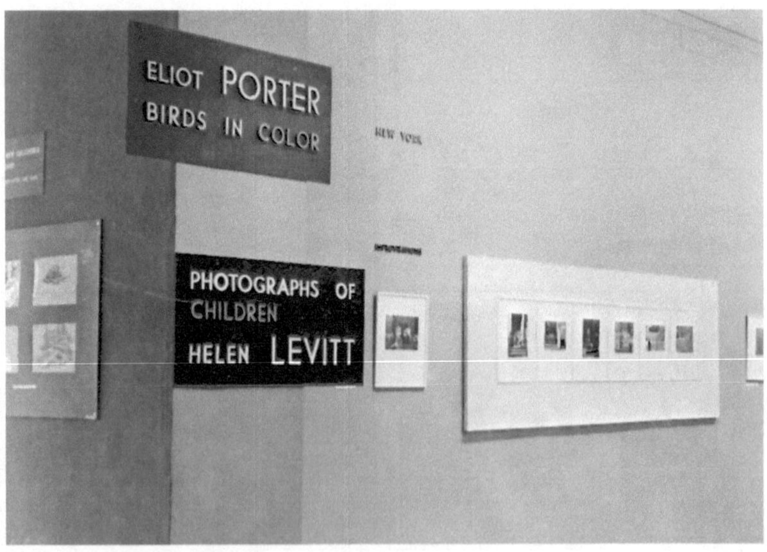

Abb. 19: Installationsansicht der Ausstellung *Helen Levitt: Photographs of Children*, Museum of Modern Art, New York 1943

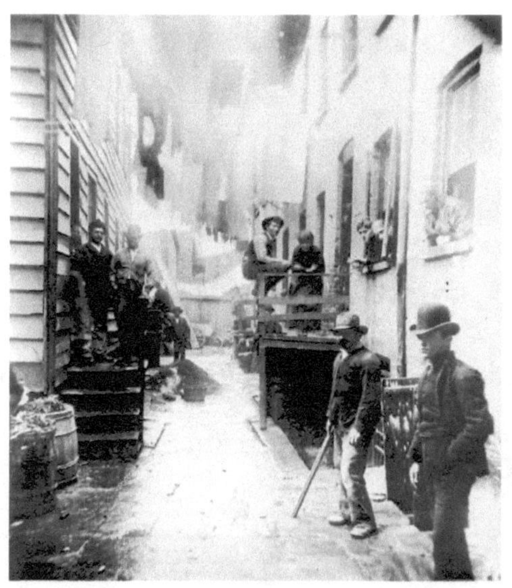

Abb. 20: Jacob A. Riis, Banditenschlupfwinkel, New York 1888

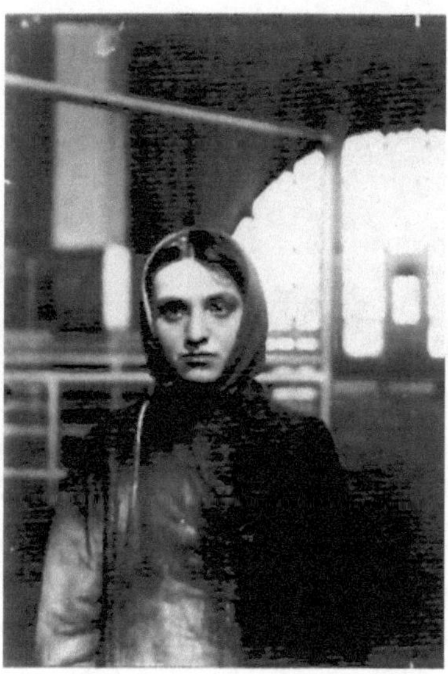

Abb. 21: Lewis W. Hine, Junge russische Jüdin auf Ellis Island, New York 1905

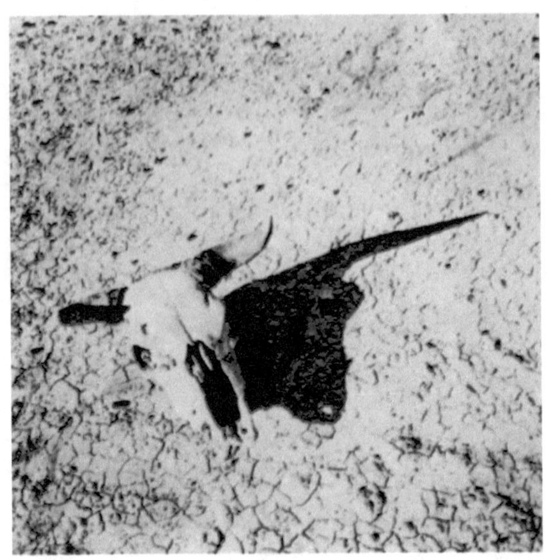

Abb. 22: Arthur Rothstein, Stierschädel, South Dakota 1936

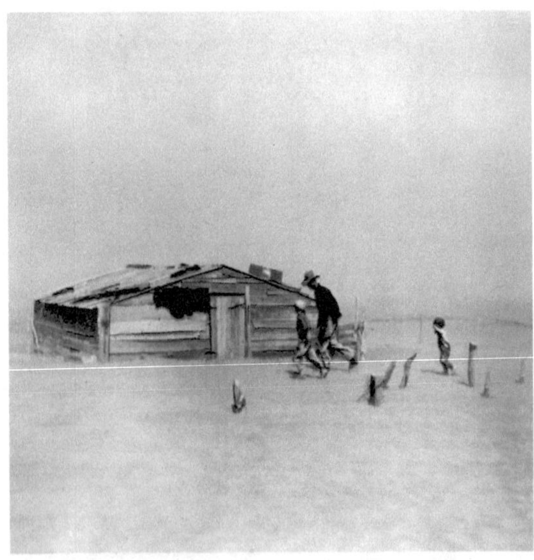

Abb. 23: Arthur Rothstein, Farmer and Sons walking in the face of a dust storm, Cimarron County, Oklahoma, 1936

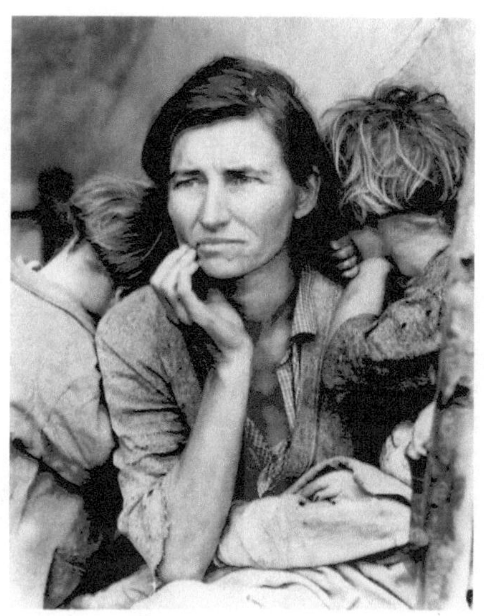

Abb. 24: Dorothea Lange, Migrant Mother, Nipomo, Kalifornien 1936

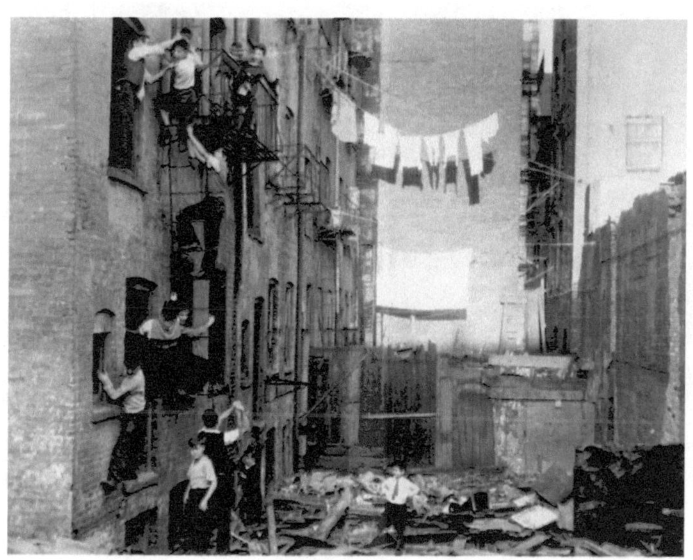

Abb. 25: Arnold Eagle und David Robbins, New York 1938

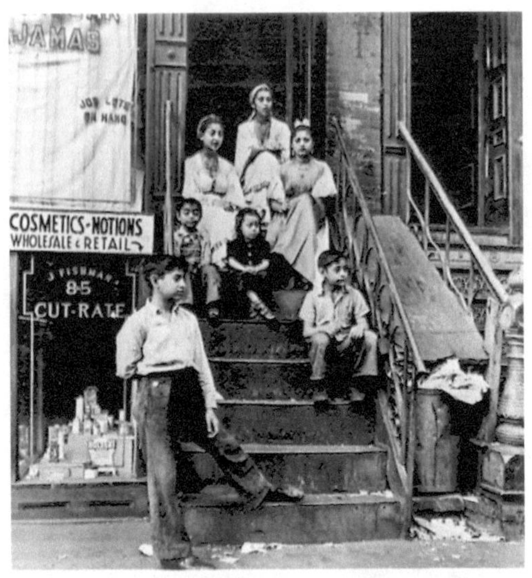

Abb. 26: Alexander Alland, Home of the Gypsies on Hester Street, New York 1940

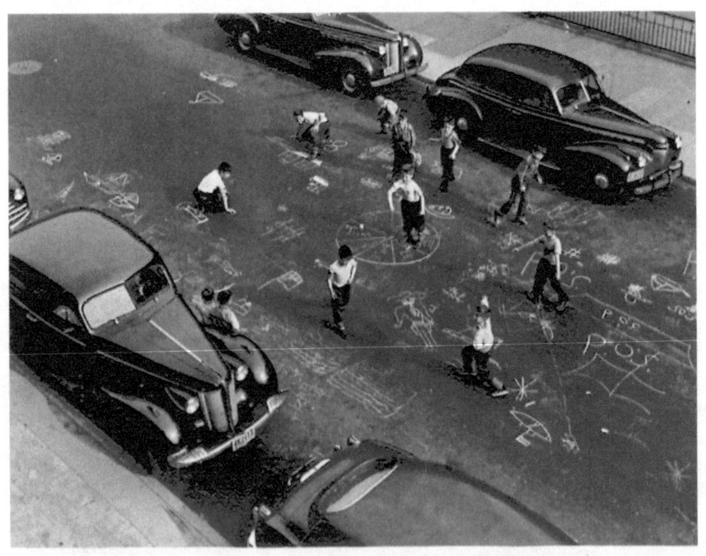

Abb. 27: Arthur Leipzig, Chalk Games, New York 1948

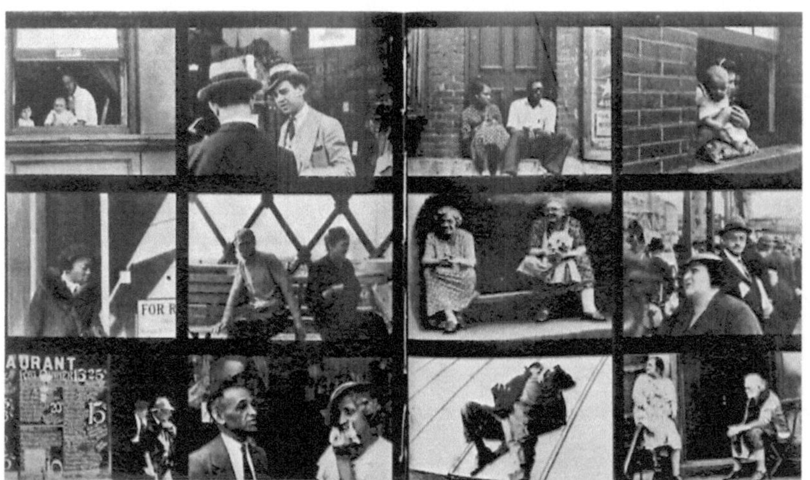

Abb. 28: Ben Shahn, Sidewalks of New York, in: *New Theatre* November 1934

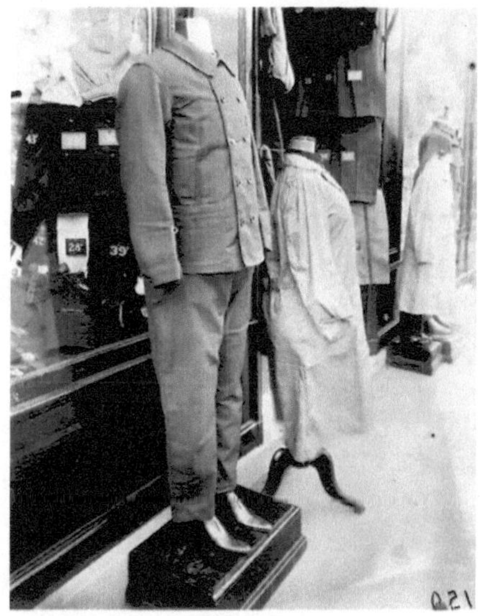

Abb. 29: Eugène Atget, Avenue des Gobelins, Paris 1927

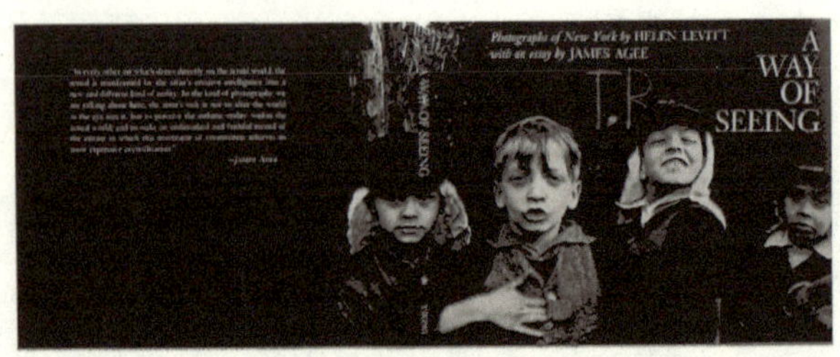

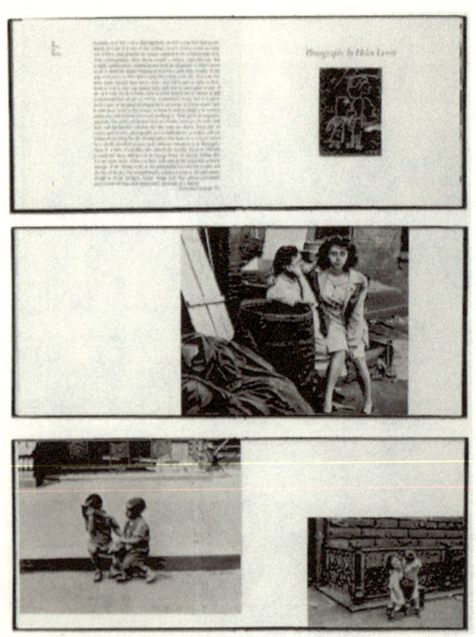

Abb. 30a+b: Helen Levitt, Titel und Seiten in dem Fotobuch „A Way of Seeing“, New York 1965

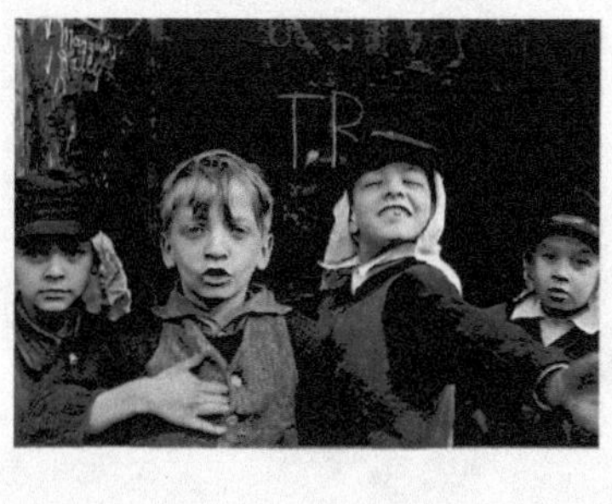

HELEN LEVITT

Abb. 31: Helen Levitt, Titel des Fotobuchs „A Way of Seeing“, Durham, North Carolina 1989

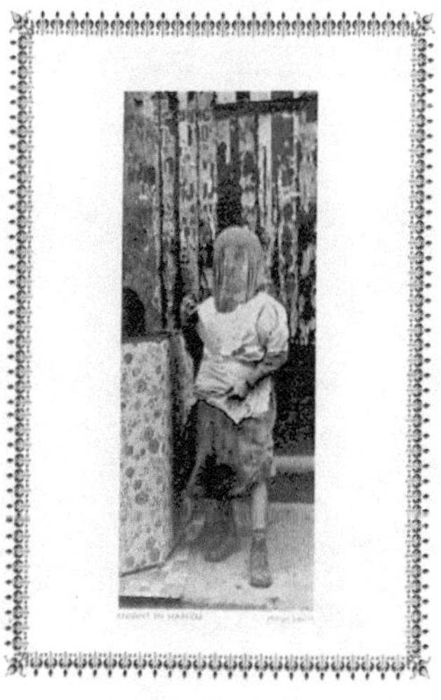

Abb. 32: Helen Levitt, in: *View*, Januar 1943

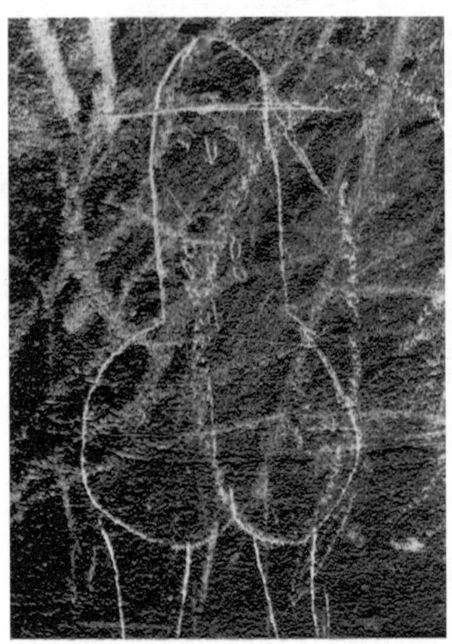

Abb. 33: Brassaï, L'amour. Rue d'Alésia. Graffiti, Paris 1933–1956

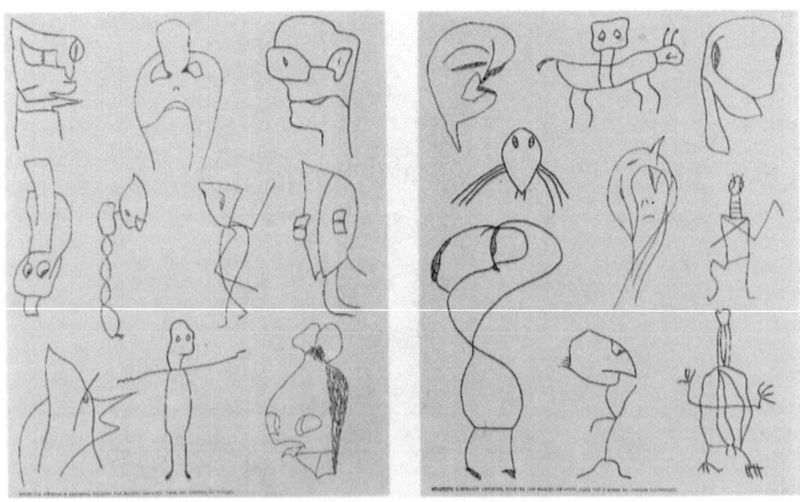

Abb. 34: Graffiti von abessinischen Kindern (ohne Angaben)

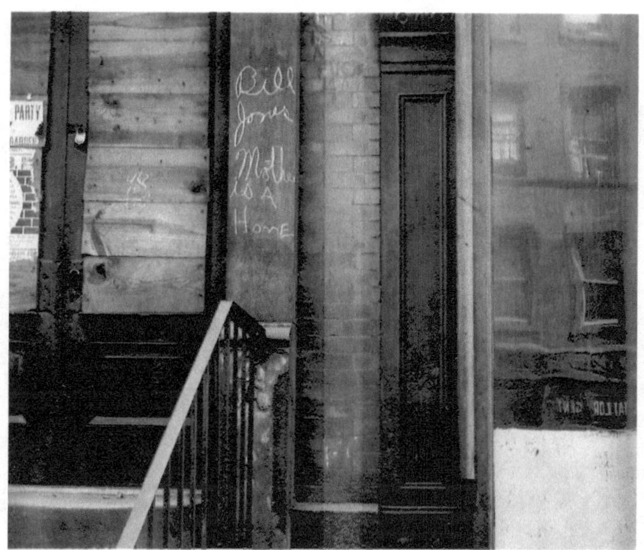

Abb. 35: Helen Levitt, New York, 1938

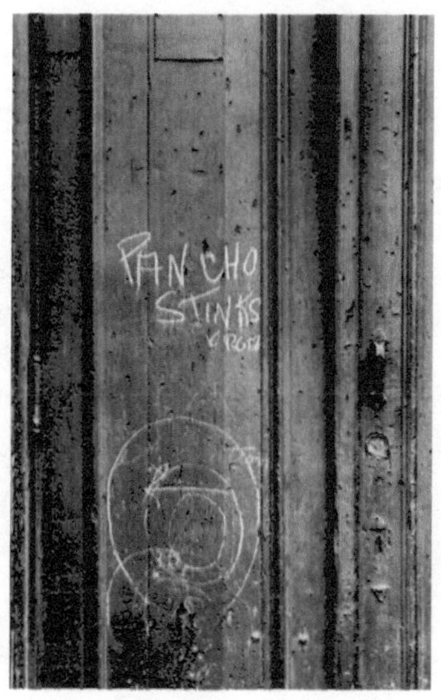

Abb. 36: Helen Levitt, New York, um 1940

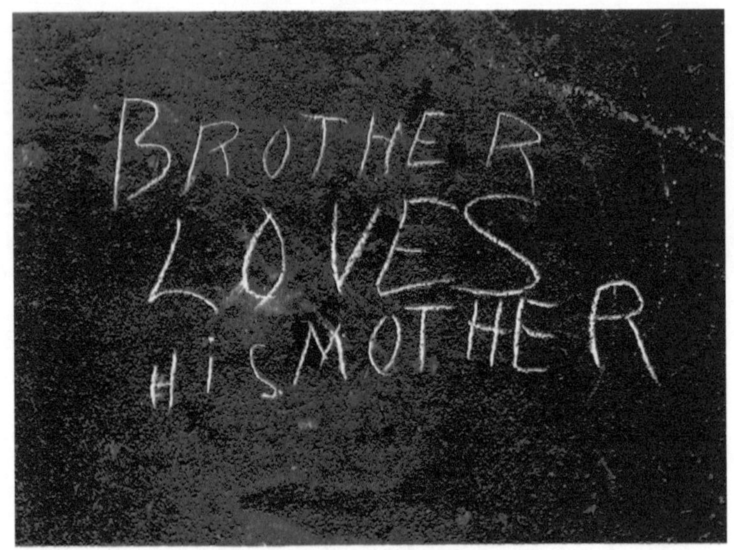

Abb. 37 Helen Levitt, New York, um 1940

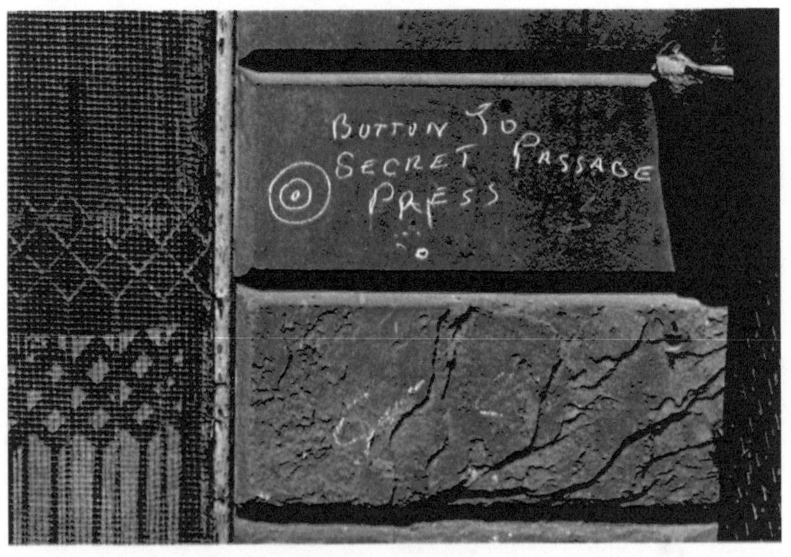

Abb. 38: Helen Levitt, New York, 1938

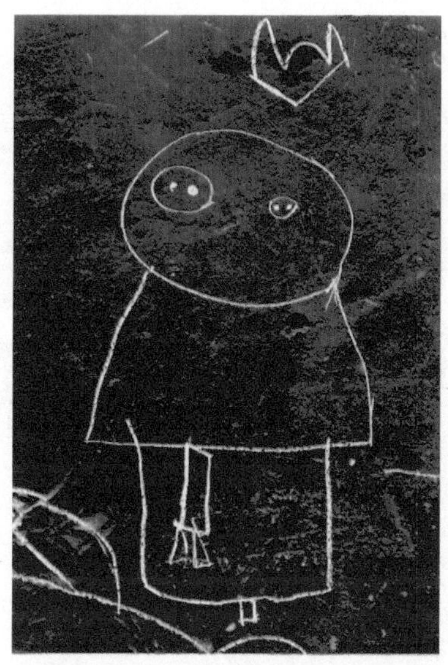

Abb. 39: Helen Levitt, New York, um 1939

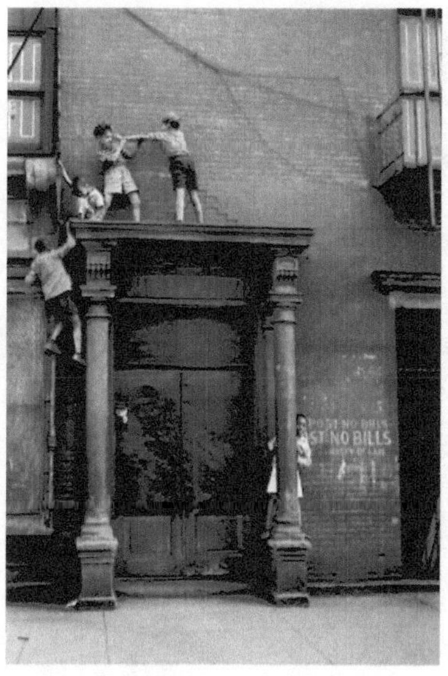

Abb. 40: Helen Levitt, New York, 1939

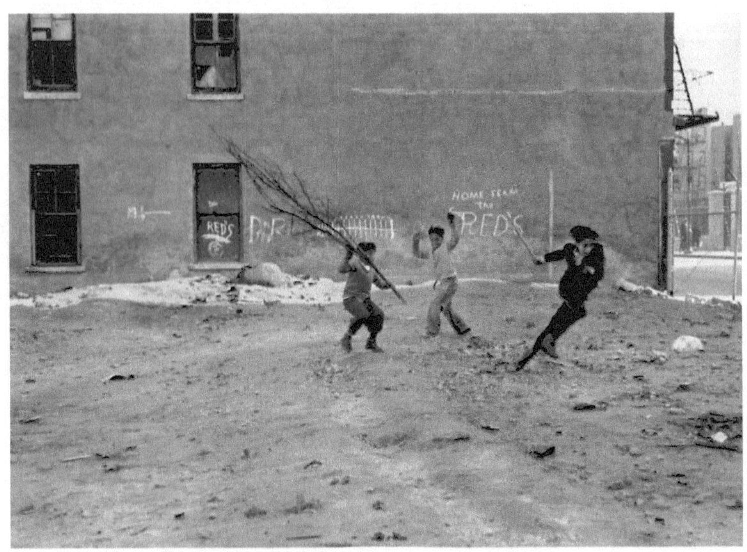

Abb. 41: Helen Levitt, New York, 1939

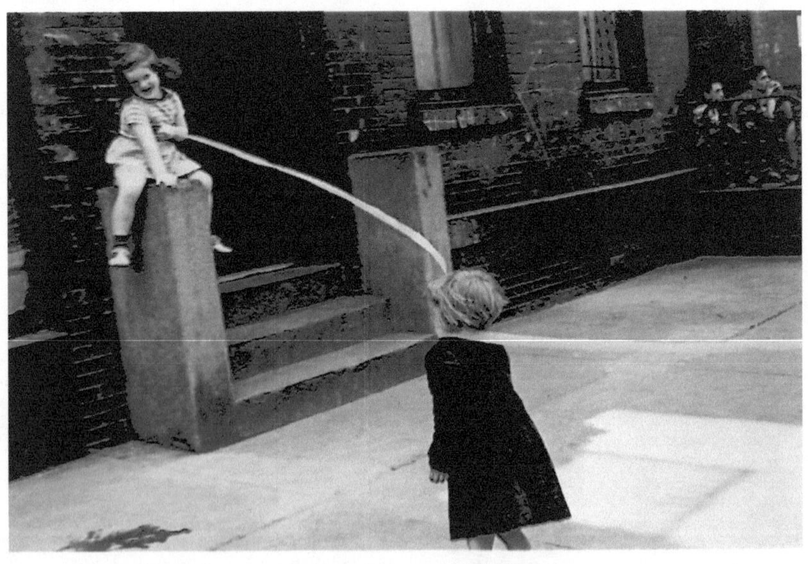

Abb. 42: Helen Levitt, New York, um 1942

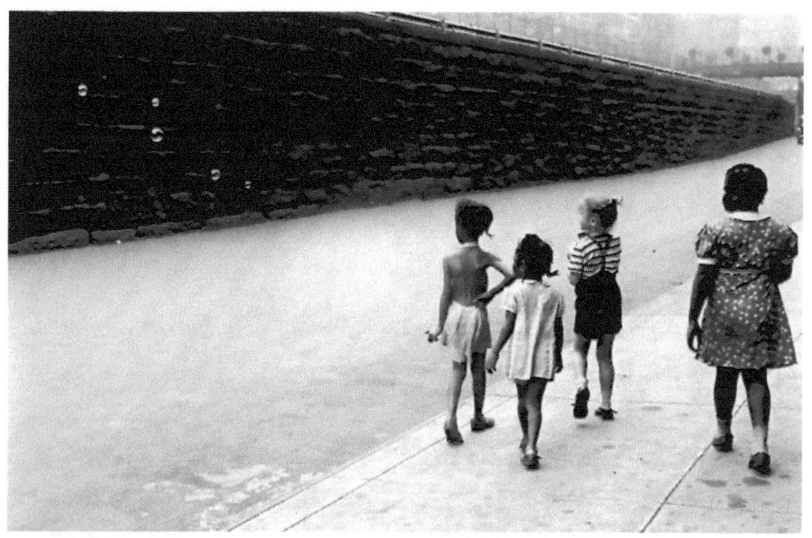

Abb. 43: Helen Levitt, New York, um 1945

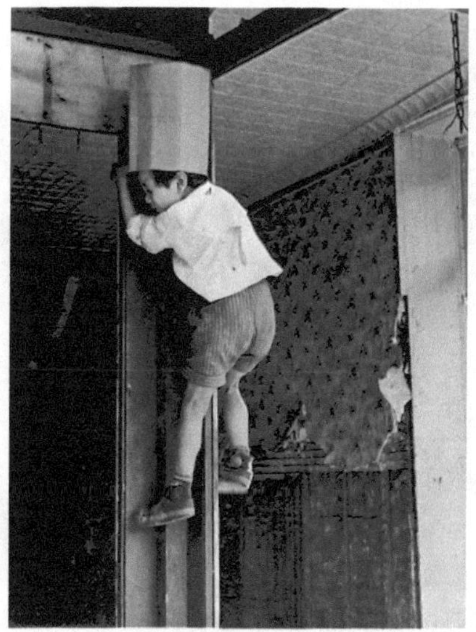

Abb. 44: Helen Levitt, New York, 1938

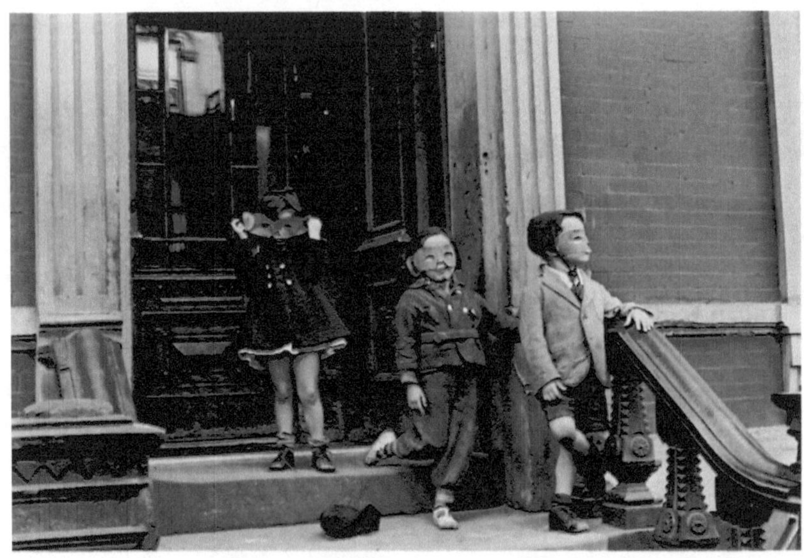

Abb. 45: Helen Levitt, New York, 1939

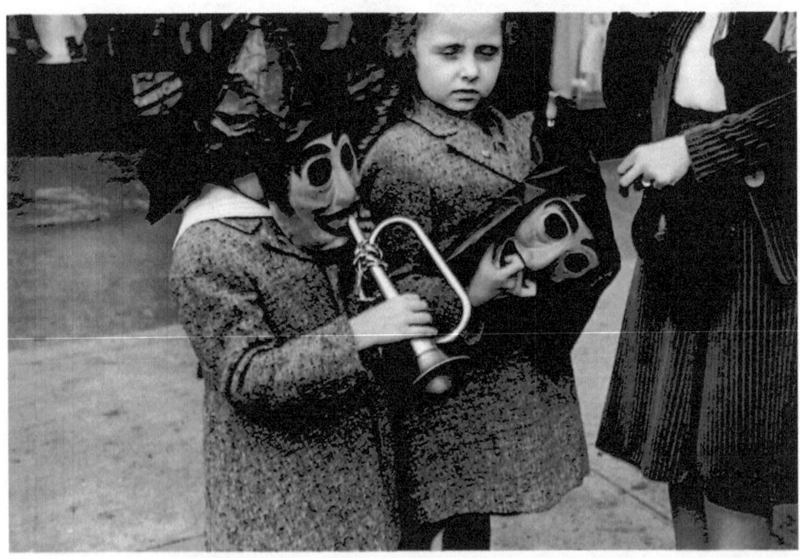

Abb. 46: Helen Levitt, New York, um 1940

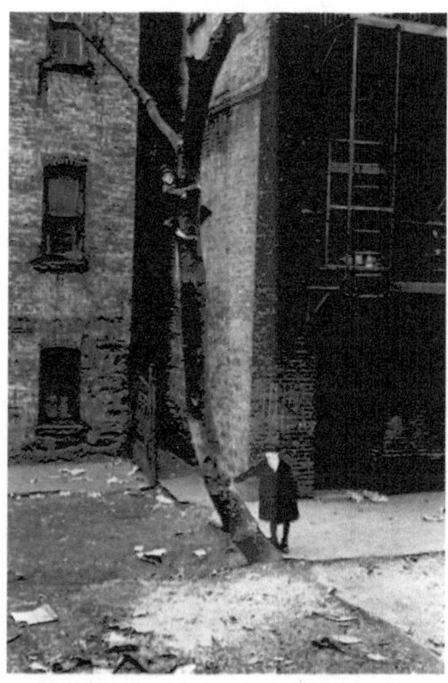

Abb. 47: Helen Levitt, New York, 1938

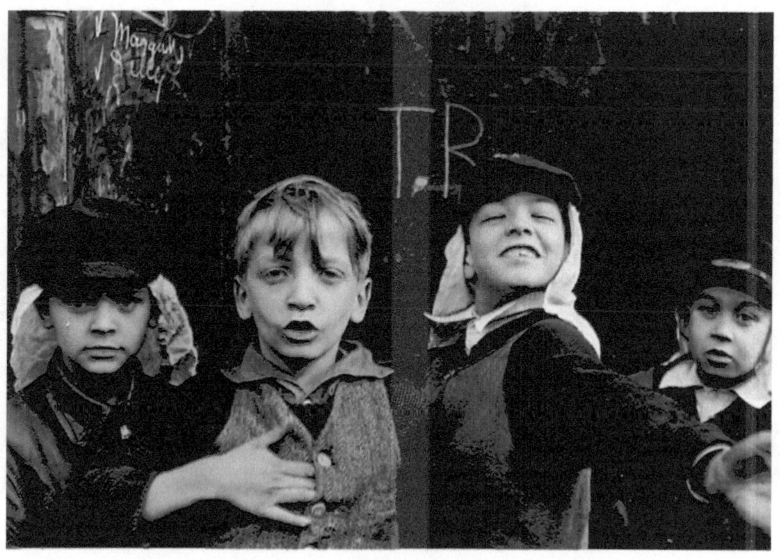

Abb. 48: Helen Levitt, New York, um 1940

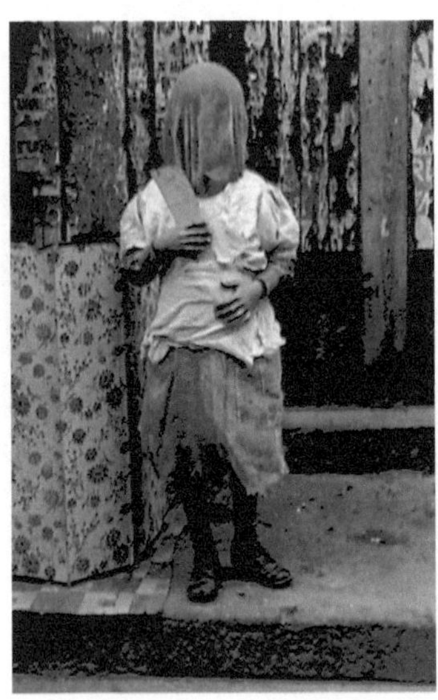

Abb. 49: Helen Levitt, New York, 1938 („Knight in Harlem“)

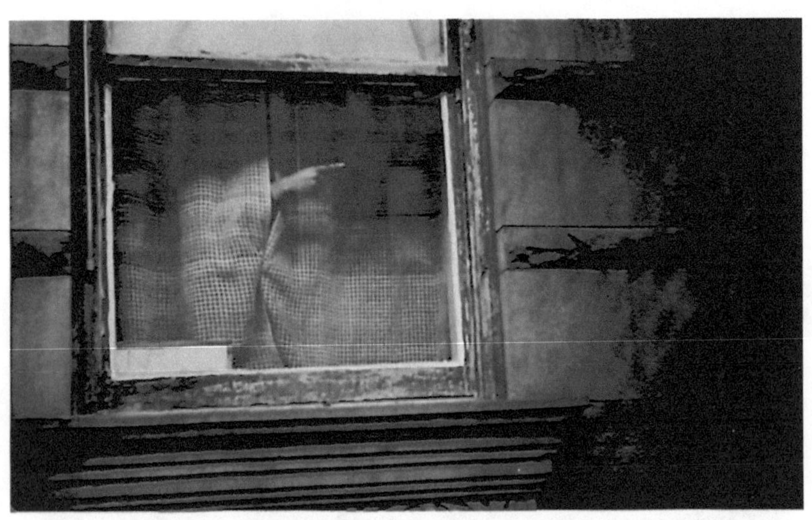

Abb. 50: Helen Levitt, New York, um 1938

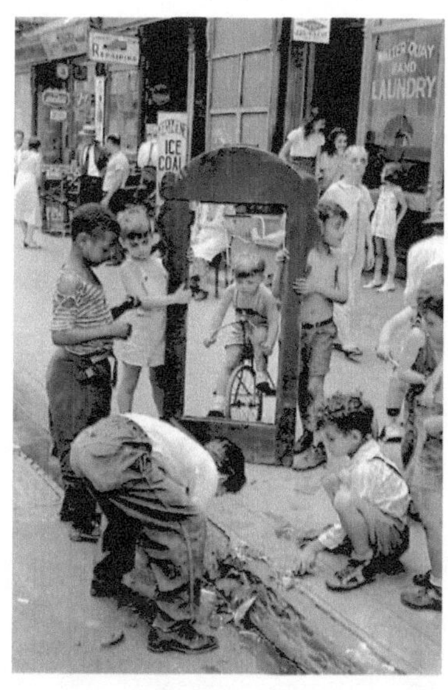

Abb. 51: Helen Levitt, New York, um 1940 („Broken Mirror“)

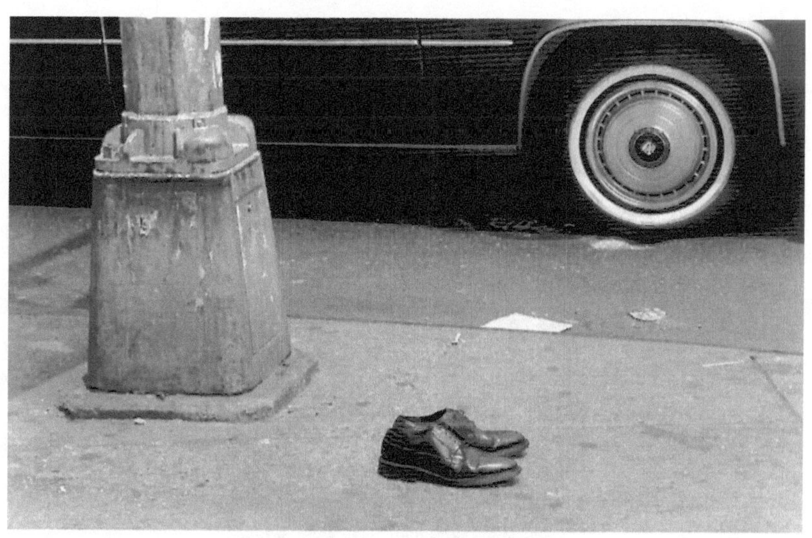

Abb. 52: Helen Levitt, New York, 1981

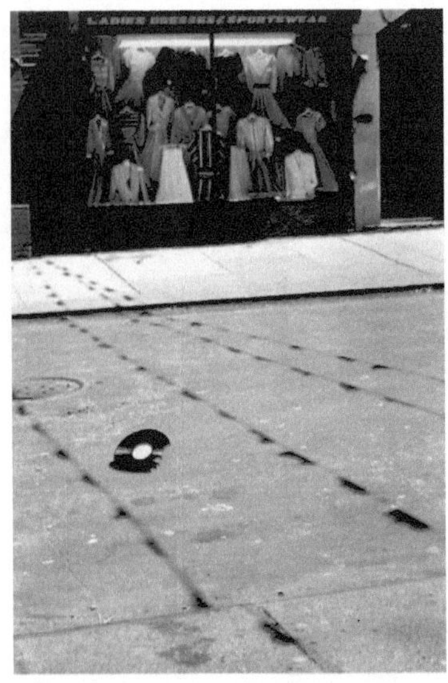

Abb. 53: Helen Levitt, New York, 1985

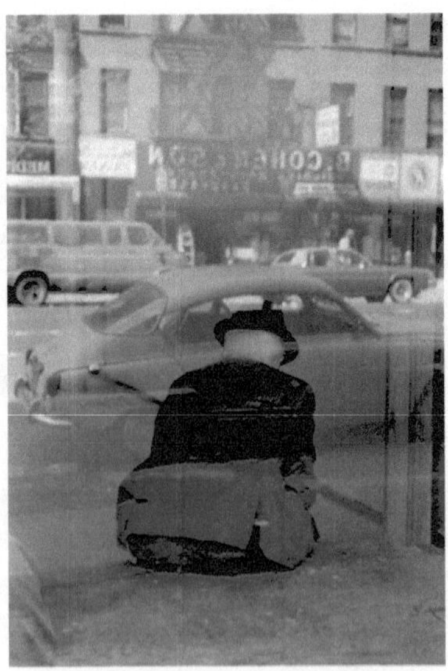

Abb. 54 Helen Levitt, New York, 1985

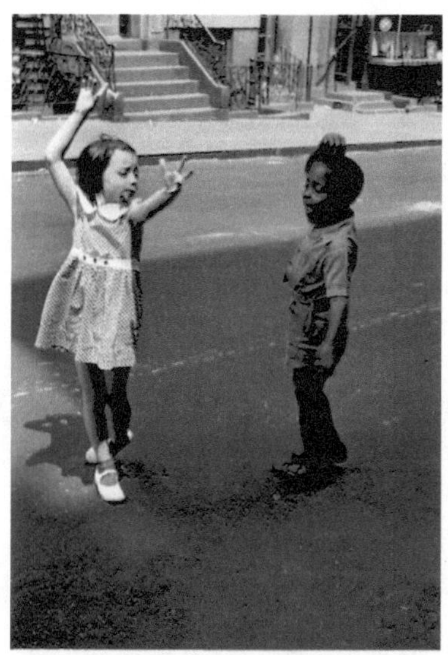

Abb. 55: Helen Levitt, New York, um 1940

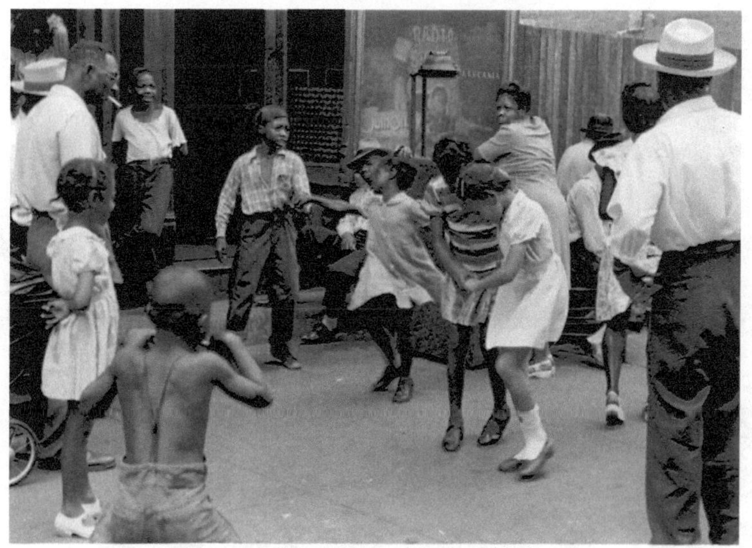

Abb. 56: Helen Levitt, New York, um 1940

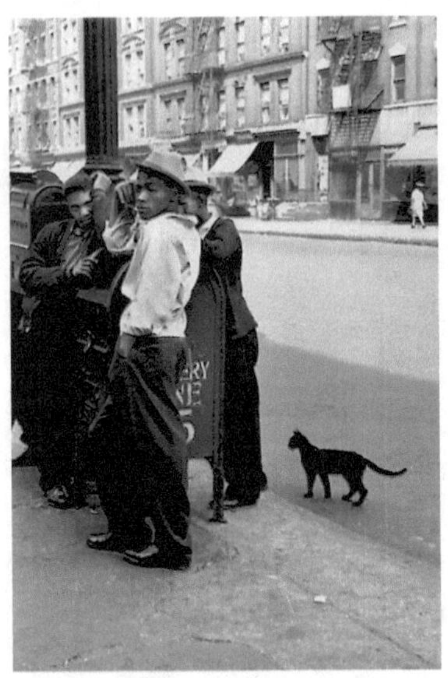

Abb. 57: Helen Levitt, New York, um 1945

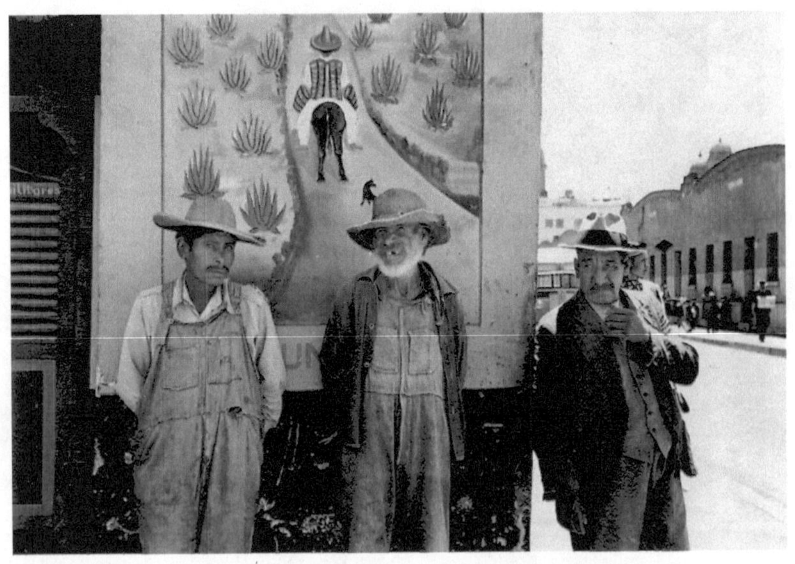

Abb. 58: Helen Levitt, Mexiko, 1941

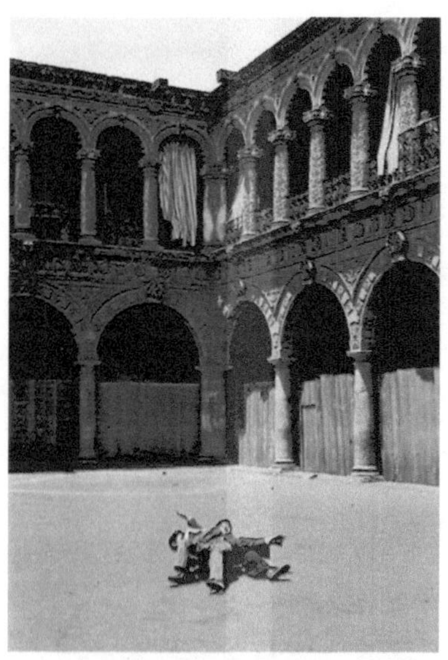

Abb. 59: Helen Levitt, Mexiko, 1941

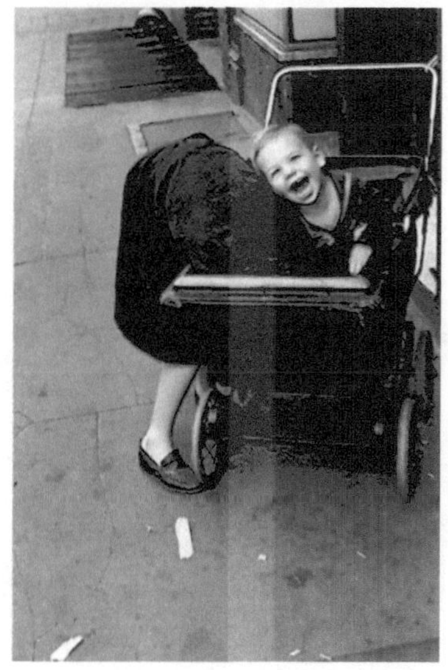

Abb. 60: Helen Levitt, New York, um 1942

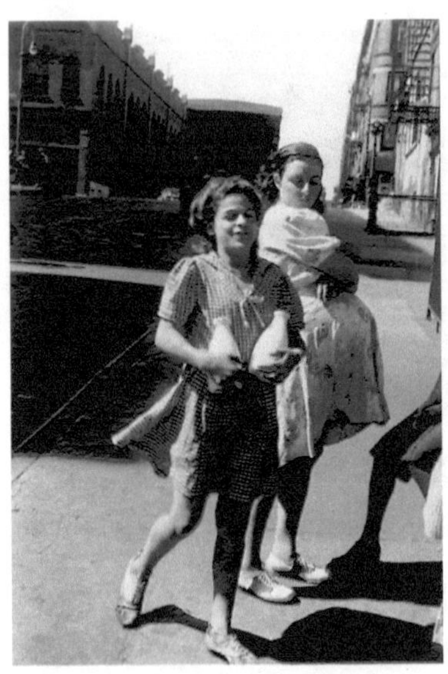

Abb. 61: Helen Levitt, New York, um 1945

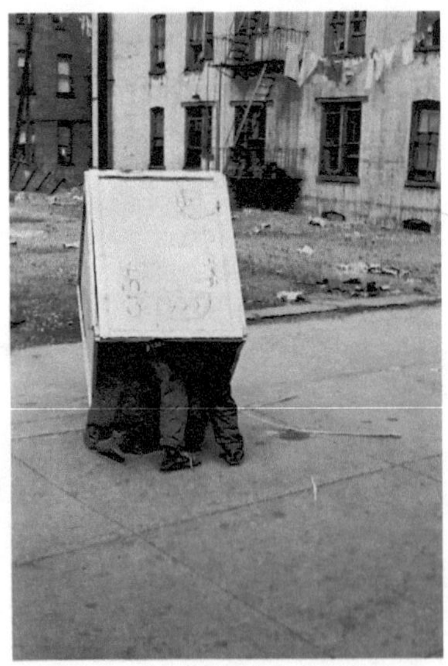

Abb. 62: Helen Levitt, New York, um 1945

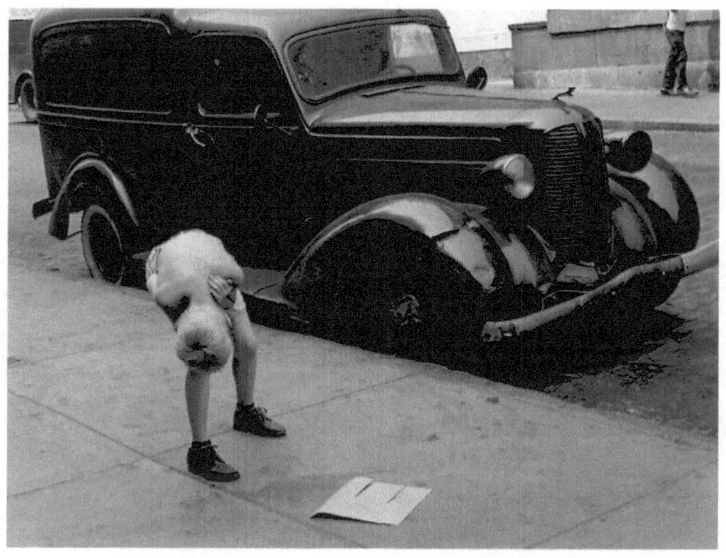

Abb. 63: Helen Levitt, New York, 1940

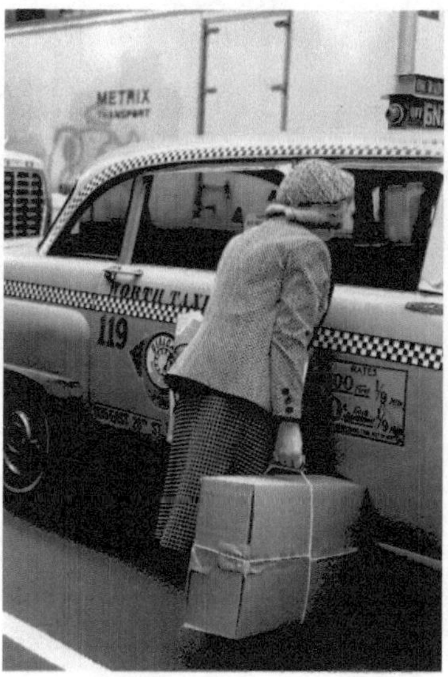

Abb. 64: Helen Levitt, New York, 1982

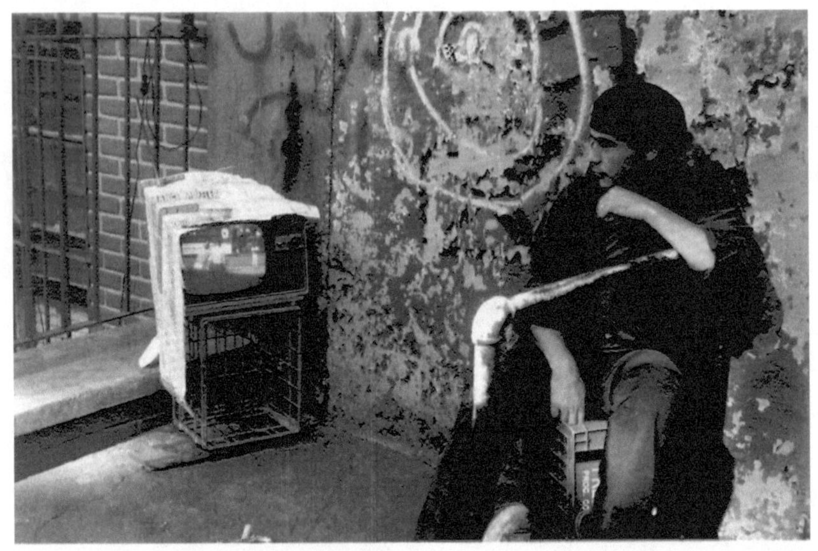

Abb. 65: Helen Levitt, New York, 1972

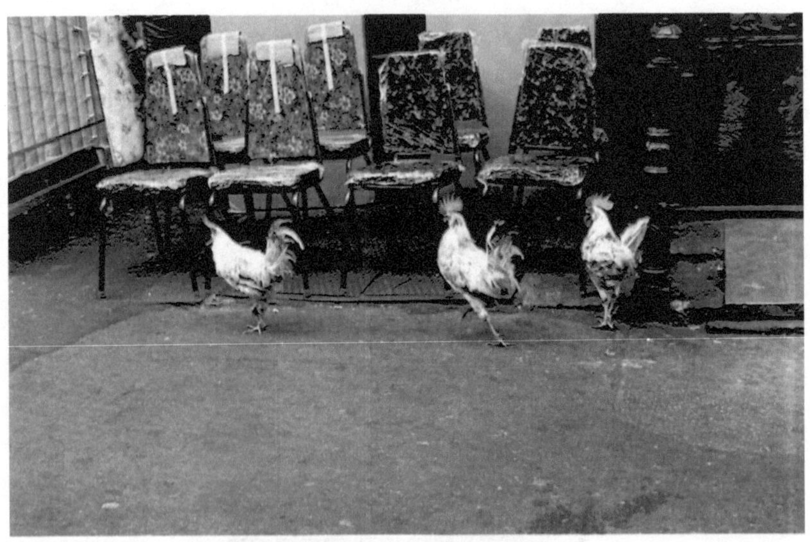

Abb. 66: Helen Levitt, New York, 1971

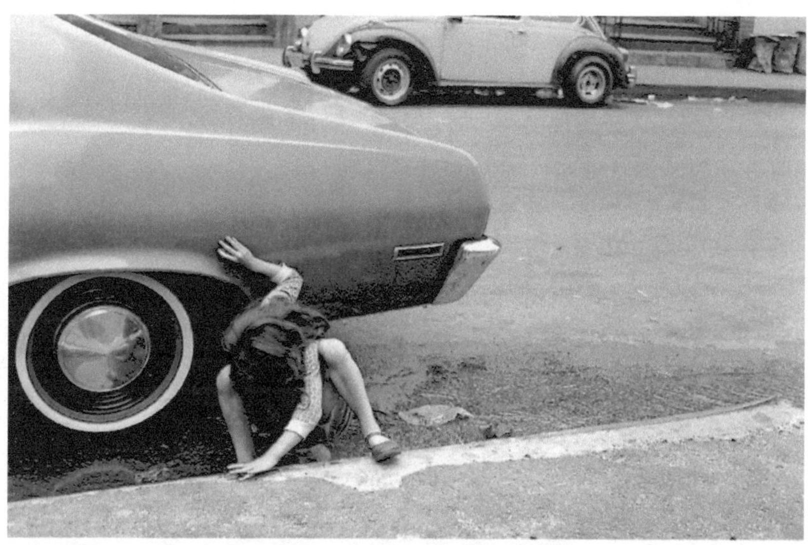

Abb. 67: Helen Levitt, New York, 1980

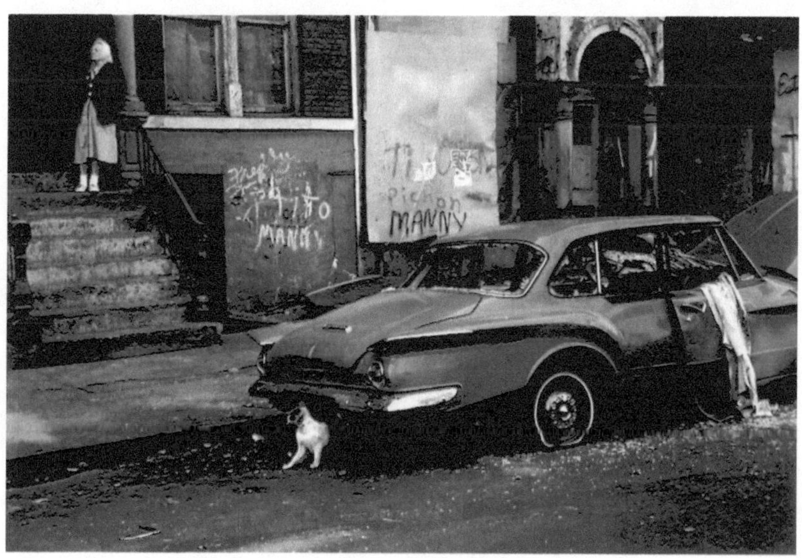

Abb. 68: Helen Levitt, New York, 1974

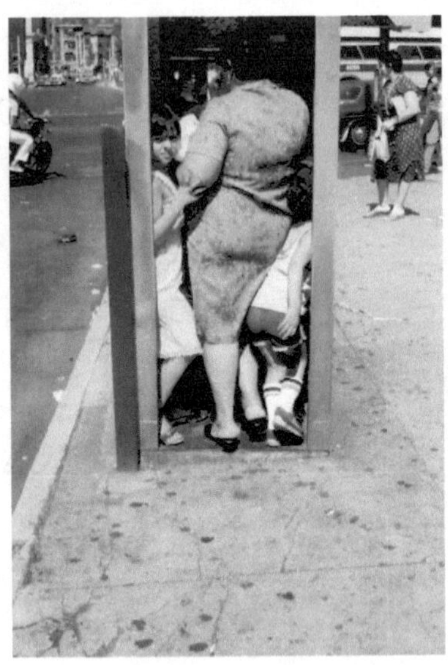

Abb. 69: Helen Levitt, New York, 1988

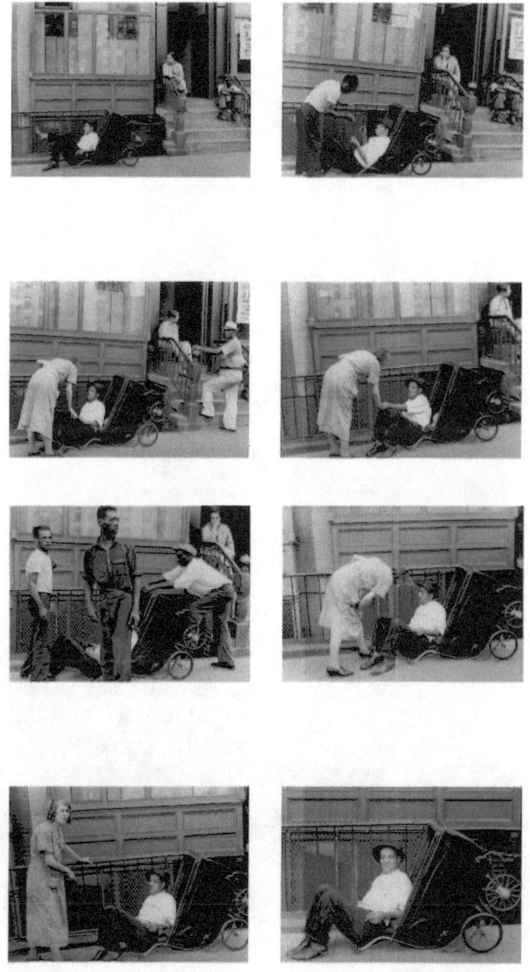

Abb. 70a-h: Helen Levitt, New York, zwischen 1936 und 1948

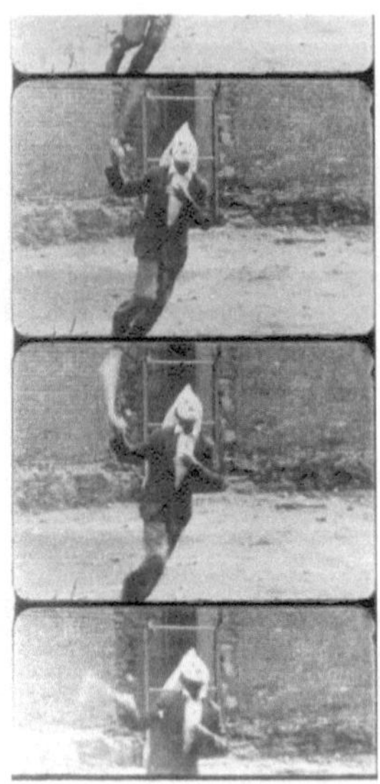

Abb. 71: Filmstill *In the Street*

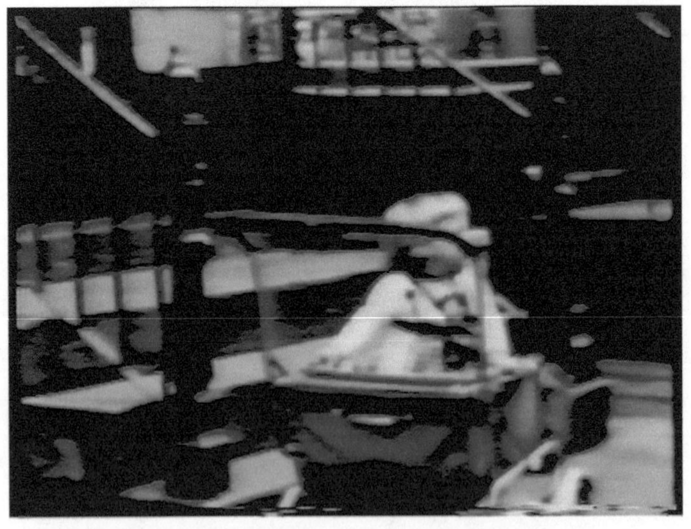

Abb. 72: Filmstill *In the Street*, Screenshot bei 1.07 min

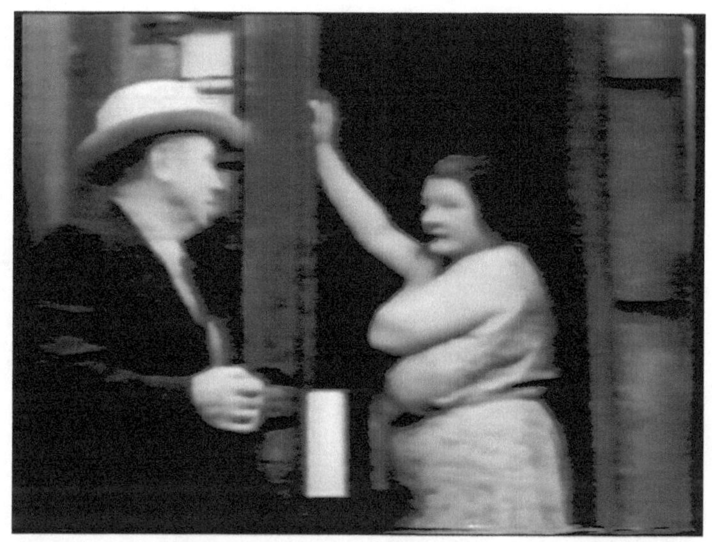

Abb. 73: Filmstill *In the Street*, Screenshot bei 1.51 min

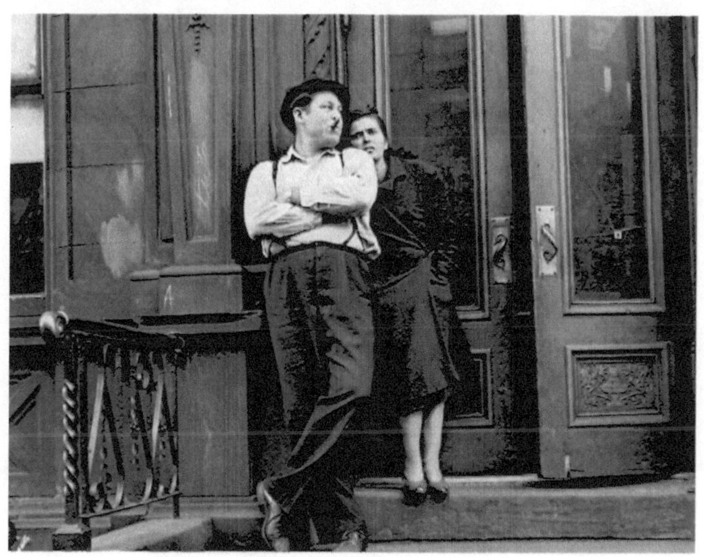

Abb. 74: Helen Levitt, New York, 1940

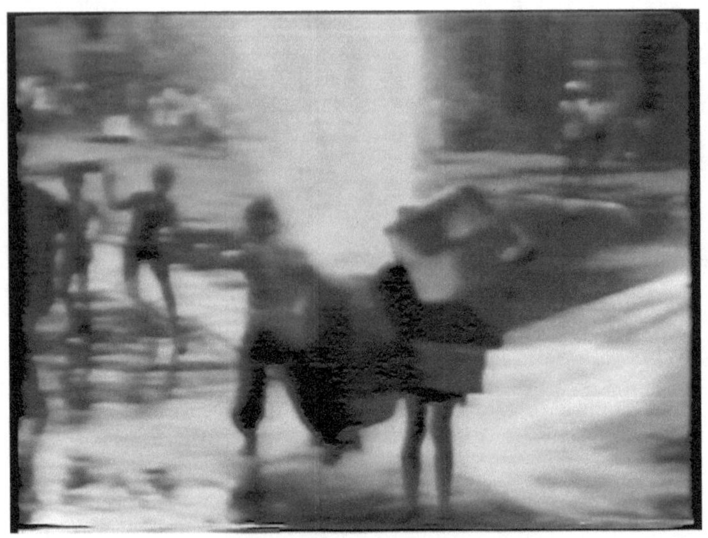

Abb. 75: Filmstill *In the Street*, Screenshot bei 2.44 min

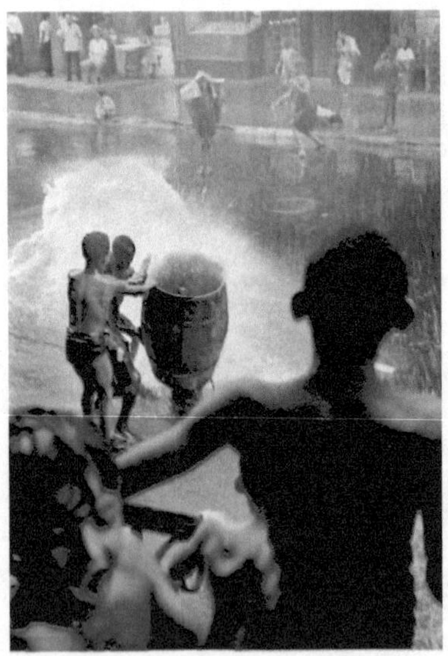

Abb. 76: Helen Levitt, New York, um 1942

www.ingramcontent.com/pod-product-compliance
Lightning Source LLC
LaVergne TN
LVHW091132080826
845145LV00008B/2122